投资真相

[新加坡] 伍治坚 / 著

中国友谊出版公司

图书在版编目（CIP）数据

投资真相 /（新加坡）伍治坚著. -- 北京 : 中国友谊出版公司，2024.4

（小乌龟投资智慧）

ISBN 978-7-5057-5703-5

Ⅰ. ①投⋯ Ⅱ. ①伍⋯ Ⅲ. ①金融投资－基本知识 Ⅳ. ①F830.59

中国国家版本馆CIP数据核字（2023）第147026号

著作权合同登记号　图字：01-2023-5442

书名	投资真相
作者	[新加坡] 伍治坚
出版	中国友谊出版公司
策划	杭州蓝狮子文化创意股份有限公司
发行	杭州飞阅图书有限公司
经销	新华书店
制版	杭州真凯文化艺术有限公司
印刷	杭州钱江彩色印务有限公司
规格	710毫米×1000毫米　16开 20.75印张　291千字
版次	2024年4月第1版
印次	2024年4月第1次印刷
书号	ISBN 978-7-5057-5703-5
定价	68.00元
地址	北京市朝阳区西坝河南里17号楼
邮编	100028
电话	（010）64678009

感 谢 语

我要感谢我的太太和我的父母。没有他们的倾力支持,这本书很难如期完成。

我要感谢我的好朋友,奥利维尔·博纳韦罗(Olivier Bonavero)先生。本书中的不少内容都来自我们之间的头脑风暴。

最后我要感谢在知乎、雪球和微信公众号平台支持我的读者朋友。正是你们的支持让我笔耕不辍,长期坚持金融投资普及教育工作。希望我的文字能够帮助到更多的朋友。

推 荐 语

散户投资者有时会感性过盛、理性欠缺。散户投资者占大头的中国股市时不时会出现一些匪夷所思的情形。比如在贝拉克·侯赛因·奥巴马（Barack Hussein Obama）获得美国总统大选胜利时，一只名为"澳柯玛"的股票涨停。在唐纳德·特朗普（Donald Trump）获得美国总统大选胜利时，一只名为"川大智胜"的股票涨停。为了普及理性投资的思想，伍治坚写了不少文字，包括这本智慧与趣味双全的《投资真相》。开卷有益，尤其是这类书籍。无论是否炒股，读完本书，相信读者会对股市的特点与规律有更深的理解。

——魏尚进，复旦大学泛海国际金融学院访问教授，哥伦比亚大学商学院教授

传统金融学术研究充斥着数学公式和术语，而2017年的诺贝尔经济学奖却颁给了行为金融学家。普通投资者该如何理解金融，提高自己的投资水平？伍治坚为广大普通投资者搭起了一座通往金融学术研究的"桥梁"。基于他的专业背景，伍治坚潜心研究了那些晦涩难懂的金融专业文献，然后通过文章、播客和书本等不同形式，将这些有价值的知识以深入浅出的方式传播分享给千千万万的普通读者和听众。作为一名大学教授，我认为伍治坚的工作非常有

意义。我希望有更多的读者可以通过阅读伍治坚的文字，提高自己的投资水平和金融教育程度，做一名合格的投资者。

——顾朝阳，香港中文大学会计学院前院长

市场上比较畅销的投资类书籍，很多都是投读者所好，用诸如"一夜致富""财富自由"之类的幌子吸引大家花钱买书，误导了不少无知的读者。伍治坚的《投资真相》的不同之处在于，书中说了很多金融投资从业人员不敢说或者不愿意说的真话，让更多投资者受到启发，做出对他们自己更有利的投资决策。我希望有更多的读者能够从伍治坚的文字中学到有用的知识，变得更加有智慧。

——张橹，俄亥俄州立大学菲舍尔商学院约翰·加尔布雷思金融学讲席教授

投资者教育，有时候是一件吃力不讨好的事。很多投资者期望听到"一夜暴富致富经"，或者"能够翻10倍的股票代码"，而不愿意有人苦口婆心地告诉他"天下没有免费的午餐，不要梦想炒股致富"。因此，市场上充斥着各种"40岁以前实现财富自由"之类的"毒鸡汤"。遗憾的是，追求这种目标的投资者大多被收了"智商税"还不自知，最后两手空空，失望而归。

为了教育广大投资者，伍治坚写了不少文字，包括《投资常识》和这本《投资真相》。希望有更多的读者可以读到这些科普教育性文字，让自己变成更聪明的投资者。

——李善军，康奈尔大学约翰逊管理学院肯尼思·罗宾逊讲席教授

每个投资者都希望自己能在"投资丛林"中顺利通行，收获丰硕。伍治坚通过大量的实际案例说明了"投资丛林"中充满各种未知和不确定性。他用风趣幽默的笔调给投资者介绍了投资学和行为金融学的相关学术研究成果，不仅可以帮助投资者认识到各种陷阱，提高警惕性，从而做出最优的投资决策，还能帮助身处"象牙塔"的学

者了解到生动的实际案例并有所思考。

——李楠，上海交通大学安泰经济与管理学院金融系副教授

中国有很多无师自通的投资者。在他们看来，来自大学和研究机构的金融研究太过书生气，不如自己摸爬滚打的经验有用。但事实上，越来越多的研究表明，很多投资者都受到一些行为偏见的影响（比如过度自信、损失厌恶、心理账户等），会在下意识中做出非理性的投资决策。

为了教育广大投资者，伍治坚写了不少文字，包括这本《投资真相》，其中引用了不少经典的经济和金融研究。我希望有更多的读者能够学习并理解这些研究背后的逻辑，从中获得对自己有用的价值。

——曹杰，香港理工大学金融学教授

我十分幸运，20世纪90年代在美国求学和工作的初始阶段，就师从金融投资领域推行科学实证投资的学术和实践先驱们：罗杰·伊博森（Roger Ibbotson），耶鲁大学教授，伊博森协会（Ibbotson Associates）创始人；尤金·法马（Eugene Fama），芝加哥大学教授，2013年诺贝尔经济学奖得主；肯尼思·弗伦奇（Kenneth French），达特茅斯学院教授；乔·曼索托（Joe Mansueto），晨星公司（Morningstar）创始人；大卫·布斯（David Booth），德明信基金（Dimensional Fund Advisors）创始人。

在过去20多年中，我全身心地投入推广科学实证投资的应用中。推广这种投资方法需要长期坚持两方面的信仰和实践：第一，坚持运用科学和实证的方式指导投资决策；第二，坚持把投资人的利益（而不是自己或公司的利益）放在最高位置。推行这种方法在投资行业比较少见，特别是在中国。一些金融机构的态度是，尽最大的可能利用投资者的弱点来为自己获利。

伍治坚所做的工作和我的理念很契合。他不厌其烦地通过写作的方式，和读者分享科学实证投资内容，以及投资者最常见的错误，提醒读者小心各种投资陷阱，提

高自己的决策质量。伍治坚做了一件很多基金经理不愿意做或者不敢做的事情。我希望有更多的投资者，通过阅读《投资真相》这样的书籍来加入并得益于科学实证投资。

——陈鹏博士（Dr. Peng Chen），德明信基金亚太区（除日本）前CEO（首席执行官）

伍治坚的不同之处在于，他不光对金融学术研究有自己独到的见解，同时也是基金管理行业的一名实践者。在基金管理行业，像伍治坚这样敢于坚持说真话，把行业内幕通过写作的方式公之于众的作者非常少。作为一名在基金管理行业从业多年的"老司机"，我建议广大非金融专业出身的朋友，有空时可以阅读伍治坚写的文章和《投资真相》，减少自己被忽悠的概率。

——许仲翔博士（Dr. Jason Hsu），锐联财智（Rayliant Global Advisors）主席和创始人

前　言

在电影《奇幻森林》中，一个人类小孩毛克利误打误撞被一头黑豹发现，并由一群野狼养大。由于丛林中充满危险，毛克利的成长过程并非一帆风顺。有一些危险是显而易见的，比如像狮子和老虎这样凶猛的野兽；而有一些危险则隐藏在光鲜的外表之下，比如看似鲜艳美丽的吃人花和语气温柔的大蟒蛇。有时候，树上的一只小甲壳虫看起来十分漂亮，让人忍不住想摸两下，但它却会冷不丁地张口咬人，其毒性足以致命。像毛克利这样的小孩，如果想在丛林中生存下来，就需要学会分辨自己的朋友和敌人，避开危险，在同大自然不断搏斗的过程中变得越来越强大。

很多个人投资者在选择投资理财产品时，就好像丛林中的小孩毛克利。一旦踏入银行或者理财机构的大门，就变成了"投资丛林"中的"猎物"。想要把理财产品卖给投资者的销售人员个个都是帅哥美女，笑容满面。他们向投资者呈现的理财产品个个看起来都"如花似玉"，难以抗拒。如果没有分辨力和抵抗力，投资者很可能就会在不知不觉之中变成这些"丛林野兽"的盘中餐。

《投资真相》这本书，旨在通过一些真实的投资案例，告诉投资者在进入这个"投资丛林"前，应该先学会哪些生存技巧。在本书中，我结合自己多年的投资从业经验，为读者朋友们总结出了以下5条最重要的投资经验：

第一，战胜自己。我们要充分认识到自身的先天缺陷，并通过一系列方法弥补自己的缺点，扬长避短。

第二，利益绑定。我们要理解利益激励对于人的行为模式的决定性影响，并尽量通过合理的设计，达到利益绑定，从而达到双赢的目标。

第三，大道至简。我们要搞懂简单和复杂的区别，以及为什么在很多情况下简单的、低价的产品反而比复杂的、昂贵的产品好得多。

第四，运气和技能。我们要明白投资回报同时受到运气和技能的影响，并学会一些简单方法区分运气和技能的作用。

第五，信息不对称。我们要意识到信息不对称给投资者带来的劣势，并通过提高自己的知识储备和有效信息量来改善这种劣势地位。

这5条经验，是基于本人多年从业经验，再加上反复思考精练而成。我的目的就是要告诉读者在"投资丛林"中，那些"狩猎者"最常用的伎俩是什么，危害在哪里。作为一个被捕猎的对象，投资者应该如何识别这些伎俩，避开美丽的陷阱，成为最强的幸存者。

伍治坚

2023年2月

目 录

第 1 部分 战胜自己

第 1 章 人性本傻

幸存者偏差 /004

小样本偏见 /009

心理账户 /017

无处不在的锚 /023

赢家的诅咒 /028

过度自信 /036

人非理性 /043

中国投资者容易犯哪些错误 /046

管住自己 /050

长期坚持 /055

第 2 章 狐狸和乌鸦

投资者和券商 /060

贵在坚持 /063

第 2 部分 利益绑定

第 3 章 基金公司和券商如何联手"割韭菜"

券商和机构的关系 /072

基金公司和券商如何"割韭菜" /074

学会保护自己 /076

第 4 章 激励机制和利益冲突

理解利益冲突 /078

如何分辨好的和坏的投资建议 /082

如何挑选理财顾问 /093

第 5 章 利益绑定的重要性

代理人问题 /099

利益绑定 /106

言行一致 /109

第 3 部分 大道至简

第 6 章 为什么简单能战胜复杂

被动投资为什么管用 /114

如何解释"股神"的存在 /115

市场不规则 /117

市值指数容易战胜吗 /119

被动投资是否有违市场经济 /123

被动投资有没有泡沫 /124

目录

第7章 简单事情复杂化

销售人员更喜欢卖复杂的金融产品 /126

简单事情复杂化的完美案例 /131

结构性票据 /136

挪威养老基金的选择 /142

第8章 不求最好，但求最贵

越贵越好 /147

基金经理的收费魔法 /153

"钢铁侠"的诱惑 /158

炒房的诱惑 /161

严格控制投资费用 /167

▷▶ 第4部分 运气和技能

第9章 如何分清技能和运气

运气和技能的差别 /171

如何应对量化交易策略中的随机性 /175

绝大多数量化基金都是骗人的 /177

第10章 理解均值回归

什么是均值回归 /180

追涨杀跌的投资陷阱 /182

主动投资是零和博弈 /183

003

第 11 章　清楚自己的真实回报

投资对冲基金的真实回报　/185

如何正确计算投资回报　/187

投资者喜欢追涨杀跌　/191

给投资者的建议　/194

第 12 章　投资界的"造神运动"

最神秘的明星：詹姆斯·西蒙斯　/196

次贷危机造就的明星：约翰·保尔森　/201

高学历明星：约翰·赫斯曼　/202

媒体和讲座明星：拉里·威廉姆斯　/205

投资者教训　/206

第 13 章　英雄榜的背后

基金英雄榜靠谱吗　/210

市场很难战胜　/217

基金经理的借口　/221

中国的基金经理能否战胜市场　/225

我们应该怎么办　/234

第 14 章　"算命先生"

高盛的投资建议　/241

预测很困难　/244

目录

我们能靠预测赚钱吗 /249

投资中最珍贵的四个字：我不知道 /255

理性对待专家预测 /259

第 5 部分
克服信息不对称

第 15 章　寻找风口上的猪

私募股权简介 /265

如何正确计算私募股权投资回报 /269

私募股权基金的净值可信吗 /274

私募股权基金案例 /277

私募股权投资的常见误解 /289

为什么理财机构喜欢推销私募股权 /297

第 16 章　大卫和歌利亚的战争

施罗德和努密斯之战 /303

道高一尺，魔高一丈 /308

火眼金睛甄别"忽悠"产品 /311

结束语 /315

第 1 部分
战胜自己

对于任何一个投资者来说，想要获得更好的投资回报，他面临的最大的敌人是谁？是实力雄厚的机构，还是变幻莫测的宏观形势，抑或是难以捉摸的市场情绪？在我看来，这些因素都需要考虑，但其重要性都不如一个更大的敌人——我们自己。

大量的研究显示，我们人类自己恰恰是投资路上最大的绊脚石。在每个投资者脑中都存在两个小精灵：一个叫贪婪，另一个叫恐惧。当市场上涨，周围充满乐观情绪时，大部分人会被贪婪精灵所控制，忽略价格越来越高的风险。而当市场价格下跌时，我们的脑袋又会被恐惧精灵控制，由于过分害怕而错失低价入手的机会。沃伦·巴菲特（Warren Buffett）说过："在别人恐惧时贪婪，在别人贪婪时谨慎。"说起来容易做起来难，背后主要的原因就是我们都是普通人，而非圣贤，极易受到情绪的影响，做出不理性的投资决策。

因此，在本书的第1部分，我会和大家分享一些常见的行为偏见，帮助投资者更好地了解自身的先天缺陷，然后再分析应该如何应对这些缺点，战胜自己。

第1章 人性本傻

美国著名经济学家，财政部前部长，哈佛大学前校长劳伦斯·亨利·萨默斯曾经写过一篇学术论文，讲的是金融市场中有很多不知道自己在干什么的"韭菜"。他们自以为聪明，在股市中杀进杀出，有时候甚至还有"巴菲特附体"的感觉。但事实上，他们只是股市中的"噪声"，在里面瞎买瞎卖，凑热闹而已。

萨默斯这篇论文开头第一句就是：看看周围，有好多傻子！这篇论文后来没有被发表，可能是他自己也觉得言语过激，得罪人太多的缘故吧。

但是萨默斯提出的"股市傻子"并非空穴来风。事实上，很多研究都显示，人类会习惯性地受各种行为偏见影响，做出非理性的决策。这些行为偏见很容易被别有用心的"丛林野兽"利用，诱导人们做出"损己利人"的愚蠢决定。在本章中，我就和大家分享几个比较典型的行为习惯，希望可以帮助大家认识到自身的局限性，在未来的投资决策中尽量避免犯这些常见的错误。

幸存者偏差

幸存者偏差指的是在做统计分析时，只专注于那些成功的例子，从而得出以偏概全的错误结论。

大致来讲，成功的例子往往只是少数。如果只看成功的幸存者，而忽略大部分的"倒霉蛋"，那么就会得出很多不符合常理的荒唐结论。

表1-1显示的是2022年世界薪水最高的十大足球运动员。

表1-1　2022年世界薪水最高的十大足球运动员

球员	足球俱乐部	年薪（百万美元）
基利安·姆巴佩（Kylian Mbappé）	巴黎圣日耳曼	128
莱昂内尔·梅西（Lionel Messi）	巴黎圣日耳曼	120
克里斯蒂亚诺·罗纳尔多（Cristiano Ronaldo）	利雅得胜利	100
内马尔（Neymar Jr.）	巴黎圣日耳曼	87
穆罕默德·萨拉赫（Mohamed Salah）	利物浦	53
埃尔林·哈兰德（Erling Haaland）	曼彻斯特城	39
罗伯特·莱万多夫斯基（Robert Lewandowski）	巴塞罗那	35
埃登·阿扎尔（Eden Hazard）	皇家马德里	31
安德雷斯·伊涅斯塔（Andres Iniesta）	神户胜利船	30
凯文·德布劳内（Kevin De Bruyne）	曼彻斯特城	29

数据来源：《福布斯》（Forbes）杂志，2022年10月

我们可以看到，表中的每个球员都是亿万富翁，其中前三名的薪水竟然超过了1亿美元，这还没有包括他们场外的广告收入。

但是如果仅仅因为这张榜单就得出"踢球能致富"的结论，那就大错特错了。根据国际职业足球运动员联合会（FIFPro）公布的调查数据显示，全世界足

球运动员的月薪中位数介于1000~2000美元，其中大约有41%的足球运动员被拖欠薪水。当然，在这么多足球运动员中，如果有幸挤入国家级别的顶级足球职业联赛，比如英格兰足球超级联赛，那么足球运动员的收入确实会远高于普通人。但是这一小部分"幸运儿"属于典型的"幸存者"，不能代表整个行业。

关于幸存者偏差，有一个涉及二战中英国轰炸机的有趣例子，下面和大家分享一下：

1940年左右，在英国和德国进行的空战中，双方都损失了不少轰炸机和飞行员。因此，当时英国军部研究的一大课题就是：在轰炸机的哪个部位装上更厚的装甲，可以提高己方飞机的防御能力，减少损失。装甲很厚，会极大地增加飞机的重量，不可能将飞机从头到尾全都用装甲包起来，因此，研究人员需要做出选择，在飞机最易受到攻击的地方加上装甲。

当时的英国军方研究了那些从欧洲大陆空战中飞回来的轰炸机。他们发现，飞机上被打到的弹孔主要集中在机身中央、机翼和尾翼部分。因此，研究人员提议，在弹孔最密集的部分加上装甲，以提高飞机的防御能力。

这一建议被美国军队统计研究部的统计学家亚伯拉罕·瓦尔德（Abraham Wald）否决了。瓦尔德连续写了8篇研究报告，指出这些千疮百孔的轰炸机是从战场上成功飞回来的"幸存者"，因此，它们身上的弹孔对于飞机来说算不上致命。要想救那些轰炸机飞行员的性命，更正确的方法应该是研究那些被打中并坠毁的轰炸机。只有研究那些没有成功返航的"倒霉蛋"，才能有的放矢，找到这些飞机最脆弱的地方并用装甲加强。瓦尔德的建议后来被英国军方所采纳，挽救了成千上万名飞行员的性命。

在纳西姆·尼古拉斯·塔勒布（Nassim Nicholas Taleb）写的《随机漫步的傻瓜：发现市场和人生中的隐藏机遇》（Fooled by Randomness: the Hidden Role of Chance in Life and in the Markets）一书中，作者提到了另一个非常有趣的幸存者偏差的例子：[1]

> 马克毕业于美国常春藤名校哈佛大学和耶鲁大学。在勤勤恳恳工作多年后，他荣升为一家非常大的律师事务所的合伙人，年收入达到了50万美元。但是在他们全家搬到了纽约曼哈顿西区的一个高档住宅区后，马克的老婆珍妮反而越来越焦虑。原因在于，在他们生活的那个街区，左邻右舍个个都是亿万富翁。他们出行有司机，回家有保姆，甚至不少人还有私人飞机和游艇。和这样的邻居相比，马克一家子可谓"寒酸至极"。
>
> 马克的家庭收入比全美国99.5%的家庭和90%的哈佛大学毕业生都要高。但是由于他老婆错误地将自己和那些最成功的"幸存者"比较，因此造成了心理落差，真可谓"自找麻烦"。

在金融投资领域，幸存者偏差也是一个非常普遍的问题。作为投资者，我们可能经常看到一些关于基金回报的统计数据，而这些数据如果不经过仔细筛选，就很可能深受幸存者偏差的影响。

总体上说，基金行业竞争激烈，优胜劣汰是行业的基本规则。假以时日，那些业绩不佳或者募集资金量不够的基金，就难以避免被关闭或合并的命运。而在基金被关闭或者合并之后，很可能就会被一些基金数据库剔除。这样的过程不断重复，就会导致最后基金数据库统计的只有活下来的"幸存基金"，人为地夸大

---

[1] 纳西姆·尼古拉斯·塔勒布. 随机漫步的傻瓜：发现市场和人生中的隐藏机遇[M]. 盛逢时, 译. 北京：中信出版社, 2019.

了整个基金行业的平均回报。

根据美国先锋领航集团（Vanguard Group）的统计显示，基于美国5000多家公募基金的样本数量，在1997—2011年这14年间，大约有46%的基金被关闭或者合并，如图1-1所示。也就是说，14年后，大约有一半的公募基金已经不存在了，美国基金行业的竞争激烈程度可见一斑。

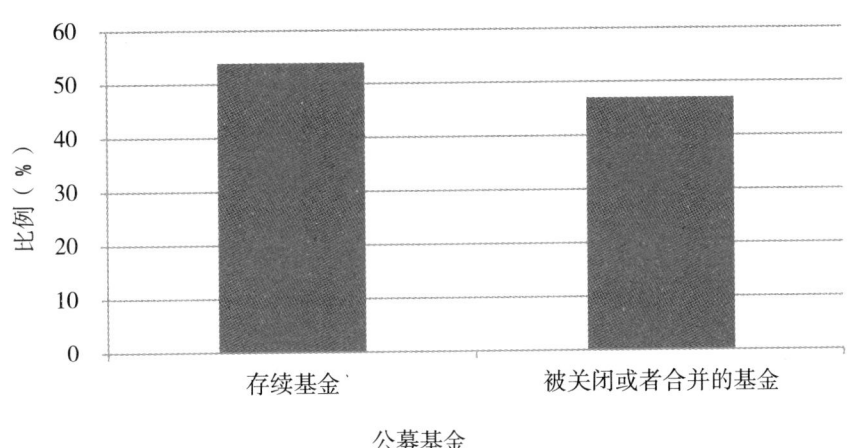

数据来源：先锋领航集团

图1-1　美国公募基金行业的幸存者偏差（1997—2011年）

再以基金咨询机构理柏公司（Lipper）的数据库为例。在1986—1996年这10年间，在其收集的基金样本中，大约有1/4的基金被关闭或者合并，如图1-2所示。

如何处理这1/4被关闭或合并的基金，将对最后计算的基金回报率产生本质影响。如图1-3所示，如果将所有基金都计算在内，那么1986年这些基金的平均回报率为13.4%。但是如果将这1/4的"失败者"剔除，那么1996年计算的1986年基金的平均回报率就上升到了14.6%。由于幸存者偏差，这些基金的平均回报率仅在1986年一年就被人为地夸大了1.2%，给投资者造成了"基金回报好"的错误印象。

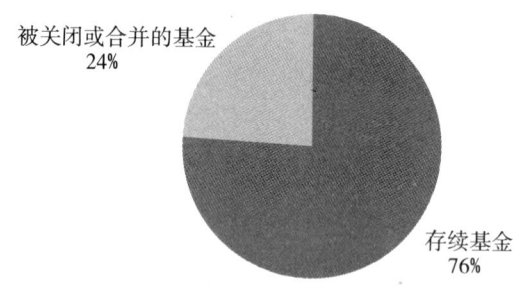

数据来源：理柏公司

图1-2 理柏公司的幸存者偏差（1986—1996年）

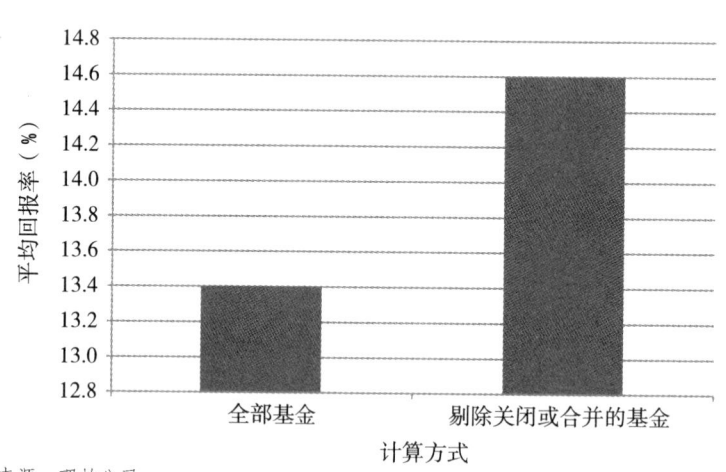

数据来源：理柏公司

图1-3 幸存者偏差导致基金平均回报率统计偏差

在私募股权领域，如果投资者不加以小心，也很容易堕入幸存者偏差的陷阱。

那些鼓励投资者购买私募股权基金的宣传材料，总会列举一些造富神话。比如，假设你在××年前购买了阿里巴巴或者京东的股票，现在你就可能赚到××倍的回报。

聪明的读者很容易就能看出，这种宣传方式是典型的幸存者推销法。对于投资者来说，难的不是"事后诸葛亮"，而是在事前从千千万万个项目中沙里淘金，找到阿里巴巴或者京东。

幸存者偏差的问题在我们的日常生活和投资活动中非常普遍。一个聪明的投资者应该明白幸存者偏差产生的原因，以及对统计结果可能造成的扭曲。我们应该以科学严谨的态度看待幸存者偏差，尽量不被这样的统计花招迷惑双眼，不让自己成为这些销售技巧忽悠的对象。

小样本偏见

从小样本中"总结"出错误的规律和结论，是广大投资者最容易犯的错误之一。

有一天，我在检查儿子的家庭作业时，看到了这样一道题目，如图1-4所示。

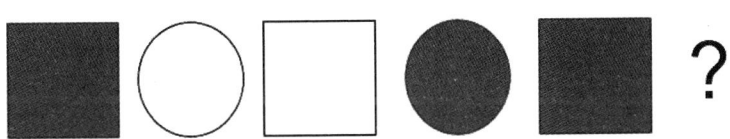

图1-4　小学生智商测试题

这是一道给小学生做的智商测试题，要求小朋友根据题目中已知的模式，推导出下一个图形的颜色和形状（正确答案为空心白色圆形）。

像这种找规律的题目，在小学生智商测试题和数学考试中非常多见。这样的题目也被称为"模式识别"题。如果一个孩子可以在规定的时间内做对更多的类似题目，那么他的得分就会较高，也会被认为智商更高。

从任何排列组合中找规律，是人类天生的一种本能。英国著名作家克里斯·希金斯（Chris Hitchens）说过：人类天生喜欢找规律。对于我们来说，有一个坏的理论或者阴谋论，都要比没有理论好。

问题在于，我们生活的现实世界，其纷繁复杂的程度要远高于上面智商测试题中的那几个方块和圆圈。很多时候，真实世界根本没有规律，或者其规律远远无法用一两个简单的"模式"解释。在这种情况下，如果还顺着从小养成的"找规律"的习惯去认识和解释世界，就可能犯下非常明显的错误。

在纳西姆·尼古拉斯·塔勒布的畅销书《黑天鹅》（*The Black Swan*）中，作者提到过一个非常有趣的"火鸡的故事"。[1]

一开始火鸡在鸡棚里的时候，每天早上农夫都会带着一碗玉米来喂它。假以时日，火鸡对此形成了习惯，每天早上听到农夫走近鸡棚的声音，它就知道开饭的时间到了。因此渐渐地，火鸡总结出一个规律：只要农夫走近，就是自己吃大餐的时候，这时也是它一天中最快乐的时候。

到了感恩节那天，农夫像往常一样走近鸡棚，火鸡像往常一样欢呼雀跃。但是火鸡没有想到的是，农夫手里拿的不是玉米，而是一把刀。因为感恩节到了，农夫要过来杀鸡。可怜的火鸡，死到临头可能也没有

---

[1] 纳西姆·尼古拉斯·塔勒布.黑天鹅[M].万丹,刘宁,译.北京：中信出版社,2019.

明白,为什么自己总结出的"农夫来,有米吃"这样的规律不灵了。

火鸡之所以会总结出错误的结论,原因在于:强行从本没有规律的事件中寻找规律,或者基于非常小的样本去总结规律。在现实生活中,受"小样本偏见"影响,做出非理性行为的例子不胜枚举。

在新加坡或者中国澳门的赌场,会有这样一个有趣的现象:赌场里有不少老太太,几乎每人都拿着一张纸和一支笔,在轮盘边上不停地记。她们记的是每次轮盘转下来的结果——红色或者黑色。如果遇到连续多次是一种颜色(比如连续5次都是红色),那么老太太就会果断出手,在下一把押上重注赌另一种颜色(比如黑色)。

学过一些基础统计学的朋友都知道,每一次轮盘开转都是独立事件。也就是说,上一次小球停留的位置(红色或者黑色),和下一次小球停留的位置之间没有任何关联。每一次小球停在红色或黑色的位置,都属于随机事件。

那么,为什么这些老太太如此热衷于用"记账法"帮助自己下注呢?她们的思路大约是这样的:赌场里的轮盘红色和黑色格子五五开,因此从概率上讲,小球掉入红色格子和黑色格子的概率各为50%。按照这个逻辑,如果在同一个时间段内,小球连续多次停留在同一种颜色的格子里(比如黑色),那么根据"概率回归"原则,接下来小球则更有可能停留在另一种颜色的格子里(比如红色)。

心理学将这种错误叫作赌徒谬误,其错误的根源在于"小数法则"。从理论上讲,如果轮盘连续转1亿次(大数),那么小球最终停留在黑色和红色格子里的分布确实非常接近50/50。但是,如果轮盘只转几十次或者几百次(小数),在如此小的样本量里,什么样的分布(比如连续20次黑色,或者连续20次红色)都有可能发生。

很多读者看到这里,可能会觉得那些在赌场里做笔记的老太太愚不可及。但是事实上,在我们的日常生活中,受到赌徒谬误影响的例子比比皆是。很多情况下，我们的智慧程度并不比这些老太太高多少。在这里和大家分享一个非常有趣的"猜硬币"实验[1]。

在这个实验中，参赛者被告知他们每次扔的硬币是一枚被做过手脚的特殊硬币。这枚特殊硬币出现正面的概率是60%，出现反面的概率是40%。

每位参赛者有半小时的时间参加猜硬币大赛。每次猜对，就会有25美元的奖励。如果猜错，参赛者的奖金就会被扣除。因此，这是一场真金白银的"赌博"游戏。

按理来说，要想在半小时内赢取最多的奖金，参与者只需坚持一个非常简单的策略，即每次都猜正面即可。因为参赛者一开始就被告知硬币出现正面的概率为60%。当一个老老实实的"笨蛋"，只要每次都坚持猜正面，就能保证获得最大的"投资回报"。

但十分有趣的是，研究人员发现，每当硬币连续出现几个正面以后，就有很多参赛者会在下一轮选择猜反面。每个参赛者都知道，硬币出现正面的概率远高于反面（高出20%）。但是他们还是会不由自主地选择押反面，这也导致了这些参赛者最后的"投资回报"不尽如人意。

即使在信息完全透明的前提下，很多"聪明人"还是会选择做出违背统计概率的投资决定，这正是行为偏见的可怕之处——明知山有虎，偏向虎山行。在下意识和统计概率之间，人类往往会倾向于通过"下意识"做出决策，而这也是我们经常犯"愚蠢错误"的主要原因之一。

---

[1] HAGANI V, DEWEY R. Rational decision making under uncertainty: observed betting patterns on a biased coin [J/OL]. The journal of portfolio management, 2017, 43 (3): 2-8 [2018-02-05]. https://jpm.pm-research.com/content/43/3/2.short.

接下来，再和大家分享一个非常有趣的实验。这个实验来自1974年《科学》（*Science*）杂志上一篇影响力深远的学术论文[1]。

如图1-5所示，假设有两个盒子，盒子A和盒子B。现在已知：盒子A里大约有2/3的红球和1/3的球；而盒子B恰恰相反，里面有2/3的球和1/3的红球。也就是说，盒子A里的红球更多，盒子B里的球更多。

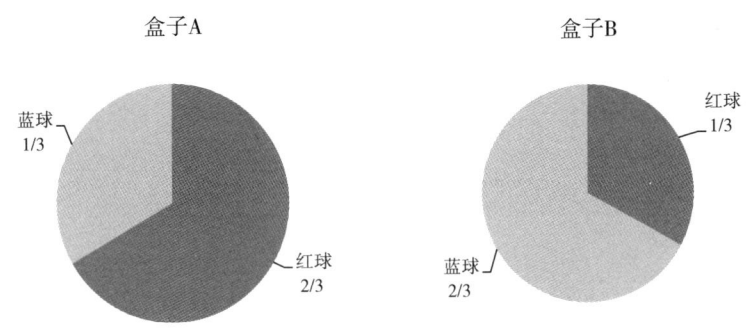

图1-5 盒子A和盒子B中的小球分布

现在，我们分别从两个盒子中随机抽取小球，并根据所抽到的小球判断该盒子是A还是B。

我们从盒子1中取了5个小球，其中有4个是红球，因此抽到红球的概率为80%；从盒子2中我们随机取了30个小球，其中有20个小球的颜色是红的，因此抽到红球的概率为67%，如表1-2所示。

---

[1] TVERSKY A, KAHNEMAN D. Judgment under uncertainty: heuristics and biases [J/OL]. Science, 1974, 185 (4157): 1124-1131 [2018-02-05]. https://www.science.org/doi/abs/10.1126/science.185.4157.1124.

表1-2 不同盒子抽到红球的概率

盒子	取出的球	红球概率（%）
1	4个红球，1个蓝球	80
2	20个红球，10个蓝球	67

现在让我们来猜一下：哪个是盒子A？

如果像大多数人那样，那么你会猜盒子1是盒子A。原因很简单：从第一个盒子中抽到的红球更多，概率为80%，而盒子A中的红球占大多数，因此，盒子1是盒子A，盒子2是盒子B。

但正确的答案是：盒子2中有更多红球的可能性更大，因此盒子2更有可能是盒子A。

这就涉及统计学里的一个基本概念：样本量。由于我们从盒子2中抽取的样本量（30个球）更大，其统计结果的显著性更强，因此也更有代表性。

参与市场的投资者如果不多加注意，也很容易堕入"小样本偏见"的陷阱。

举例来说，2000—2009年发展中国家的股票市场表现非常好，每年的平均回报率大约为10%。相对而言，发达国家的股票市场回报率很差，每年还不到1%，如图1-6所示。

在那10年里，新闻媒体关于"金砖四国"强势崛起，将对发达国家发起强有力挑战的报道铺天盖地，这些报道令广大发展中国家的国民和投资者兴奋不已。

但如果投资者只根据这些新闻和大众情绪规划自己的投资决策，2009年把资金都投到发展中国家，那么在接下来的几年中，投资者的回报会受到非常严重的打击。

第1部分 战胜自己

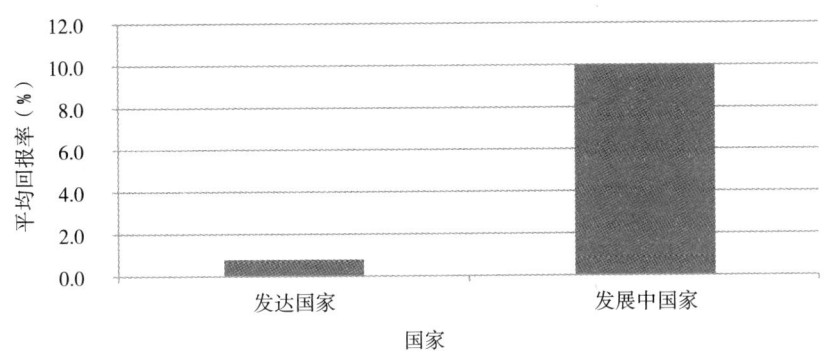

数据来源：彭博新闻社（Bloomberg News，后文简称彭博社）

图1-6 发达国家和发展中国家股票市场年平均回报率（2000—2009年）

图1-7对比了从2010年1月1日到2019年12月31日，发展中国家股市回报率（MSCI[1]发展中国家股市ETF[2]）和美国股市回报率（标准普尔500指数ETF）的对比（美元计）。我们可以看到，标准普尔500指数的回报率平均每年上涨11%，而同期MSCI发展中国家股市ETF的回报率每年上涨不到1%。

我所举的盒子猜小球和不同时间世界股市回报率这两个例子之间有什么相关的地方呢？我们可以从这个角度来思考，如表1-3所示。

表1-3 盒子与股市平均回报率

盒子	对应股市平均回报率
1	2000—2009年世界股票市场年平均回报率
2	1900—2010年世界股票市场年平均回报率

---

[1] MSCI是美国著名指数编制公司摩根士丹利资本国际公司的简称，国内译为明晟。
[2] ETF，即Exchange Traded Funds，是一种在交易所上市交易的、基金份额可变的开放式基金。代表了一篮子股票的所有权，是指像股票一样在证券交易所交易的指数基金，其交易价格、基金份额净值走势与所跟踪的指数基本一致。因此，投资者买卖一只ETF，就等同于买卖了它所跟踪的指数，可取得与该指数基本一致的收益。

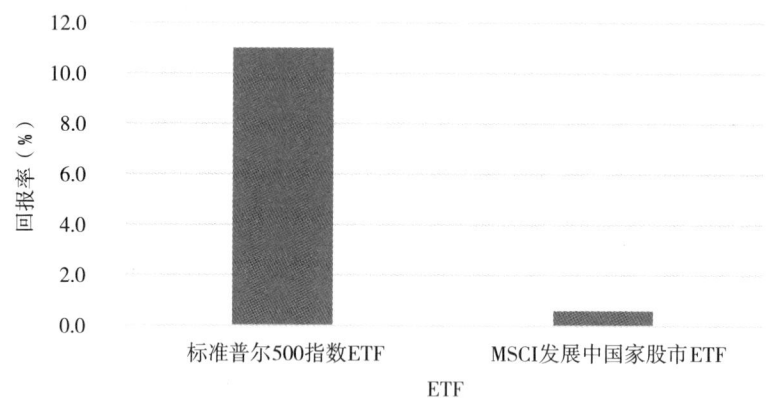

数据来源：彭博社

图1-7 2010—2019年发展中国家股市与美国股市回报率对比

上文提到，我们从盒子1中取出了5个小球，样本量偏小。这就好像我们回顾了2000—2009年的股票市场回报率，并得出发展中国家股票市场回报率更好的错误结论。

而如果拉长时间维度，检查更多的历史样本，比如过去100多年，如图1-8所示，我们就会发现，发达国家的股市回报率要比发展中国家的股市回报率更高，平均每年有1%左右的超额回报率。有了更多历史数据和样本的分析，就好像上文中的盒子2（取了30个小球），从统计角度来看，其结果的显著性更强。

说了那么多，其实我想和大家分享的是，由于人类天生的认知缺陷，加上从小开始的智商训练，我们习惯于从一些小样本中总结普遍规律。而由这种认知偏见总结出的规律和结论，自然不可靠。

一个聪明的投资者应该认识到自己可能存在的偏见和弱点，并时刻提醒自己不要堕入类似的思维陷阱。

第1部分　战胜自己

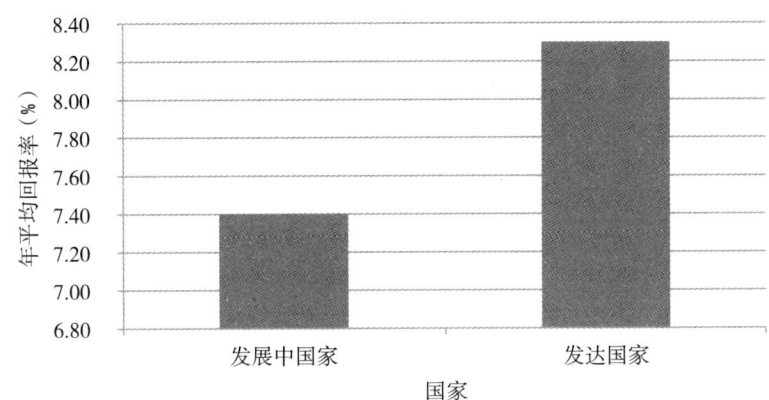

数据来源：E.迪姆森，P.马什，M.斯汤腾.投资收益百年史[M].戴任翔，叶康涛，译.北京：中国财政经济出版社，2005.

图1-8　发展中国家和发达国家股票市场年平均回报率（1900—2013年）

心理账户

在做各种有关自己和家庭的财务决定时，很多人都习惯借助于"罐头式"的思维方式。比如把自己的钱分为几份，放在不同的"罐头"里：一份用来储蓄购房，一份用来日常开销，一份用来度假旅游，等等。

借助这种方式做投资和理财决策的好处是：每一份钱都有明确的功能和用途。对于一个自制力不强的人来说，这种标签有助于为自己的消费需求树立"硬性边界"。假设给自己规定，每个月在淘宝买衣服最多只能花1000元，那么在这个月的额度用完以后，"剁手党"就可以用这个借口，强行命令自己不能再买了，要买也得等到下个月。

但是，"罐头式"的思维方式也可能导致我们做出一些不理性的决策。在行为心理学上，这种不理性偏见叫作心理账户。心理账户是什么意思呢？在这里让

017

我用一个简单、有趣的例子来帮助读者更好地理解这个概念，如表1-4所示。

表1-4　两种丢失情况

A情况	买好的门票丢了
B情况	钱包丢了

假设你是歌星王菲的歌迷，苦等多年之后终于迎来了她的演唱会。你早早排队，花了5000元人民币买了一张内场门票。现在假设发生了A情况：在演唱会开演的前一天，你发现买好的门票找不到了。你是否会再花5000元买一张同样的门票？

我们再来考虑B情况：在你路过体育场的时候，偶然发现过两天这里要开王菲演唱会，目前正在出售门票。门票价格有高有低，你比较中意的位置的价格大约为5000元。当你想掏钱买票时，却发现自己的钱包不见了，里面大约有5000元现金。在这种情况下，你是否会使用其他支付方式（比如手机、银行卡，或者向朋友借钱）购买一张演唱会门票？

很多经济学和心理学学者都在他们的实验中问过受访对象类似上面的问题，得到的回答大同小异。绝大部分人在A情况下不会再花钱购买门票，而在B情况下会选择花钱购买门票。[1]

原因在于大部分人不愿意花两倍的钱购买同一张门票。在他们看来，自己已经花钱买了门票，如果这张门票丢了，那么只能自认倒霉，理应受到"惩罚"。如果再花钱去购买一张同样的门票，显然有些太过铺张浪费了。

---

[1] THALER H R. Mental accounting matters [J/OL]. Journal of behaviour decision making, 1999, 12 (3): 183-206 [2018-02-05]. https://onlinelibrary.wiley.com/doi/10.1002/(SICI)1099-0771(199909)12:3%3C183::AID-BDM318%3E3.0.CO;2-F.

但是在B情况下，购买门票需要花的5000元，和钱包被盗损失的5000元是完全不相干的两件事情。事实上，如果钱包被盗，我们可能更需要看一场演唱会来慰藉自己受伤的心灵。

这就是一个典型的"心理账户"的案例。虽然都是5000元，但人们会把不同的消费行为分门别类放到不同的"账户"中。演唱会支出属于"享乐消费"，钱包被盗则属于"紧急事故"，两者都有各自的功能和边界，互不干涉。

在现实生活中，我们可以看到很多"心理账户"的例子：

2008年金融危机时，美国的汽油价格大幅度下降（见图1-9），短短几个月内下跌幅度超过了50%。

按照正常的经济学原理，美国的消费者会从汽油价格下跌中得到好处，他们应该会减少汽油方面的开支，同时增加家庭其他方面的开支（比如食品、衣服、度假等）。对于任何一个家庭来说，在汽油上支出的1美元，和在食物或者家具上支出的1美元没有任何区别。一个理性的家庭会对家庭开支进行统筹安排。

但是研究显示，在这段时间里，美国家庭在汽油方面的开支占家庭总开支的比例非但没有下降，反而有所上升。原因在于，当汽油价格下跌后，大多数美国家庭都选择购买更高标号的汽油。比如本来一名司机习惯买92号汽油，在汽油价格下跌后他选择加95号汽油；本来习惯加95号汽油的司机，现在会升级加98号汽油。[1]

---

[1] HASTINGS S J, SHAPIRO M J. Fungibility and consumer choice: evidence from commodity price shocks[J/OL]. The quarterly journal of economics, 2013, 128 (4): 1449-1498 [2018-02-05]. https://academic.oup.com/qje/article-abstract/128/4/1449/1848495?login=false#no-access-message.

图1-9 美国汽油价格走势

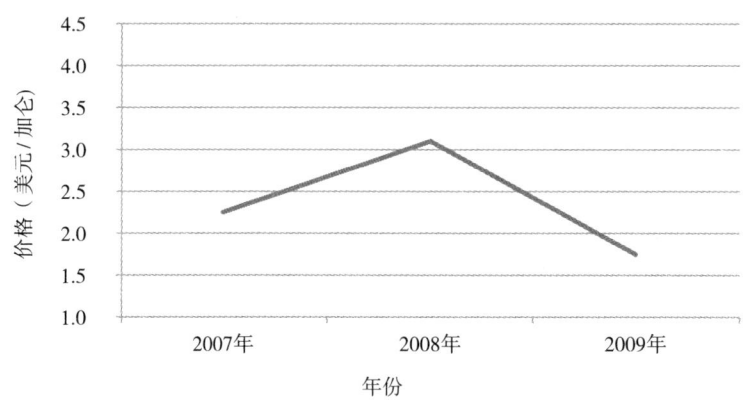

数据来源：彭博社

这种现象一度让经济学家感到困惑，但是用"心理账户"解释，就不难理解这种行为了。对于这些司机来说，他们的大脑中有一个单独的"加油账户"，比如每月500美元。因此，当汽油价格下跌时，他们会觉得用相同的500美元可以买到更好的汽油，因此做出这种选择似乎也就可以理解了。

在这里再和大家分享一个关于"心理账户"的笑话：

> 一对新婚夫妇去拉斯维加斯度蜜月。老婆上床睡觉后，老公决定去赌场试一试自己的手气。他怀揣100美元，告诉自己如果这些钱都输了，就坚决"止损"，回酒店睡觉。
>
> 如图1-10所示，老公从深夜12点开始坐上赌桌。出乎他的意料，那天他的手气似乎特别顺。到了凌晨2点，他已经赢了1000美元。老公对自己说：看来今天运气不错，应当乘胜追击，等赢到2000美元时，我的机票钱就赚回来了，到时候我就收手。

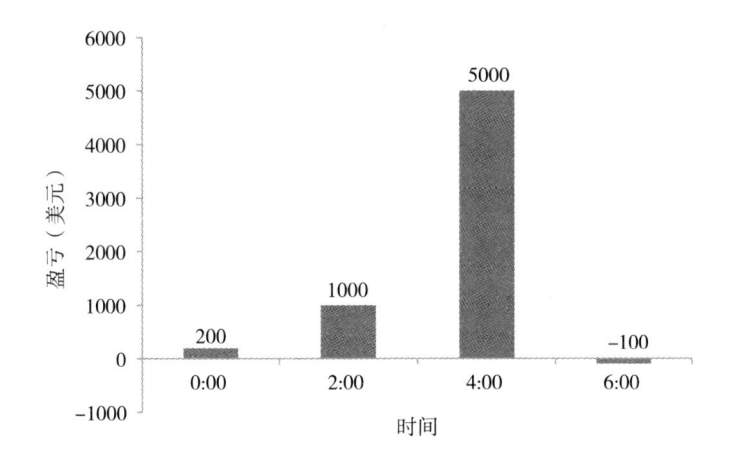

图1-10　一晚的输与赢

到了早上4点，老公的好运还在持续，这时候他已经赢了5000美元。虽然大半夜没睡，但他精神十足。运气来的时候，挡也挡不住。老公暗暗下定决心：只要赢到1万美元，我和老婆的酒店钱也都赚回来了，到那时我就回酒店休息。

但是很不幸，接下来老公的运气急转直下，他的筹码不断被庄家吃掉。到了早上6点，不但之前赢的钱全都还给了赌场，还搭上了自己的本钱。这时候老公终于撑不住了，病恹恹地回到了酒店。刚刚睡醒的老婆问他：亲爱的，昨天一晚你在赌场里战绩如何？没有输很多钱吧？

老公有气无力地回答道：没什么，我只是输了100美元而已。

在金融投资领域，"心理账户"极大地影响着个人投资者的行为习惯。有研究显示，很多家庭在负担高利率按揭（比如4%~5%）时，同时还有大量现金存在银行，只能获得比较低的利息收入（比如2%~3%）。如果他们用这些闲散的现金还掉部分按揭，那么每年就可以省下不少利息费用。但是很多家庭没有选择这么做，原因之一就是在他们的思维中，储蓄是储蓄，按揭是按揭，两个账户之间有一道看不见的墙把它们隔开了。[1]

在另一个研究中，研究者发现，当投资者有现金需求，需要卖出某只股票时，他们总是会选择卖赚钱的股票，而避免出售亏钱的股票。这种行为往往会导致他们过早卖出赚钱的股票，而在亏钱的股票上捂得过久，以至于拖累了其投资回报。投资者在选择卖出哪只股票时，也会将它们归入不同的账户，而不是将这些投资组合放在一起进行分析，从而导致了上面提到的行为。[2]

很多投资者在投资时，倾向于选择那些股票分红率比较高的股票。在这些投资者看来，如果可以从某一项投资中每月（或者每季度）收到固定的现金流，那么他们就能心安理得地把这些钱用掉。因为投资的本金还在，这些本金就像一头奶牛，能够不断地生产出牛奶。

这种思维方式的问题在于，它忽略了投资者成为公司股东的初始意义。从公司股东的角度来讲，要想分享公司成长带来的好处，可以通过更高的公司股价，或者更多的现金分红来实现。如果股东有现金需求，他们可以选择卖出公司股票，或者选择收取分红。事实上，由于绝大部分国家都对分红进行征税，选择收取分红的股东反而收入更少（因为一般来说，红利税比资本所得税更高）。

很多深谙"心理账户"偏见的公司，会利用这一行为习惯推动他们的销售业绩。举例来说，很多保险公司的销售人员会告诉客户，应该分拨出家庭收入的×%专门用来买保险。这种"消费公式"导致家庭收入越高，买的保险越多，而完全忽视了家庭的实际需求（比如家庭成员的年龄、健康状况、工作性质等）。

---

[1] THALER H R. Mental accounting matters [J/OL]. Journal of behaviour decision making, 1999, 12 (3): 183-206 [2018-02-05]. https://onlinelibrary.wiley.com/doi/10.1002/(SICI)1099-0771(199909)12:3%3C183::AID-BDM318%3E3.0.CO;2-F.

[2] ODEAN T. Are investors reluctant to realize their losses?[J/OL]. The journal of finance, 1998, 53 (5): 1775-1798 [2018-02-08]. https://onlinelibrary.wiley.com/doi/epdf/10.1111/0022-1082.00072.

一个聪明的投资者需要认识"心理账户"对自己行为造成的影响。在做出重要投资或者消费决策前，意识到自己可能会犯下类似的错误，防止被狡猾的销售机构利用和忽悠，尽量提高自己做出理性决策的能力。

无处不在的锚

在经历了一个充满雾霾和寒风的严冬之后，你终于可以放下繁忙的工作，去马尔代夫度一个惬意的小假了。

你躺在沙滩的躺椅上，享受着柔柔的清风和暖暖的日光浴。这时候你突然觉得有些口渴，想要买杯冰镇饮料。

但是从沙滩跑去最近的杂货店有点远。你感觉自己很慵懒，不愿意为了买一杯饮料特地跑老远。这时有一位附近玩耍的小孩走过来，告诉你沙滩附近有两个地方可以买到饮料：一个是杂货店，一个是五星级酒店。小孩不知道饮料的价格，他让你给他一些钱，如果饮料的价格低于你给他的钱，那他就帮你买；否则就只能白跑一趟。你会给小孩多少钱？

这是三位美国学者在心理学期刊《心理科学》（Psychological Science）上发表的一篇学术论文中提到的一个实验。这个实验得到了很多非常有趣的结论，在这里和大家分享一下。[1]

如表1-5所示，我们可以看到，受访对象愿意支付的饮料价格，很大程度上取决于该饮料是从哪里购买的。如果饮料来自杂货店，那么他们愿意支付的平均

---

[1] SHAH K A, SHAFIR E, MULLAINATHAN S. Scarcity frames value[J/OL]. Psychological science, 2015, 26 (4): 402–412 [2018-02-15]. https://journals.sagepub.com/doi/abs/10.1177/0956797614563958?journalCode=pssa.

费用为5.46美元；而如果饮料来自五星级酒店，那么他们愿意支付的平均价格为7美元，如表所1-5所示。

表1-5　饮料购买场所与价格

购买饮料的场所	愿意支付的价格（美元）
杂货店	5.46
五星级酒店	7

这里说的是完全相同的饮料，但是如果饮料来自五星级酒店，那么人们愿意为此多付28%的溢价。

乍一看，大家愿意为"五星级酒店"的品牌买单似乎不难理解。五星级酒店的经营成本显然要高于杂货店，因此其售卖的饮料价格更高也天经地义。花7美元在五星级酒店买杯饮料喝似乎并不为过，但是在一个路边的杂货店也花那么多钱买一杯相同的饮料，很多人肯定接受不了。

然而，从经济学角度来看，人们在沙滩上做出的决策似乎缺乏理智。因为最后不管饮料是来自杂货店，还是五星级酒店，都是完全相同的，它对于度假者产生的解渴效用是一样的。事实上，五星级酒店说不定就是从杂货店买的饮料，然后倒在了酒店的杯子里，让便宜的饮料摇身一变，成了高价消费品。

那么，人们为什么会犯下如此明显的错误呢？其中的原因就在于"锚（anchoring）"。锚的意思是，我们在对某个物品或者服务进行估价时，会下意识地将其放入某个参照系里，然后通过比较，得出自认为"正确"的估值。在上面这个例子中，一杯饮料如果被"锚"到路边杂货店的参照系里，那么它只值杂货店饮料的价格。但是相同的一杯饮料，如果被"锚"到五星级酒店的参照系里，其价格就会水涨船高，在市场上产生"溢价"。

在现实生活中，人们受到"锚"影响的例子比比皆是。

在美国著名经济学家丹·艾瑞里（Dan Ariely）所著的《怪诞行为学：可预测的非理性》（Predictable Irrational）一书中，作者提到过这样一个有趣的例子：[1]

《经济学人》(The Economist)是一本著名的经济学杂志。在出售这本杂志时，读者有两种选择：要么花56美元，可以订阅一年的网络版，只能在手机和电脑上阅读；要么花125美元，可以同时享受到网络版和印刷版，如表1-6所示。

表1-6 《经济学人》的版本与订阅价格

版本	价格（美元）
网络版	56
网络版和印刷版	125

从《经济学人》杂志的角度来讲，当然希望更多的用户选择第二种订阅方式（125美元的网络版和印刷版），因为这样可以获得更多的销售额。但问题是，很多读者惜钱如命，心疼125美元的网络版和印刷版要比56美元的网络版贵上1倍，为了省点钱就选择了56美元的网络版。

后来有一个营销天才给了《经济学人》杂志一个非常有创造性的建议：在给读者的订阅选项中，加上第3个选项：花125美元只能收到印刷版，如表1-7所示。该杂志没有做其他任何事情，只是多加了一条订阅选项，结果就有很多读者选择花125美元订阅网络版和印刷版。

---

[1] 丹·艾瑞里. 怪诞行为学：可预测的非理性[M]. 赵德亮, 夏蓓洁, 译. 北京：中信出版社, 2017.

表1-7　接受建议后《经济学人》的版本与订阅价格

版本	价格（美元）
网络版	56
印刷版	125
网络版和印刷版	125

对于这些读者来说，他们感觉如果花125美元购买网络版和印刷版，那么网络版（价值56美元）就好像是赠送的礼物。花125美元"赚"56美元，这个买卖好像还不赖。在《经济学人》杂志的订阅广告中，设计者巧妙地将人们做价格比较的"锚"定在125美元的印刷版上面。用其他价格和这个"锚"对比，很多人会觉得自己讨到了便宜，因此很乐意做出杂志社乐见的购买决策。

在等别人做出某个决策时，故意加一个质量"低劣"的选项，这样在潜意识中会降低对方的期望值和衡量标准（对方脑中的"锚"），从侧面诱导对方选择自己期望的选项，这种"旁敲侧击"的策略其实很常见。

比如一些年轻人在相亲时会带上一个"僚机"（wing man），这个僚机最好相貌普通、举止粗鲁、口齿不清，这样在无形之中就会映衬出主角的"高人一等"，便可以增加主角相亲成功的概率。僚机的功能就相当于《经济学人》杂志价目表中的"125美元购买印刷版"选项的作用，纯粹为了"绿叶衬红花"而存在。

有时候如果忽略掉隐形的"锚"对我们的影响，那么我们可能就会犯一些事后看来有些可笑的错误。

举个例子，如表1-8所示，东城菜场的五花肉1斤10元，西城菜场的五花肉1斤5元，从东城菜场骑车去西城菜场大约要20分钟。假设今天要买5斤五花肉。为了省25元钱，大部分人都会多花20分钟骑车，特地去西城菜场买更便宜的五花肉。

表1-8　不同菜场五花肉的价格

菜场	五花肉的价格（元/斤）
东城菜场	10
西城菜场	5

现在假设要给家里安装空调，如表1-9所示，东城大卖场的空调卖11000元，西城大卖场的空调卖10900元，两个卖场的距离骑车需要20分钟。研究显示，这时候，很多人并不会为了省这100元特地从东城大卖场赶到西城大卖场。[1]

表1-9　不同大卖场空调的价格

大卖场	价格（元）
东城大卖场	11000
西城大卖场	10900

为什么在上面的第一个例子中，很多人愿意为了25元多骑20分钟的车，但是在第二个例子中，即使差100元也不为所动呢？因为在很多人的思维里，肉是肉，空调是空调。肉应该有肉的价格，10元/斤和5元/斤之间相差了一半，价格悬殊。但是11000元和10900元的空调价格之间只相差1%左右而已，几乎可以忽略不计。

也就是说，在处理大额交易时，我们会被下意识地拉入一个既定的参照系

---

[1] 理查德·塞勒. "错误"的行为：行为经济学的形成[M]. 王晋, 译. 北京：中信出版社, 2018.

里，把那些占比较小的差别当作"零头"对待，完全不当回事。这种现象在买卖房子的时候特别明显。在"北上广"地区，一套1000万元的房子价格上下波动10万元根本不是事。购买这些房子的消费者，很多人一年的薪水可能不过几十万元，因此10万元对于他们来说应该是很大的一笔数。可是在买房时，平时在菜场上的计较劲儿完全烟消云散了。

在购买理财产品时，类似的错误也很常见。比如在购买一些私募理财产品时，理财机构往往会收取1%～3%的申购费，以及0.5%～1%的年度管理费。不要小看这1%，假设购买100万元的理财产品，那么理财机构收取的一次性佣金就是1万元。如果想要省出这1万元，我们得买多少斤肉、多少台空调？

假设我们购买的理财产品每年年回报率为7%左右，那么大约10年后，本金会翻一番。但是如果被中介机构每年收走1%的中介费，那么相同的产品，我们就需要多等上两年，一直到12年以后才能让本金翻一番。投资费用对长期投资回报率的影响可见一斑。

从上面的种种例子中可以看出，在我们生活的周围环境里，"锚"简直无处不在。对很多人来说，要想对某个产品或者服务做出正确的定价，是非常困难的。因此，绝大多数人采取的"捷径"就是寻找一个相对可靠的参照系，然后在参照系内通过有限的比较做出判断。这样的方法虽然省时、省力，但也可能会被商家利用，悄悄改变我们大脑中的"锚"，以引导我们做出不够理性的消费和投资决策。聪明的投资者需要意识到这种行为偏见，努力避免陷入非理性的陷阱之中。

赢家的诅咒

2016年3月，乐视创始人贾跃亭对外公布，乐视体育完成B轮融资。在该轮融资中，乐视体育共融得资金80亿元，估值达到215亿元。

在乐视体育B轮融资前后，公司四处出击，拿下了多达310项赛事版权，全年转播的赛事高达10000多场，这里举几个比较高调的例子：

2015年，乐视体育以2亿美元获得中国香港地区英格兰足球超级联赛（英超）2016—2018年三个赛季的独家转播权。同年10月，乐视体育以1.1亿美元获得2017—2020年亚洲足球联合会（亚足联）旗下所有赛事在中国大陆地区的全媒体版权。

2016年2月，乐视体育以27亿元人民币获得中国足球协会超级联赛（中超）2016年和2017年两个赛季的独家新媒体转播版权。同年9月，乐视体育宣布获得美国职业篮球联赛（NBA）未来5个赛季（2016—2021年赛季）在中国香港和中国澳门地区的版权。据一些媒体报道，该合约总价超过1亿美元。

如图1-11所示，光这四大赛事的转播权，乐视体育就需要在接下来的3～5年中支付共约55亿元人民币的转播费。而围绕这些赛事需要支付的巨额转播费，乐视体育就像一个救火队员，几乎是马不停蹄地在应付接连发生的各种状况。

2016年12月，新英体育发文宣称：由于L（乐视体育）公司欠了英超的中国版权商上千万美元，版权商计划在12月26日暂停向L公司提供英超直播信号。后来经双方紧急磋商，乐视体育通过3次后续交费挽救了英超直播版权。

2017年2月，亚足联与乐视体育的4年媒体版权合同因乐视欠费被叫停。2月28日，亚足联官方声明与乐视体育关于亚足联冠军联赛和世界杯亚洲区12强赛程的版权合作终止，并与体奥动力展开合作。

从一年前的意气风发，占尽风头，到现在的危机四伏，乐视体育到底怎么了？这就涉及经济学中一个非常有趣的概念，叫作"赢家的诅咒"。

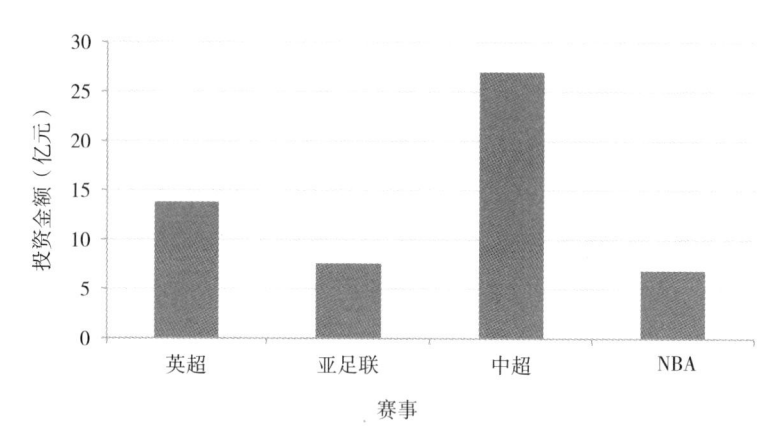

数据来源：新浪新闻、搜狐新闻

图1-11 乐视体育的赛事版权投资

赢家的诅咒在拍卖型交易中比较常见。拍卖的赢家通常都是最后出价最高的买方，他们购买的标的可能是一件艺术品、一块油田的开发权，或者是一项体育赛事的转播权。赢家的诅咒说的是最后那些赢家，虽然赢得了拍卖，但是却付出了比竞拍品价值高得多的价格（见图1-12），从此被套上这个"诅咒"，麻烦不断。

举例来说，2013年美国娱乐与体育电视网在竞拍中以152亿美元的价格拍下了美国职业橄榄球联赛2013—2021年每周一晚（Monday's Night）比赛的独家转播权。将该价格平摊到8年，ESPN每年需要支付的转播费为19亿美元。

除了"标王"ESPN，美国另外几家电视台[1]获得了美国职业橄榄球联赛其他场次比赛（周日和周四）的转播权，他们支付的价格为每年大约10亿美元（见图1-13）。

---

[1] 包括福克斯、哥伦比亚广播公司、美国全国广播公司。

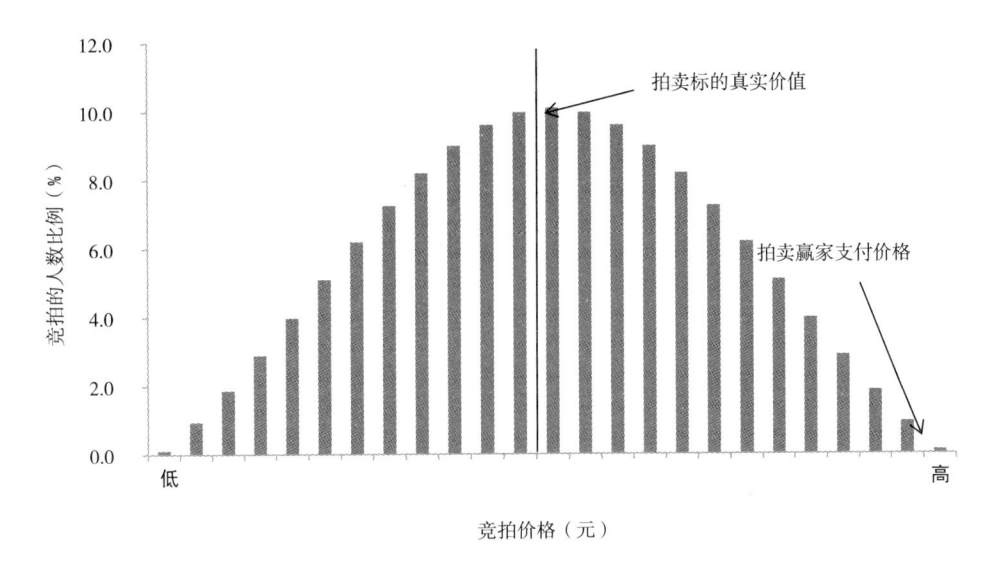

图1-12 拍卖标的的真实价格与拍卖赢家支付的价格

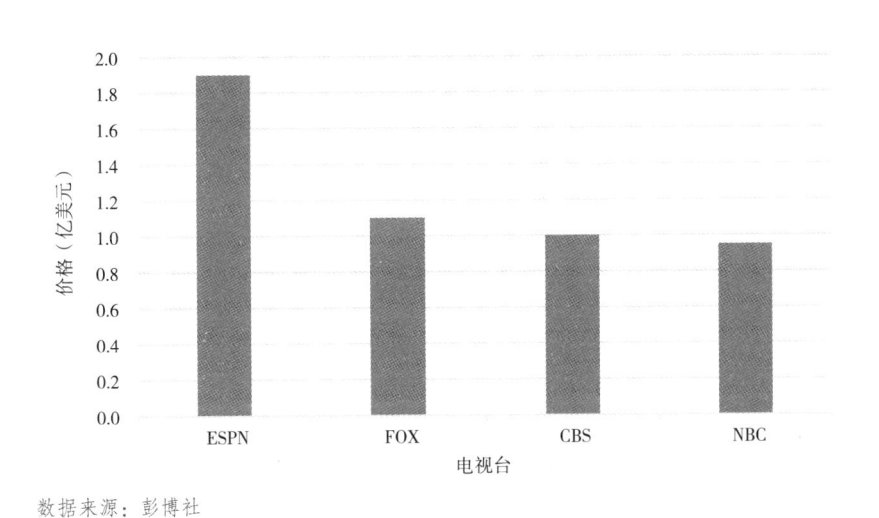

数据来源：彭博社

图1-13 美国职业橄榄球联赛转播权费用

问题在于，ESPN转播的球赛的收视观众数量每年大约为2.3亿（2013年数据），比其他时间橄榄球赛的收视观众数量要少得多（比如FOX的周日球赛一年的收视量大约为5.7亿）。

这样算下来，ESPN为每位观众付出的转播成本为8美元左右，是它的竞争对手的4倍左右（见图1-14）。

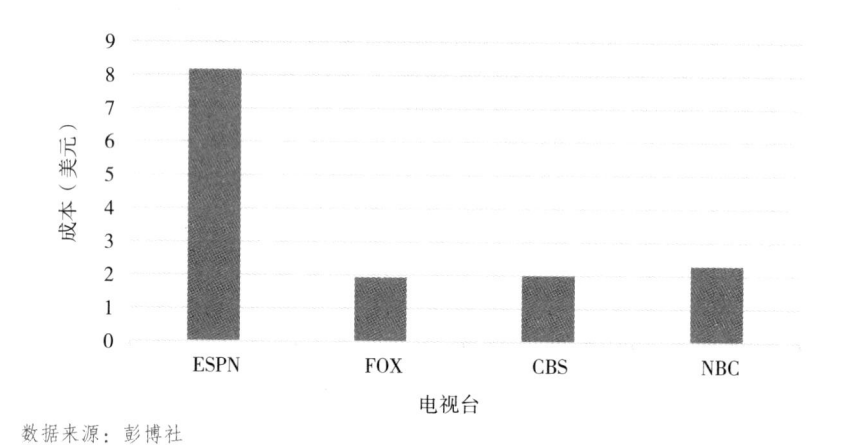

数据来源：彭博社

图1-14　不同电视台每位观众的转播成本

中国有乐视体育，美国有ESPN，它们还真是一对同时受到"赢家的诅咒"困扰的难兄难弟。很多研究表明，像上面两个例子中的"赢家的诅咒"，并非特例。

2017年诺贝尔经济学奖得主，美国教授理查德·泰勒（Richard Thaler）写过一篇专门研究"赢家的诅咒"的学术论文。在文中他提到一个有趣的例子：假设你带一罐硬币去上课，然后向上课的学生拍卖，最后哪个学生出的价格最高，这罐硬币就归他了。塞勒指出，在很多情况下：（1）最后赢得硬币的学生（出价最高的学生），所出的价格总是会高于硬币的总价值；（2）所有学生的平均出价会低于硬币的总价值。[1]

也就是说，大多数人还是相对"理性和保守"的。但是最后总有那么一两个"疯狂"的出头鸟，他们会给出一个"离谱"的价格，赢下这场拍卖，他们会付出比竞拍品价值更高的价格。

在普雷什·塔尔瓦卡（Presh Talwalkar）写的《理解赢家的诅咒》[2]一文中，作者通过一个简单的数学例子证明了在竞拍中"赢家的诅咒"出现的必然性：

> 假设有一块油田，该国政府的管理机构在市场上公开拍卖其开发权。由于该油田的储油量是个未知数，因此该油田的价值存在很大的不确定性。我们假设该油田的市场价值可能介于1000万美元到3000万美元之间。每一档价值的概率如表1-10所示。

表1-10 油田的价值及概率

油田价值（万美元）	概率（%）
1000	25
2000	50
3000	25

> 为了获知该油田的储油量到底有多少，并以此来判断油田的价值，参加竞拍的公司可以先打口井，对油田做一些初步的估计。勘探测量设备只能返回两种测试结果：低或者高。如果油田的储油量很低（价值1000万美元），那么不管测试多少次，其结果都会为"低"；如果油田的储油量很高（价值3000万美元），那么测试返回的结果都为"高"；

---

[1] THALER H R. Anomalies: the winner's curse [J/OL]. Journal of economic perspectives, 1988, 2 (1): 191-202 [2018-03-18]. https://pubs.aeaweb.org/doi/pdfplus/10.1257/jep.2.1.191.

[2] TALWALKAR P. Understanding the winner's curse [EB/OL]. (2008-11-01) [2018-03-18]. https://mindyourdecisions.com/blog/2008/11/18/understanding-the-winner%e2%80%99s-curse.

但如果储油量介于中间（价值2000万美元），那么测试返回的结果可能为"高"，也可能为"低"，两者的概率各为50%（见表1-11）。

表1-11 不同价值油田的勘探结果

油田价值（万美元）	两次勘探结果
1000	低、低
2000	低、高／高、低
3000	高、高

石油公司面临的普遍问题是，每次钻井进行勘探测试的成本都很高，因此他们只有钻一次井进行测试的机会。也就是说，通过打一口井，石油公司会得到一个测试数据，然后根据这个结果决定其出价。

现在我们来分析不同测试结果下油田可能的价值。如果打井测试返回的结果为"低"，那么根据一开始提到的油田价值概率，该油田价值为1000万美元和2000万美元的概率均为50%，其期望价值为1500万美元；如果测试返回的结果为"高"，那么该油田的期望价值为2500万美元（见表1-12）。

表1-12 不同油田的概率及期望值

油田储油量	概率（%）	油田可能价值（万美元）	数学期望值（万美元）
低	50	1000	1500
	50	2000	
高	50	2000	2500
	50	3000	

也就是说，如果石油公司经过勘探后得到"低"的结果，那么应该会出价1500万美元去竞拍这块油田；而如果石油公司经过勘探后得到"高"的结果，那

么会出价2500万美元去竞拍该油田。

现在我们来分析竞拍的可能性。在第一种情况下，油田的价值为1000万美元，那么不同石油公司得到的勘探结果应该都为"低"。在这种情况下，大家的出价都会在1500万美元左右。最后无论哪家公司竞拍成功，都会多付出500万美元的费用。

在第二种情况下，假设该油田的价值为2000万美元，那么有些石油公司会得到"低"的测试结果，因此会出价1500万美元。而另外一些石油公司则会得到"高"的测试结果，就会出价2500万美元。在这种情况下，出价高的石油公司（赢家）还是多付了500万美元的开采费。

对于石油公司来说，唯一可能比较理想的状态是油田有很高的储油量（25%的机会），确实价值为3000万美元。在这种情况下，几家石油公司得到的测试结果都为"高"，那么每家公司的出价都会在2500万美元左右。最后赢得开采权的公司需要支付至少2500万美元，或者更高的开采费。

把这三种情况综合起来，我们就可以得到最后赢家的盈利期望-2.5。[1]也就是说，不管油田的价值为多少，最后赢下该油田开采权的"赢家"，平均亏损250万美元，是一个真正的"输家"。

2004年8月，美国著名的搜索引擎公司谷歌在纳斯达克上市。上市后该公司股票价格会按照荷式拍卖规则进行定价。在谷歌向美国证券交易委员会递交的上市注册文件中，专门有一段关于"赢家的诅咒"的声明：本公司股票上市经历的公开拍卖过程，可能会导致一种名叫"赢家的诅咒"的现象，而中了"诅咒"的投资者，可能会受到投资损失。

但是很多散户投资者对谷歌股票的热情不减。谷歌上市第一天，其开盘价格（100美元）就比首次公开发行价格（85美元）高出了17%。显然，很多投资者

---

[1]　25%×(-5)+ 50%×(-5)+25%×(+5)=-2.5。

并没有仔细阅读谷歌的上市文件，或者即使看了也熟视无睹，不顾"诅咒"而要去争当那个"赢家"。

赢家的诅咒是一种非常常见的经济现象，在拍卖型交易中最为常见。在充满竞争的环境中，突出重围赢下"标王"对很多人有着不可抵挡的诱惑。因为一旦赢下标的，至少在短时间内该赢家可以占据报纸头条，成为各大媒体争相报道和采访的对象。

但是很多证据显示，花大血本赢得"标王"的那些"大佬"，很可能会为日后设下"诅咒"，从此被沉重的竞拍成本压得喘不过气来。历史上有不少登顶又坠落的"标王"，这些转瞬即逝的"赢家"，到最后都成了笑柄。我们分析这种现象时，不要被表面的光鲜所迷惑，而是需要保持冷静，用证据主义的方法客观分析其得失。毕竟，经商也好，投资也好，都像是一场马拉松，能够笑到最后的，才是真正的赢家。

过度自信

老子云："知人者智，自知者明。胜人者有力，自胜者强。"这段话的意思是：能够了解他人的人是有智慧的，能够了解自己的人是高明的。能够战胜他人的人是有力量的，能够战胜自我的人是真正的强者。

但是在现实生活中，能够做到有"自知之明"的聪明人恰恰属于少数。其中有一个主要的原因，就是我们大多数人都会受到"过度自信"的影响。

什么是"过度自信"呢？简而言之，就是当事人所估计的自己的能力水平会超过不带偏见时的真实能力水平，超过的部分，就叫作过度自信，如图1-15所示。

举例来说，很多开车的司机朋友一上路就会犯"马路狂暴症"，看到那些开得比自己快的车就忍不住怪对方："你当自己是F1赛车手啊？你以为自己开的是法拉利啊？"看到那些开得比较慢的，又忍不住嘲笑对方："驾驶考试通过了没？没有通过再去学校练两年嘛。"敢情在公路上自己的开车水平最高，其他人都是笨蛋，这就是典型的过度自信。

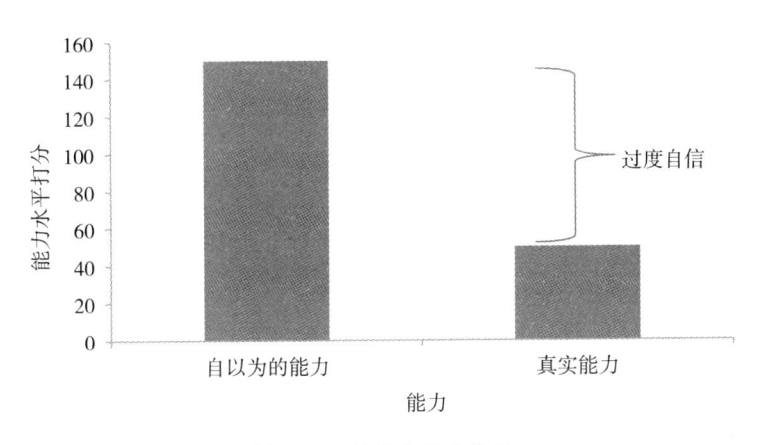

图1-15 过度自信的偏见

美国康奈尔大学的两位教授通过研究一群受访对象的心理发现，成绩越差的学生对自己的能力估计越离谱，和现实的差距越大。[1]

如图1-16显示，成绩最差的25%的那组学生，估计自己的考试成绩会为60～70分，而事实上他们的真实得分只有10分左右。"无知者无畏"大概说的就是这种情况。

在私募股权领域，我们经常会看到一些充满激情的创业者，在电视机镜头前信誓旦旦，扬言要颠覆某个行业，让公司成为下一个谷歌或者阿里巴巴。但事实

---

[1] KRUGER J, DUNNING D. Unskilled and unaware of it: how difficulties in recognizing one's own incompetence lead to inflated self-assessments[J/OL]. Journal of personality and social psychology, 1999, 77 (6): 1121-1134 [2018-03-20]. https://psycnet.apa.org/doiLanding?doi=10.1037%2F0022-3514.77.6.1121.

上，真正能够做到的简直少之又少。

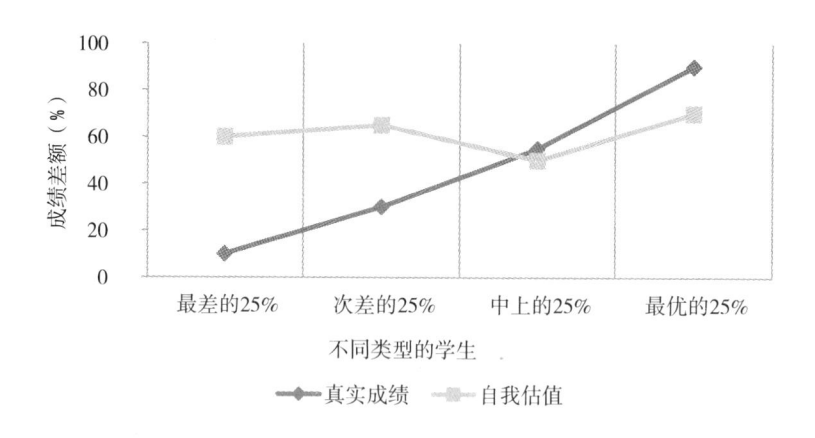

图1-16　不同学生的真实成绩与自我估值

根据《华尔街日报》报道，在2014—2015年成功融到5000万美元以上的美国新兴企业大约有294家。截至2017年3月，这些公司中大约有73%没有拉到下一轮融资，因此面临"断粮"的危机（见图1-17），这可能是那些对未来充满乐观情绪的创业者所没有预料到的。

这种对成功的概率过分自信的行为偏见不光见于创业者中，在投资者中也十分多见。

比如美国的两位教授在统计了某家券商中几万户散户投资者投资记录后得出结论：广大散户投资者的买卖频率越高，其投资回报就越差。[1]这些投资者受到"过度自信"的行为偏见影响，以为自己是"巴菲特第二"，在股市中杀进杀出，自我感觉良好，到最后投资回报还不如一个傻瓜型投资者——老老实实购买

---

[1] BARBER M B, ODEAN T. Boys will be boys: gender, overconfidence and common stock investment [J/OL]. The quarterly journal of economics, 2001, 116 (1): 261-292 [2018-03-21]. https://academic.oup.com/qje/article-abstract/116/1/261/1939000#no-access-message.

并长期持有一只低成本的指数基金。

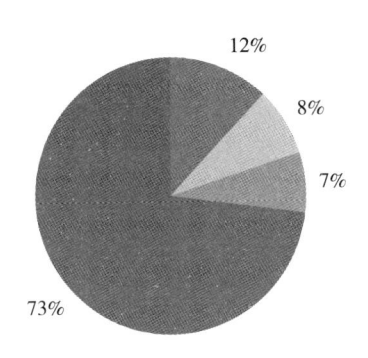

- 成功融到下一轮 - IPO - 被收购 - 没有拉到新的融资

数据来源：道琼斯风投（Dow Jones Venture Source）、《华尔街日报》

图1-17　融到5000万美元以上的美国新兴企业生存状态

上面的例子说的是证券交易二级市场上的投资者。在证券交易一级市场上受"过度自信"影响的投资者也不在少数。

这些投资者把自己多年辛辛苦苦攒下来的积蓄交给私募股权基金经理时，心里想的是：我一定会投中下一个阿里巴巴或者京东这样的"独角兽"，这样我的投资就可以在x年后翻x倍。但是很可惜的是，他们忽略了私募股权投资中一个最重要的概念：基本比率。绝大部分的私募股权都会被投进上文中提到的73%的"断粮"的公司，到最后亏得一分不剩。即使有幸投到剩下的27%的公司，也不能保证所有公司都能够完成"长征"，因为其中只有8%的公司能够上市IPO，让投资者顺利退出并得到自己期望的投资回报。

投资者的"过度自信"偏见和基金经理相比简直是小巫见大巫。

根据《华尔街日报》报道，美国对冲基金凸性资本的经理杰克·迈耶（Jack Meyer）对采访他的记者说："我曾经觉得80%的基金经理无法战胜市场，现在我觉得95%的基金经理无法战胜市场，而我就属于那罕见的5%。"但是迈耶管理的凸性资本在过去5年业绩连续不佳，均低于市场基准，累计起来他的投资者亏损了10亿美元左右。[1]

为了对这个问题有更深一步的了解，新加坡五福资本和新加坡国立大学进行了合作，在新加坡金融行业随机抽样，采访了大约150名金融专业人士。这些从业人员工作的单位包括投资银行、对冲基金机构、大学基金会和券商。在这里和大家分享一些有趣的调查结果：

首先，我们让受访者对自己的投资水平进行评估。大约有86%的受访者认为自己的投资水平高于平均水平，仅有7%的受访者承认自己的投资水平不如平均水平（见图1-18）。

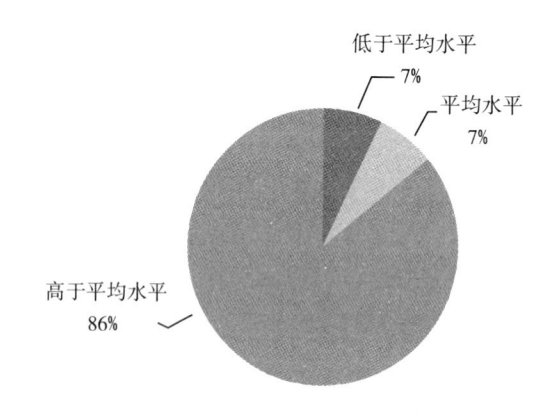

数据来源：新加坡国立大学、五福资本

图1-18　投资水平自评

---

[1] CHUNG J. Former Harvard money whiz Jack Meyer tries to regain his edge [EB/OL]. (2017-04-19) [2018-03-21]. https://www.wsj.com/articles/under-pressure-ex-harvard-star-jack-meyer-says-its-not-time-to-quit-1492594202.

然后我们问受访者：您觉得在扣除投资费用后，基金经理能否战胜市场？大约有70%的受访者认为基金经理可以战胜市场，30%的受访者认为基金经理无法战胜市场（见图1-19）。

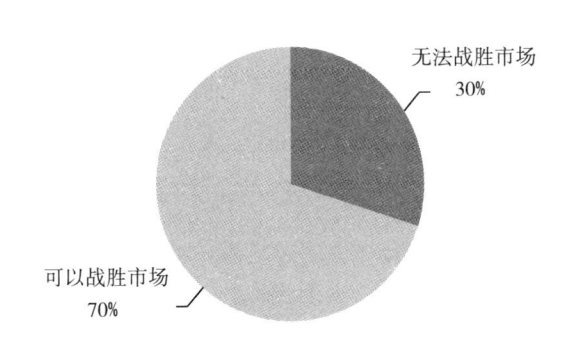

数据来源：新加坡国立大学、五福资本

图1-19 受访者对基金经理能否战胜市场的看法

在这里，我们有了第一个非常有趣的发现：接近90%的受访者认为自己的投资水平高于平均水平（即市场）。但是他们中有30%的人意识到，即使自认为自己的投资水平很高，但市场也没有那么容易就能够被战胜。

接下来我们问受访者：如果您的亲人和好友向您进行投资咨询，您会给他怎样的建议？这里我们有了第二个非常有趣的发现：平均来讲，这些金融从业人员认为他们的亲人应该把70%的资产放在被动型指数基金中，而仅将资产的30%放入主动投资中（如图1-20）。

如果对自己的投资能力非常自信，坚信市场可以轻易打败，受访者为什么不建议亲人把钱交给自己或者那些主动型基金经理，而是让亲人把70%的资产投入被动型指数基金中？这是一个非常有趣的问题。在询问受访者这个问题时，我们得到的回答五花八门，比如：

——基金经理的收费太贵了，不如购买低成本指数基金。

——市场变得越来越有效，因此战胜市场变得越来越难。

——对于非专业人士来讲，还是应该放弃择股、择基和择时，不要幻想自己能够战胜市场。

——不要低估市场的聪明程度。很多时候你以为自己有信息优势，其实该信息早就被市场消化了。

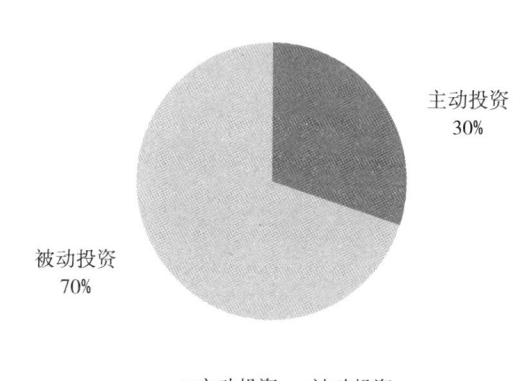

数据来源：新加坡国立大学、五福资本

图1-20 受访者建议的投资资金配置比例

要知道这些受访对象都是新加坡金融行业的从业人员，有些甚至是大银行和券商的高管或者对冲基金机构的首席投资官，他们的金融投资知识和经验比大多数人的都要多。从该访谈研究中我们可以发现：

第一，绝大部分人还是逃不过"过度自信"的行为习惯。在问到他们自己的投资水平时，很少有人愿意承认自己只是平均水平或者低于平均水平。

第二，绝大部分人会不自觉地将自己的脑袋分为两部分。如果是别人的钱，想要找投资途径，他们会启动"左脑"：我很厉害，我一定能够战胜市场，你把钱交给我管理就对了。如果涉及自己或者亲人的钱，他们会启动"右脑"：市场很难战胜，不要听外面那些销售人员的忽悠，至少要把70%的储蓄投资到被动型指数基金中。这种现象叫作心理账户，也是一种比较普遍的行为习惯，我们在上文已经详细讲述过。

靠"战胜市场"吃饭的金融人才们，把自己和亲人的钱放在被动型指数基金里，是不是让人觉得有些不可思议？其实恰恰相反，正是因为这些从业人员对金融市场的理解比一般人都要深刻，市场上的大起大落，他们看得比别人多，因此，他们自然更理解要想在扣除投资费用后再战胜市场，难度有多大。

过度自信是我们最容易犯的行为学错误之一。这个错误普遍存在于各种人中，在那些声名显赫的基金经理中更加明显。聪明人在推销自己的产品和服务时，很自然会受到过度自信的影响。但是在涉及自己和亲人的储蓄时，他们毫不含糊，可以瞬间从"左脑"无缝转换到"右脑"，提醒自己和亲人做出更为理性的投资决策。一个聪明的投资者需要理解这种行为偏见造成的影响，不要轻易被金融销售人员的夸夸其谈所迷惑，用谨慎的态度为自己和家人做出最理性和负责的投资决策。

人非理性

假设你最近很看好某只股票，想要出手购买，那么问题来了：你应该在自己心情好的时候购买，还是发怒的时候购买？应该在早上购买，还是下午购买？

乍一看，这些问题好像有点无聊。投资时的心情，或者购买股票的时间，和投资决策有什么关系呢？我们在做投资决策时，难道不是更应该看公司的基本面好不好、股价估值高不高、行业前景好不好等因素吗？

然而事实上，有大量证据显示，哪怕是在做重要的决策时，我们也会受到上面这些看似微不足道或者与决策完全不相关的因素的干扰。诺贝尔奖得主丹尼尔·卡尼曼（Dainel Kahneman）称这些干扰因素为噪声。

举例来说，同一个医生在早上让病人去筛查乳腺癌的概率，比在中午午饭前高出15%[1]。一项基于208位法官的统计研究显示，基于相同的犯罪案例，不同法官做出的判决之间相差3.5年。

在完美的世界里，上面这些情况不应该发生。对于病人是否应该排查乳腺癌，医生应该始终做出前后一致的判断，而不应该受时间的影响。对于同一个罪犯，不同法官的量刑应该高度一致，该判几年就判几年。

但问题在于，我们并非生活在完美世界中。在现实世界里，只要是人在做决定，那么他就会受到"噪声"的影响。在金融投资领域做决定的人也不例外。

比如一项针对200位理财顾问的统计研究[2]显示，对于同一名客户，这些理财顾问做出的风险评估大相径庭，竟然同时包括了"极端保守"和"极端激进"两种完全相反的结果。同时，这些理财顾问为同一名客户建议的股票配置比例，包括了从0~100%之间的各种数字。

除了理财顾问，投资者本身在日常的投资活动中也经常做出各种自相矛盾的不理性决策，导致投资回报降低。

举例来说，统计显示，美国股市里的散户投资者交易频率越高，投资回报就越差。那些买卖最频繁的散户投资者，其投资回报比同期的指数回报每年差7%左右。而那些热衷于买基金的投资者，其回报也好不到哪里。热衷于在小市值成长股票型基金和科技股票型基金里换来换去的投资者，其投资回报比买入以后长期持有的投资者，每年分别差3%和13%。也就是说，做出的个人决策越多，越

---

[1] 丹尼尔·卡曼尼,奥利维耶·西博尼,卡斯·R.桑斯坦.噪声[M].李纾等,译.杭州：浙江教育出版社,2021.

[2] DAVIES G. Under the microscope: "noise" and investment advice [R/OL]. (2020-01-01) [2018-02-05]. https://www.moonstone.co.za/wp-content/uploads/library/Moonstone%20Library/MS%20Industry%20News/Oxford_Risk_Report_Noise_and_Investment_advice_2020.pdf.

容易受到"噪声"的干扰，因此越容易出错，导致投资回报更差。[1]

个人投资者为什么这么容易堕入"过度交易"的陷阱呢？大致来说，背后有这么几个原因。

首先，投资者容易受"掌控错觉"的影响。投资者买入一个指数基金或者股票，然后长期持有什么都不做，容易产生投资不受自己控制的错觉。这就好比驾驶员开车，没有驾驶员胆敢让自己的双手离开方向盘，闭着眼睛任由汽车自动行驶。市场和道路的本质区别在于：道路是明确的。只要有一张高清地图，就能明确知道道路通往的方向，前面是否有红绿灯等信息。但是市场的未来是不明确的，没有人知道接下来市场会涨还是会跌，哪个板块或者哪只股票上涨得最多。在充满不确定性的市场中频繁买卖，就像在黑灯瞎火的拥挤市区中乱开车，速度越快，转向越多，撞到的建筑就越多，损失也越大。

其次，大部分投资者很难接受自己的"平庸"。如果你问一对父母："你们孩子的能力在学校处于什么水平，高于还是低于平均水平？"绝大多数父母一定会告诉你："高于平均水平。"很少有父母愿意承认自己的孩子低于平均水平。类似的现象在投资者身上也十分明显，很少有投资者愿意承认自己的投资能力低于平均水平，他们想通过择股、择基或择时来证明自己的优秀。问题在于，大量的研究显示，哪怕是基金经理，也很难战胜市场的平均回报，更别说散户投资者了。不肯承认自己能力水平，最后连平均回报也拿不到。

最后，投资者往往会低估投资中的运气成分。假设你在2021年2月初卖出贵州茅台的股票，完美避开了贵州茅台股票接下来的价格下跌，这是因为你有先见之明，还是只是运气好？假设你在过去一年中炒股赚了本金的20%，这是否意味着你有成为"股神"的潜质，以后可以专靠炒股养活自己了？这样的问题是很难回答的，因为短期的投资结果中带有很大的随机因素。在行为心理学里，有一种

---

[1] STATMAN M. What investors really want: know what drives investor behavior and make smarter financial decisions [M]. New York McGraw Hill, 2010.

现象叫作"确认偏误",指的是人们习惯于收集蛛丝马迹增强自己已经定型的观点。如果投资者自认为投资能力很强,那么他会习惯用一些零散的证据进一步强化自己的信念(比如偶然买到一个涨了很多倍的股票),同时忽略那些对自己不利的证据(比如在其他股票和基金上亏了不少)。久而久之,哪怕投资者的真实业绩很差,他可能也会产生自己是"民间巴菲特"的错觉,并沉溺于过度交易无法自拔。

中国投资者容易犯哪些错误

在前面几节中,我为大家总结了一些普通投资者最容易犯的错误。如果我们仔细观察,就会发现这些错误在广大投资者中普遍存在。

A股(人民币普通股票)市场中有多少投资者?据《2019年度全国股票市场投资者状况调查报告》统计,截至2019年年底,全国股票投资者数量达1.59亿左右,其中自然人投资者,也就是散户投资者占到了99.76%。也就是说,全国的散户投资者数量大概有1.5亿。

那么,这些散户投资者的投资回报如何呢?《上海证券交易所统计年鉴(2018卷)》揭示了一些非常有趣的信息。2017年,自然人投资者贡献了股市大约82%的买卖交易量,但是只获得了约9%的股市总盈利。[1]数据没有感情,不会撒谎。这些数据向我们揭示了一个很多投资者不太愿意承认的事实,那就是:中国投资者中散户投资者人数众多,交易频繁,但是投资回报很差。

散户投资者投资回报差并不是中国股市独有的现象。比如基于2013—2015年巴西股市的研究显示,在股市中坚持炒股超过300天的投资者中,有97%都是亏钱的。只有1.1%的巴西投资者获得的投资回报高于巴西的最低工资。只有0.5%

---

[1] 在2018卷之后,《上海证券交易所统计年鉴》不再公布此项统计数据。

的巴西投资者获得的投资回报高于银行基层柜台员工的起薪。换句话说，想靠炒股养活自己和家人，基本上是天方夜谭。[1]

既然投资回报这么差，为什么还有这么多投资者对股市趋之若鹜，充满热情呢？产生这种现象的背后，大致有这么几种原因：

第一，过度自信。

上文提到，过度自信指的是投资者过分高估自己的投资能力，或者过分低估从股市中赚取投资回报的难度。严格来讲，交易是没有门槛的，但投资却有门槛。交易只需要学会在电脑或者手机上下单买卖即可，然而要搞清楚什么时候该买，什么时候该卖，该买和卖哪些股票，则需要多年知识和经验积累。投资者很容易混淆"投资"和"交易"这两个完全不同的概念，误把自己的交易行为当作投资行为。

过度自信可能来自无知（所谓无知者无畏，因为无知所以对股市缺乏敬畏），也可能来自对金融知识和股市的一知半解（学了点皮毛，就觉得自己是"民间巴菲特"）。大量研究显示，过度自信容易导致投资者过度交易，引发投资损失。比如有研究发现，美国股市中的投资者交易越频繁，投资回报就越差。男性投资者更容易受过度自信的影响，因此男性投资者的投资回报比女性投资者更差。[2]

过度自信也和贪婪有很大的关系。因为贪婪，所以轻信。贪婪导致投资者失去了最基本的判断能力，甚至选择铤而走险。大规模亏损的情况往往发生在投资者赚钱以后，而不是亏钱以后。这是因为如果炒股时一开始就亏钱，投资者很快

---

[1] CHAGUE F, DE-LOSSO R, GIOVANNETTI B. Day trading for a living? [J/OL]. Working papers, department of economics, 2020, [2018-02-05]. https://papers.ssrn.com/sol3/papers.cfm?abstract_id=3423101.

[2] BARBER M B, ODEAN T. Trading is hazardous to your wealth: the common stock investment performance of individual investors [J/OL]. The journal of finance, 2000, 55 (2): 773-806 [2018-04-05] . https://onlinelibrary.wiley.com/doi/epdf/10.1111/0022-1082.00226.

就会对自己的投资能力有清醒的认识，也不太可能再往股市里砸钱。而最后亏损严重的投资者，往往一开始就在股市里赚了不少钱，导致投资信心膨胀，胃口越来越大，甚至加上杠杆，最终在股市中翻车。

第二，追求刺激。

如果我们假设投资者炒股只是为了获利，这样的解释就有点过于简单了。事实上，不同的投资者想从股市中获得的东西是不一样的。一项针对芬兰投资者的研究发现，驾车时经常拿到超速罚单的投资者，其在股市中的交易频率往往也更高。在马路上超速开车和在股市中频繁买卖之间有一定的共性，那就是都能给当事人带来一定的刺激和满足。[1]一项德国研究表明，赌博成瘾的赌徒，其在股市中的交易频率比其他人高出一倍。[2]2004年，中国台湾推出大乐透彩券后，股市的交易量下跌了25%左右。[3]这些研究表明，有相当一部分投资者在股市中追求的是一种刺激感。

一些投资者想从股市中获得刺激感和满足感，对他们来说，这种刺激感和满足感的吸引力远远强于在股市中获利。这也能解释一些常见的"走火入魔"式的炒股行为，比如多次试图控制或者停止自己的炒股行为却欲罢不能；当自己的账户里有现金时，无法控制自己不去买点股票；通过在股市搏杀转移自己的注意力，作为对生活中的其他问题的逃避；投资的资金越来越大才能让自己感到兴奋；通过借助场外融资、杠杆、期货期权等金融衍生产品满足自己的刺激感和新

---

[1] GRINBLATT M, KELOHARJU M. Sensation seeking, overconfidence, and trading activity [J/OL]. Journal of finance, 2009, 64 (2): 549-578 [2018-04-06]. https://onlinelibrary.wiley.com/doi/abs/10.1111/j.1540-6261.2009.01443.x.

[2] DORN D, SENGMUELLER P. Trading as entertainment? [J/OL]. Management science, 2009, 55 (4): 4-695 [2018-04-06]. https://pubsonline.informs.org/doi/10.1287/mnsc.1080.0962.

[3] GAO X H, LIN C T. Do individual investors treat trading as a fun and exciting gambling activity? evidence from repeated natural experiments [J/OL]. The review of financial studies, 2015, 28 (7): 2128-2166 [2018-04-06]. https://academic.oup.com/rfs/article-abstract/28/7/2128/1591629?login=false.

鲜感；等等。这些现象的共同点是投资者的目的并非获得投资收益，而是满足自己的刺激感和满足感。

第三，交学费"练功"。

有一种说法认为，一部分投资者即使亏钱也坚持炒股，主要是为了在实践中提高自己的投资能力。没有人天生就是"股神"，哪怕是巴菲特，也是从"韭菜"开始慢慢成长为大师的。今天在股市里亏点钱权当交学费，为的是明天成为更优秀的投资者，这样不光可以把以前交的学费赚回来，还能获得更多的回报。

然而基于中国台湾1992年到2006年股市数据的统计研究显示，股市中大约3/4的交易量来自那些持续亏钱的投资者，能够通过交易持续获利的散户投资者仅占总样本的3%左右。换句话说，97%的投资者都是股市中的"冤大头"，他们的投资能力和投资回报并没有因为炒股时间的积累而得到改善。[1]

第四，游客心态。

从历史上看，证券交易所新开账户的数量和股市的涨跌之间有紧密联系。往往在股市大涨的时候，新开账户的数量也屡创新高。比如2015年上半年，上海证券综合指数（后文简称上证指数）在短短几个月内从3000点涨到5000点，点燃了全社会的炒股热情。2015年4月到6月，每个月的新增账户都接近500万左右，是往年平均新增账户数的4~5倍。这些新增账户背后绝大部分是没什么炒股经验的"新投资者"，他们看到股市指数节节高升，周围每个人都在谈论从股市里赚了多少钱，禁不住诱惑，于是自己也开了账户炒股，期望可以赚点外快。

我们可以把这样的投资者称为"投资游客"，他们是以旅游的心态来炒股的：到此一游，赚到即走。基本没做什么功课，对股市一知半解，极度依赖小道消息和朋友圈荐股。靠这样的心态炒股，能赚到钱才令人意外。

---

[1] BARBER M B, LEE Y T, LIU Y J, ODEAN T, ZHANG K. Learning, fast or slow [J/OL]. The review of asset pricing studies, 2020, 10 (1): 61-93 [2023-02-05]. https://academic.oup.com/raps/article-abstract/10/1/61/5545095?login=false.

总体上看，A股中的散户投资者数量巨大，交易频繁，但投资回报不佳。聪明的投资者善于从别人的错误中吸取教训，认识产生错误背后的原因，理解导致错误的人性弱点，并通过长期努力逐渐优化自己的投资习惯，让自己不再是股市中的"韭菜"。

管住自己

在上文中，我和大家分享了几个典型的"人性本傻"的例子。我希望这些分享可以帮助大家认识到自己存在的"犯傻"天性。只有认识到这些人类天生的弱点，才可能想办法克服。

要想克服自己性格中的弱点，一个最关键的方面就是要训练并提高自己的自制力。

假设一个周末的下午，你独自一个人待在家里。再过一个月你将参加一场考试，因此你现在最需要做的事就是静下心来复习。这时候一个朋友打电话给你，邀请你去看一场期待已久的电影，而且你的手机里还有打了一半的游戏正等着你通关。你会怎么做？

绝大部分人很难有足够的自制力抵挡上面提到的这些诱惑，他们一般是稀里糊涂地度过一个又一个周末的下午，最后惴惴不安地上考场，希望自己可以幸运地蒙混过关。

很多时候，学生看不进去书，或者职场人士无法集中精神完成一个项目，并不是因为他们不够聪明，而是因为他们实在管不住自己。有过减肥经验的朋友都知道，减肥其实并不复杂，无非就是"少吃多动"。但每每在诱人的蛋糕、冰激凌和大鱼大肉面前，想管住自己的嘴巴，严格控制每天的卡路里摄入量，简直比登天还难。

在希腊神话中，有一则关于大英雄奥德赛的故事，让我在这里和大家分享一下。

奥德赛刚参加完特洛伊之战，顺利班师回国。在回国途中，奥德赛的船队需要经过一片由塞壬女神控制的海域。塞壬女神动听的歌声会让人神魂颠倒，凡是听过该歌声的航海者都会情不自禁地纵身跃入大海。

奥德赛十分想听塞壬女神的天籁之音，但同时又不想为此丧命。于是他命令除自己以外的所有人在耳朵里塞满蜡，防止被塞壬女神的歌声诱惑。同时他命令手下用绳索把自己绑在船的桅杆上，无论他说什么，手下都不得理会，不得松绑他。后来奥德赛的船队顺利通过了塞壬女神控制的海域，而他自己也得以听到那销魂的歌声并成功地活了下来。

这个故事告诉我们：

第一，人是有弱点的。很多时候，我们难以抵挡诱惑。诱惑的共同特点是对人有强烈的感官刺激，让人欲罢不能。一个聪明的人应该意识到自己天生的弱点。

第二，有时候为了管住自己，我们需要借助外部的力量。绑住奥德赛的桅杆和绳索就是外部力量。没有人喜欢自己的自由受到限制，但桅杆和绳索却在关键时候救了奥德赛的命。

现实生活中，这样的例子举不胜举。在2017年诺贝尔经济学奖得主理查德·泰勒写的《"错误"的行为：行为经济学的形成》（*Misbehaving: The Making of Behavioral Economics*）一书中，作者提到了一个"腰果"所引发的

故事：[1]

> 一群朋友在周末参加一个家庭聚会。离吃晚饭还有一段时间，于是大家坐在客厅里闲聊，这时候主人拿出了一大碗腰果。那碗腰果很受欢迎，因为很多人可能已经有点饿了，而边吃腰果边聊天也让大家很享受。
>
> 但同时，有一些朋友意识到，如果在晚饭前吃了太多腰果，那就会影响接下来对晚餐的食欲。要知道，晚餐中有更多丰盛的食物。如果因为一碗腰果而错过了后面的饕餮盛宴，岂不是得不偿失？
>
> 这就让一些朋友陷入了"痛苦"之中：一方面，他们想要控制自己的"零嘴欲"；而另一方面，他们又屡屡受到眼前腰果的诱惑。后来主人决定把这碗腰果收回去，这样每个人都吃不到。主人的这个决定反而让很多人大舒了一口气。因为这恰恰解决了他们的"痛苦之源"，不需要为是否吃腰果这件事再"为难"自己了。

在这个例子中，如果没有主人强行介入把腰果收走，那么这些参加聚会的朋友将继续陷入是否自控的痛苦之中。这个故事再次体现了上文提到的两个关键点：第一，很多人确实自制力有限，管不住自己；第二，有时候外部条件的改变（比如主人把腰果收走），可以有效地帮助我们更好地自律。

著名心理学家丹·艾瑞里在他和同事发表的一篇论文[2]中提到过这样一个例子：

---

[1] 理查德·塞勒. "错误"的行为：行为经济学的形成[M]. 王晋, 译. 北京：中信出版社, 2018.

[2] ARIELY D, WERTENBROCH K. Procrastination, deadlines, and performance: self-control by precommitment [J/OL]. Psychological science, 2002, 13 (3): 219-224 [2018-08-05]. https://www.jstor.org/stable/40063710.

实验人员在校园里张贴广告，招募文字编辑小时工。小时工的报酬取决于他是否能从别人写的文字中找出错别字和语法错误，以及是否能按时把工作完成。

不同的小时工会被编入三个不同的组别，主要区别在于他们上交任务的规则。在第一组中，小时工上交任务的时间是事先安排好的，每隔一段时间定时上交一部分。在第二组中，小时工可以事先自己选择任务上交的时间间隔。在第三组中，小时工被告知一个最后的上交期限，他们只需要在最后期限前把所有的任务上交即可。

结果显示，第一组中的小时工纠错率最高，上交准时率最低。而第三组，即只被告知了一个最后期限的组别中，其纠错率最低，错过任务上交期限，需要延长时间的概率最高（见表1-13）。

表1-13　不同小组的纠错率和上交准时率

组　别	上交任务的规则	纠错率	上交准时率
第一组	上交时间事先定好	最高	最准时
第二组	自己选择上交任务的时间	—	—
第三组	只规定一个最后的上交期限	最低	延时最长

这个实验说明，人的自律性有时候不太可靠。如果想要确保某项任务在最后期限前完成，那么最好把该任务分割成若干个子任务，通过循序渐进的方式慢慢完成，采用这样的方式更容易取得成功。

有时候如果想要逼自己完成一项任务，或者达到一个目标，一个可以考虑的方法是在初期就做出比较显著的投资，并且让自己在无法实现目标时受到惩罚。一个比较典型的例子是购买健身房年卡，很多人之所以会硬着头皮去健身房，其中一个主要的原因就是他们在年初付出了一笔数额不菲的健身房年费。付钱以后如果不去，那就亏大了。

美国的一位心理学教授做过一个有趣的实验，验证了通过初期投资提高个人自律性的效果。[1]

实验的对象是那些拥有"发现健康"信用卡的用户。如果用户使用该信用卡购买健康食品，那么他在每个月月末会得到一笔当月消费额25%的现金回扣。研究人员将实验对象分为两组，其中一组需要签订一个合约。该合约规定，如果用户在当月没有完成预先设定的健康饮食目标，那么他的25%现金回扣会全部充公。

研究显示，那些签订合约的用户，其履行计划实现自己既定目标的百分比要显著高于其他人，并且持续时间更长。

如果有朋友觉得自己的自律性比较差，那么不妨试试这个方法：先拿出一笔对自己来说数额不菲的钱放在一边，并且告诉自己如果无法在规定的时间内完成既定任务（比如减掉×斤），就把这笔钱捐掉。这种类似于"割肉"的疼痛可能会激发出超越常人想象的行动力。

在投资领域，能否管住自己也会直接影响我们的投资回报。比如有很多证据显示，个人投资者在股市中的买卖频率越高，其投资回报越差。个人投资者想要通过在股市买卖来战胜市场，简直就是天方夜谭。但还是有很多投资者对自己的炒股能力自信满满，或者无法忍受购买并长期持有指数基金伴生的"无所事事"，忍不住在股市里搏杀，到头来只能花钱买教训。

一个聪明的投资者需要意识到自己天生的弱点。在很多领域，不管是学习、工作，或者投资，能否管住自己是区分优秀和平庸的最主要标准之一。管住自己，是我们迈向成功需要跨出的第一步。

---

[1] SCHWARTZ J, MOCHON D, et al. Healthier by precommitment [J/OL]. Psychological science, 2014, 25 (2): 538-546 [2018-08-05]. https://www.jstor.org/stable/24539828.

长期坚持

除了管住自己，我们还需要反复提醒并提高的另一个重要领域就是培养耐心，养成长期坚持的好习惯。

1964年，美国电影明星伊丽莎白·泰勒和她的第5任丈夫理查德·伯顿结婚了。这段婚姻持续了10年，是泰勒持续时间最长的一段婚姻。1974年，在接受媒体采访时，泰勒说道：

没有任何事情能将我俩分开，我们的婚姻至少会再维持10年。

5天之后，泰勒和伯顿离婚了。

这个例子告诉我们，要想做长期的打算是很难的。很多时候，我们自以为有了一个长期的打算，可以计划到10年、20年，甚至更远的将来，然而现实很可能完全是另一回事。

很多在大学教书的老师都觉得，在课堂上要想让同学们集中精神，心无旁骛地听课超过30分钟，简直比登天还难。如果把他们的智能手机没收，规定要等到双休日才能再使用，那对方甚至可能会和你拼命。

在美国弗吉尼亚大学和哈佛大学做的一项实验中，教授让实验对象独自坐在一个空房间内安静地思考。他们被告知，需要在椅子上静坐15分钟，什么都不做。如果他们实在坐不下去，则可以选择通过电击自己的方式来结束这场"残酷的折磨"。结果，大约有2/3的男士和1/4的女士无法忍受"无所事事"的15分钟，选择用电击自己的方式提前结束这"漫长"的15分钟。[1]

如此缺乏耐心，也极大地影响了投资者在金融市场上的投资行为。

---

[1] ROCHE C. How to avoid the problem of short-termism [EB/OL]. (2016-03-24) [2018-08-09]. https://www.pragcap.com/how-to-avoid-the-problem-of-short-termism/.

Orcam Financial Group[1]的统计研究显示，1995年，美国投资者平均持有股票的时间为3个多月。而到了2010年，投资者平均持有股票的时间长度下降到不到1个月。再快进到2020年，新冠病毒暴发，很多人被锁在家里无所事事，加入了股票交易的大军，导致美国股市中散户投资者的交易量超过机构，成为股市中流动性最大的贡献力量。

散户投资者在投资中缺乏耐心，机构也好不到哪里去。2016年，美国道富银行（State Street Corporation）向美国400家规模最大的投资机构高管发起问卷调查，统计结果显示：80%的机构无法容忍一个基金连续2年回报不佳，而高达99%的机构无法容忍一个基金连续3年回报不佳。也就是说，绝大多数规模比较大的机构投资者，他们的投资模式其实和"追涨杀跌"的散户投资者没有什么差别，无非就是看一个基金过去3年的回报表现：好的话就买入或者增持，差的话就减持或者赎回，仅此而已。

问题在于，这种专注短期的投资行为不太可能为投资者带来期望中的好回报。基于美国股市过去25年的历史研究显示，如果专注于挑选市净率比较低的价值股，可以获得每年超过大盘指数1.1%的回报率；如果专注于挑选那些低波动股票，可以获得每年超过大盘指数1.9%的回报率。问题在于，这些回报率是基于25年积累的长期回报率。而如果我们仔细分析这25年是怎么过来的，就会发现绝大部分投资者根本无法坚持下来。[2]

举例来说，如果我们任选过去的1年，那么价值策略和低波动策略分别有48%和52%的概率表现不佳，落后大盘指数回报率。如果我们任选过去3年的时间，价值策略和低波动策略表现不佳的概率分别为49%和47%。也就是说，对于

---

[1] 美国著名资产管理公司。
[2] TIDMORE C, ANDREW H. Patience with active performance cyclicality: it's harder than you think [J/OL].The journal of investing, 2021, 30 (4): 6-22 [2023-02-24]. https://joi.pm-research.com/content/30/4/6.short.

一个长期来看能够带来超额投资回报的投资方法，如果我们只看1到3年的短期回报，那么在任何时候都有差不多一半的概率行不通。

正因为如此，即使存在长期来看能够战胜大盘指数回报的优秀基金，大部分投资者也很难买到，即使买到也很难持有。比如基于美国市场过去25年（1995年1月到2019年12月）2600只公募基金的统计研究发现，对于那些能够战胜基准指数的公募基金来说，有超过70%在历史上的某一年内，比基准指数回报落后40%到60%。有80%在历史上的某一个5年内，其业绩位于同类基金最差的25%类别。绝大部分缺乏耐心的投资者在这种情况下，第一反应就是把这样的基金卖掉，因此也就错过了接下来的反弹，更别提通过购买这样的基金来战胜市场了。

要想成为真正的长期投资者，做时间的朋友，说起来容易做起来难。查理·芒格（Charles Munger）在评价巴菲特时说过：

> 他的一个最与众不同的地方就是每天都花大量的时间看书，并且静静地思考。

我们小时候都读过小猫钓鱼的故事，深深明白小猫是由于缺乏耐心才一条鱼都钓不到。很多投资者都认同长期坚持的投资哲学，但是到了实践操作的时候，往往却变成了急功近利的短期主义者。研究显示，没有什么投资策略能够让投资者每月、每天、每时、每刻都赚钱。很多长期来看能够获得更好回报的投资策略，在短期内却充满波动，很可能连续3年甚至5年以上回报不佳。在这样的投资现实中，缺乏耐心、三心二意的小猫是很难钓到大鱼的。聪明的投资者需要克服短期逐利的坏习惯，将眼光放长远，力争做一个长期的大赢家。

综上所述，不管是专家还是门外汉，在做各种决策时，都可能受到外界"噪声"和非理性行为习惯的影响，做出前后不一的决定。很多时候，投资中最大的敌人恰恰就是我们自己。任何一个人在不理性状态下做的决策越多，错的就越多。经济学家卡尼曼曾经说过："'噪声'的反面，并不是沉默，而是纪律。"聪明的投资者善于做自我解剖，能意识到人性的普遍弱点，并通过设立有效的系统强化自己在投资决策中的纪律性，限制自己受"噪声"干扰而做出各种随性的决定。当自律变成一种习惯后，它就成了投资者投资哲学中不可分割的一部分，如影随形。投资是一场马拉松，而非百米跑，最后的胜利一定属于那些高度自律的长期投资者。

第2章　狐狸和乌鸦

一天早上，一只狐狸在森林里散步。忽然它看到树上有一只乌鸦，乌鸦嘴里叼着一块肥肉。狐狸看到了那块肉，垂涎三尺。但是碍于树比较高，而且乌鸦可能随时飞走，因此狐狸开始动脑筋，想如何把乌鸦嘴里的那块肥肉"忽悠"过来。

抓耳挠腮了半天，狐狸终于想到一个绝佳的方法：它开始对乌鸦大加赞美，告诉乌鸦它的歌声是多么动听，如果能够开口一展歌喉，就会有多少动物会为之倾倒。乌鸦一开始不为所动，但后来禁不住狐狸潮水般的恭维，终于忍不住松开嘴巴。这时候，乌鸦嘴里的肉一下子掉了下去，被狡猾的狐狸叼走，饱餐一顿。

很多朋友可能在上幼儿园时就听过《狐狸和乌鸦》的故事。这是一个寓言故事，它告诉我们：看管好口中的"肉"，是每个人的责任。如果没有一定的智慧和毅力，我们很可能会像乌鸦一样，被狡猾的狐狸引诱、利用，最后在不知不觉间把口中的肥肉拱手相让。

现实中，很多人对谁是乌鸦谁是狐狸，傻傻分不清楚。在本章中，我会举几个例子,帮助大家更好地理解金融投资行业中一对对的"狐狸"和"乌鸦"。之后我会提出一些建议,希望可以帮助更多的读者避免成为下一只"乌鸦"。

投资者和券商

从经济关系上讲,投资者和券商是相互依存的关系。一方面,投资者想要投资,因此他们需要选择一家券商公司开设账户进行买卖;另一方面,券商需要赚取佣金,因此他们需要招揽顾客,鼓励投资者开户交易。

但是在这个相互依存的关系中,同时存在着一对平时不太会被注意到的矛盾。从投资者的角度来说,他们追求的是投资回报最大化。不管是买入卖出或者高频、低频操作,最后最重要的是他们是否赚钱。而从券商的角度来讲,其本质利益在于从投资者的交易中收取佣金。投资者的交易额度越大,买卖股票的次数越多,券商的收入就会越高。

所以从券商的角度来看,他们需要考虑的是想尽各种办法,鼓励客户增加交易量。市场的上涨或下跌对于券商来说是其次的,更关键的是客户的交易量有没有上升。

电影《华尔街之狼》对这个问题有一段非常精彩的表现:

当时由莱昂纳多·迪卡普里奥饰演的小青年乔丹·贝尔福刚刚进入华尔街一家大券商公司工作,有幸和马修·麦康纳饰演的上司马克·哈那共进午餐。哈那对贝尔福说:"如果你有一个客户在8美元时买入股票,而这只股票现在涨到了16美元。这个时候这个客户乐坏了,于是他想把手中的股票卖掉,然后回家开心一下。但是你不能让他那么做!"

贝尔福表示不解,哈那继续解释道:"因为如果你让他这么做了,他就真的赚钱了!你应该怎么做?你应该想出另外一个绝佳的股票点子，然后客户把他赚到的钱投到你的新点子里。他一定会听你的，每次都会！"

贝尔福有些迷惑，哈那说道："这是因为那个傻瓜已经炒股上瘾了！只要你每次都能忽悠他买新股票，给他新点子，不停地重复。那个傻瓜还傻乎乎地以为自己赚钱了，其实只是账面上的假赚钱而已。而你和我，我们券商呢？我们券商赚的可是真金白银！"

贝尔福惊呼："哇，这太奇妙了！我好兴奋！"

在电影中，哈那提到的给投资者提供炒股素材和点子，鼓励他们增加交易次数的策略，现实中很多券商屡试不爽。一般比较大型的券商都会设有投资研究部门，该部门会雇用一大批经济学家和股票行业分析员，定期向客户和公众发布各种宏观经济研究、行业分析或者个股推荐。收到这些报告的投资者就好像《狐狸与乌鸦》中那只可怜的乌鸦，在狐狸的吹捧之下忍不住想通过这些"小道消息"赚一笔快钱。投资者没有认识到的是，他们一旦做出买入或者卖出的决定，就已经像那只乌鸦一样，张开了嘴巴，把口中的肥肉拱手让给了狡猾的狐狸。

券商对于自己利益的追求间接鼓励了投资者进行更多的投机行为。这些投机行为不光增加了市场的波动性，也导致那些投机失败者损失惨重。

1999年6月，当美国的科技股泡沫位于历史高点时，美国最大的券商之一——美林证券在各大报纸发布了一则广告。广告词写得激情澎湃，让人血脉贲张，在这里我和大家分享一下：

长期来看，股市和人类一样，总是在向上发展。

在地球的每一个角落里，民主制度开始生根发芽。

越来越多的国家开始拥抱自由市场。科技进步会将全球人类联系起来。

> 对于人类这个物种，我们坚定地看多！

背后的意思就是告诉投资者：购买股票就好像购买人类的未来，现在不下手，更待何时？很多投资者在美林证券广告的刺激下砸锅卖铁，大举购入美国股票。

就在美林证券发布这一系列广告后没多久，美国的科技股泡沫宣告破裂，纳斯达克指数一泻千里，很多投资者在泡沫破裂的过程中输了个底朝天。

有研究显示，投资者买卖股票的频率越高，其投资回报就越差。[1]

图2-1对比了这些投资者在1991—1997年的投资回报率。我们可以看到，投资者的买卖频率越高（即每月换手率，从左到右依次上升），年投资回报率就越差。所有的投资者年投资回报率均不及同期购买并持有标准普尔500指数得到的回报率（最右边柱子）。

这些频繁买卖的投资者恰恰就是《狐狸和乌鸦》中的乌鸦，以为自己在放声歌唱，事实上只不过是把嘴中的肉送给狐狸吃而已。

一个聪明的投资者需要从别人的失败中吸取教训，通过各种手段提高自己的认知和防御能力，防止口中的肉被狡猾的狐狸骗走。管好自己，让狐狸无从下嘴，是保住口中这块肉的最佳策略。

---

[1] BARBER M B, ODEAN T. Trading is hazardous to your wealth: the common stock investment performance of individual investors [J/OL]. The journal of finance, 2000, 55 (2): 773-806 [2018-09-04]. https://onlinelibrary.wiley.com/doi/epdf/10.1111/0022-1082.00226.

第1部分 战胜自己

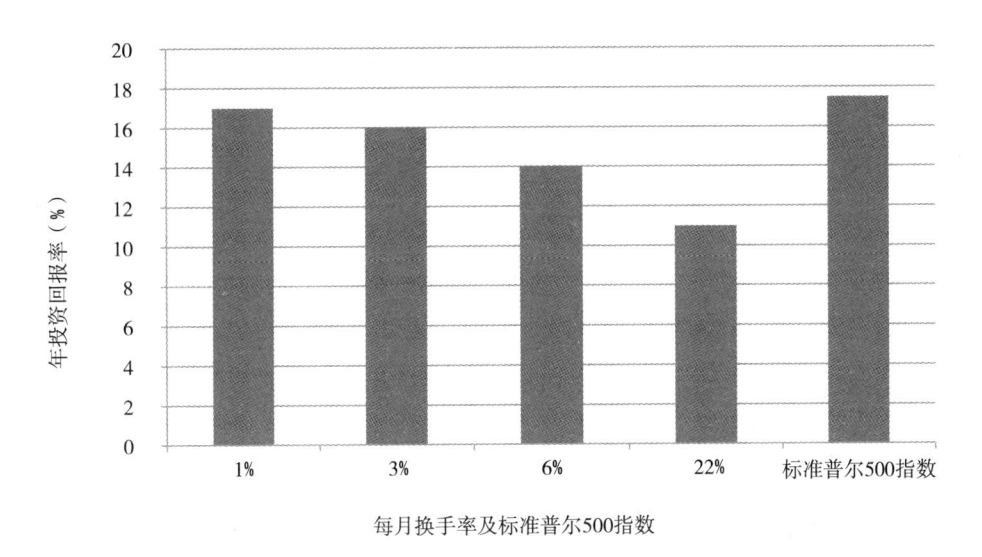

图2-1 1991—1997年美国不同交易频率投资者的回报率

贵在坚持

回顾过去的20年，几乎每隔几年就有一个比较"新奇"的投资概念进入大众的视野，引起众多投资者的兴趣。如表2-1所示，从20世纪末的互联网热开始，一波又一波的投资概念就像走马灯似的不停变换，让投资者挑花了眼。但到最后，很多投资者都是忙活了半天，却颗粒无收，甚至损失惨重。

表2-1 不同时间的投资概念

时　间	时髦的投资概念
1996—1999年	互联网
2003—2006年	新兴市场，金砖四国
2005—2008年	大宗商品，黄金

063

（续表）

时　　间	时髦的投资概念
2013—2018年	一带一路，新丝路
2014—2019年	新常态
2015—2019年	万众创业，互联网+

在"找风口"的过程中，投资者就像《狐狸与乌鸦》中的乌鸦，屡屡"不小心"，将自己口中的肥肉掉下去。而那些从中获利的金融机构，则像树下的狐狸，不停地捡到乌鸦掉下来的肥肉，大快朵颐。

狐狸和乌鸦的关系有点像"周瑜打黄盖——一个愿打一个愿挨"，这背后有一个主要的原因，就是投资者自己越来越短视。

越来越多的证据表明，大多数人能够付出的平均耐心程度已经变得越来越低。"现在就要"变成了一种普遍的习惯和需求，而"等一下"则慢慢变成了一种稀缺品。

比如美国一份研究[1]显示，网民是否选择观看一个网络视频，很大程度上取决于该视频的播放速度。如果需要等上10秒视频才开始播放，那么大约有40%的用户会放弃观看；而如果要等上30秒才能看到视频，那么大约有80%的用户会选择不再等待。

对于一家网站来说，用户对网页能否快速显示的"时间敏感度"更高。如果一个网页需要4秒才能显示，那么大约有25%的用户会选择关闭网页，不再等待。每过1秒，选择关闭网页的用户会越来越多。由此可见，大部分人的耐心程度竟然需要以"秒"计算。

图2-2显示的是过去20年美国投资者平均持有某只股票的时间长度变化。从

---

[1] KRISHNAN S S, SITARAMAN K R. Video stream quality impacts viewer behavior: inferring causality using quasi-experimental designs [J/OL]. IEEE/ACM transactions on networking, 2013, 21 (6): 2001-2014 [2019-05-07]. https://ieeexplore.ieee.org/document/6616025/figures#figures.

1995年的3个多月，到2010年平均不到1个月，投资者持有股票的期限越来越短。要知道，在20世纪40年时代，投资者平均持有某只股票的期限长达7年！

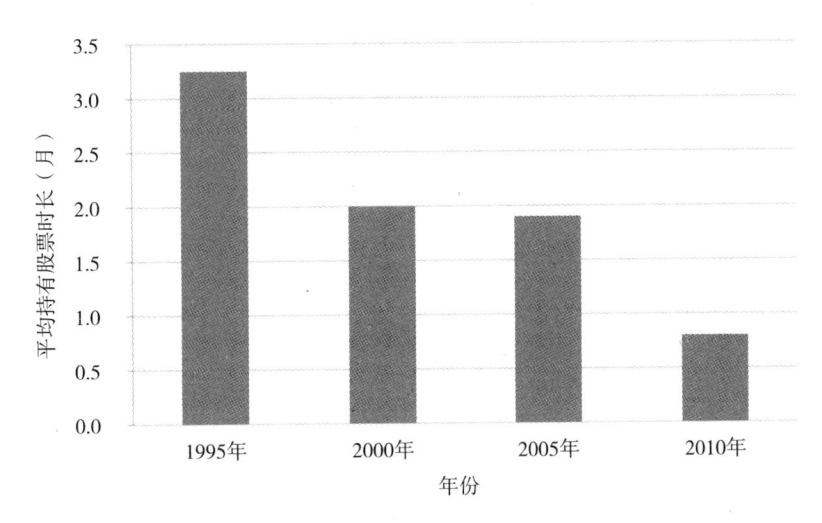

数据来源：Orcam Financial Group

图2-2 美国股民平均持有股票的时间

美国著名对冲基金AQR资本管理（后文简称AQR）[1]的创始人克里夫·阿斯尼斯（Cliff Asness）在谈到传奇投资人巴菲特时说道：

> 我以前一直觉得成功的投资主要依靠天分。但当我对这个问题想得越来越多后发现，要想投资获得成功，关键是要找到一个合理的策略，然后长期坚持。我们（AQR）研究了巴菲特的投资记录，当然他的投资成果是非常出色的。但巴菲特的投资历程并不完全超乎人类的极限。

---

[1] AQR资本管理即AQR Capital Management，是一家位于美国康涅狄格州格林尼治的全球投资管理公司。该公司成立于1998年，为机构客户和金融顾问提供了多种定量驱动替代和传统的投资工具。

事实上，巴菲特最让其他人难以模仿的地方，是他始终坚持自己的投资策略长达35年以上。这是绝大多数人无法做到的。

阿斯尼斯在另一个访谈中说过：

> 投资就像减肥。大家都知道，减肥没有什么秘密可言，无非就是"少吃多动"。但减肥难就难在"坚持"两个字。绝大多数人即使知道如何减肥，也无法坚持下来，管住自己的嘴和腿。这就是成功和失败的投资之间最大的区别。

作为个人投资者，我们应该注意以下几点：

首先，有研究[1]显示，人类天生有"侥幸心理"。这种侥幸心理在买彩票的人群中特别明显：虽然大家都知道中奖的概率很小，但购买彩票的人又都愿意相信自己就是那个与众不同的幸运儿。而在这种"侥幸心理"的影响下，很多人会抱着"一夜暴富"的不切实际的幻想，承担本不该承担的投资和投机风险，以至于蒙受不必要的投资损失，甚至家破人亡。[2]

其次，也有研究显示，人类"过度自信"的行为偏见导致我们极大地高估了自己的投资能力，从而在过度交易中蒙受了很大的投资损失。由于我们太过注重短期盈亏，因此每当股票账户有一些正常的波动时，就无法控制自己的大脑和手，情不自禁地想在股市中"搏杀"，到最后投资回报还不如购买并长期持有低成本指数基金带来的回报。

---

[1] AMOS T, KAHNEMAN D. Belief in the law of small numbers [J/OL]. Psychological bulletin, 1971, 76 (2):105-110 [2019-05-08]. https://psycnet.apa.org/doiLanding?doi=10.1037%2Fh0031322.

[2] BARBER M B, ODEAN T. Trading is hazardous to your wealth: the common stock investment performance of individual investors [J/OL]. The journal of finance, 2000, 55 (2): 773-806 [2018-09-04]. https://onlinelibrary.wiley.com/doi/epdf/10.1111/0022-1082.00226.

生活在21世纪的中国人无疑是幸运的，身边一个个"只要站在风口上，猪都能飞上天"的实例，让我们感觉自己只要稍作努力，也能轻易成为下一个"风口上的猪"。而在这样的大环境下，能够保持内心平静、心无旁骛当一只耐心的"小乌龟"的投资者，渐渐成了稀有物种。

但历史经验告诉我们，一味追逐短期利益，往往会牺牲长期价值。就像那句老话说的：笑到最后的，才是笑得最好的。一个真正聪明的投资者需要有控制自己的毅力和决心。因为他知道：酒，陈的香。好的投资需要时间才会有好的回报。

第 2 部分
利益绑定

假设在电视里,你看到一位经济学家侃侃而谈,告诉大家房价很快要见顶了,劝大家不要买房。或者反过来告诉大家,现在房价还是低点,要赶紧出手买房,否则就会错过低点。你是听他的还是不听他的?相信这是过去10年很多老百姓都经历过的真事。

在这个案例中,房价涨或不涨并不是最关键的,核心问题是这位经济学家自身的利益。经济学家上电视预测未来房价走势,是因为他也等着买房,还是因为他想宣传自己,提升名气,多挣一些出场费?

最后,如果劝大家卖房的经济学家预测错误,房价并没有下跌,反而上涨得更凶,他自己会不会受到任何损失?如果这位看空房价的经济学家不会受到任何损失,甚至可能获利(比如他自己就有好几套房),那么他的话就一文不值。反之亦然,对于劝大家买房的经济学家来说,如果房价没有上涨而是下跌了,他自己有没有因此蒙受损失?如果没有,那么我们就没有必要认真对待他的话。

这就是我想在这部分和大家分享的一个重要道理:在做任何判断或者听取任何意见之前,我们应该先认清背后的利益激励机制。

第3章　基金公司和券商如何联手"割韭菜"

为了帮助读者更好地理解"利益绑定"的概念,我在这里先和大家分享一篇香港中文大学顾朝阳教授的研究文章。中国股市和国外股市相比有一个特点,那就是散户投资者数量巨大。中国股市中大约有80%的交易量来自散户投资者;而在美国股市中,散户投资者在股市中的交易量比例不到10%。这一巨大的差别造成了中国股市中可以被割的"韭菜"特别多。

顾朝阳教授的研究[1]显示,基金公司除了可能提高市场的监督有效性,也有相当大的"掠夺性"。在一个充满"人傻、钱多"的市场中,广大散户投资者就成了基金公司和券商联手收割的对象。

---

[1] GU Z Y, LI Z Q, YANG G Y. Monitors or predators: the influence of institutional investors on sell-side analysts [J/OL]. The accounting review, 2013, 88 (1): 137-169 [2019-06-07]. https://publications.aaahq.org/accounting-review/article-abstract/88/1/137/3500/Monitors-or-Predators-The-Influence-of.

券商和机构的关系

要把上面提到的问题讲清楚，我们需要从券商和基金公司之间的关系说起。

从图3-1中我们可以看到，券商和基金公司之间是甲方和乙方的关系。券商向基金公司提供交易服务，收取交易佣金；而基金公司通过券商进行股票交易，同时还会参与投票选举卖方的"最佳分析员"等活动。

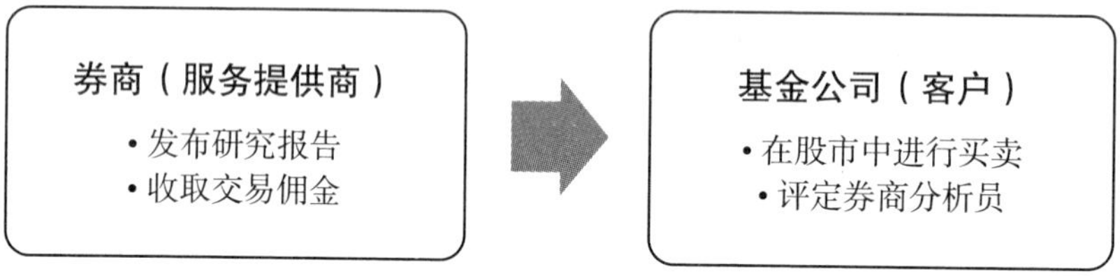

图3-1 券商和基金公司的关系

一般大券商都会有一个证券研究部门，该研究部门会雇用几个到几十个不等的证券分析员，基于他们跟踪的行业、股票等撰写研究报告。

整个证券分析员行业每年要发布大量的分析报告。一个很有趣的数据是，在这些分析报告中，有超过96%的报告都建议买入或者强烈建议买入；而建议卖出的分析报告占比不到总报告的0.1%（见图3-2）。

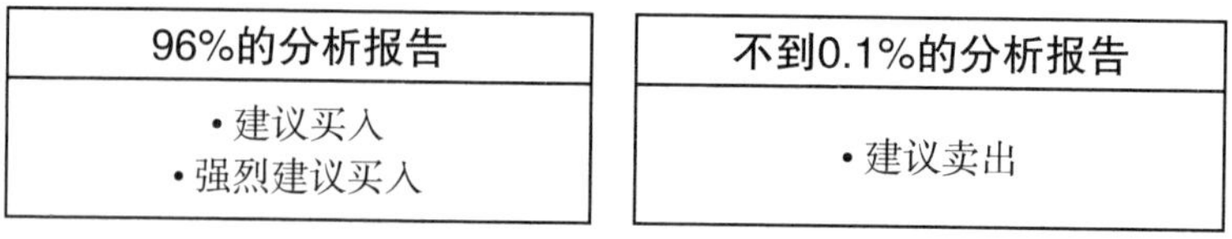

图3-2 分析报告占比

为什么证券分析员只敢写"建议买入"的分析报告，而很少写"建议卖出"

的分析报告呢？在顾朝阳看来，证券分析员只敢写"建议买入"分析报告的原因，有如下几个方面：

首先，证券分析员写分析报告的信息来源，很多都来自上市公司高管。为了写一份分析报告，证券分析员需要拜访上市公司的CEO、首席财务官（CFO）、首席运营官（COO）等高管，或者参加他们的电话会议。没有一个上市公司的高管喜欢看到关于本公司负面的卖出分析报告。因此，如果证券分析员写一份"建议卖出"的分析报告，他很可能就会得罪这些高管。事实上，在极端情况下，还会发生上市公司高管起诉证券分析员的案例。

其次，上市公司对于证券分析员所在的卖方（金融机构）来说是大客户。除了上市IPO，金融机构还可以向他们出售各种服务，比如发债、发股、兼并咨询等。如果得罪了上市公司高管，证券分析员可能会影响本公司的其他业务，得不偿失。

再次，除了上市公司，证券分析员还有另一个很大的客户，即基金公司。基金公司如果重仓持有某只股票，自然不希望看到关于该股票的负面分析。事实上，基金公司会希望证券分析员在该股票上煽风点火，多发一些"强烈建议买入"的分析报告，把公司股价推高，这样他们才可能从中获得更大的利益。

上文提到，基金公司除了给予券商交易佣金，也会参与证券分析员的评选活动。如果一个证券分析员在年终被评为"优秀分析员"，那么他可能得到的奖励是非常可观的。因此，任何一个证券分析员除非吃了"豹子胆"，一般不太会愿意得罪自己的基金客户。

最后，一般来讲，如果发布一份"强烈建议买入"的分析报告，个人散户投资者更容易跟风买入，交易量的增加能够给券商带来更多的佣金收入。相对而言，"建议卖出"的分析报告不太可能带来交易量和佣金的增加，对于券商来说没有什么好处。

综合上面提到的这些原因，在金融投资行业有一个"默契"，即对于买卖股票的分析报告,在阅读时需要打折扣。比如分析报告显示"强烈建议买入",你最多只能把它当作"建议买入"来对待;如果报告显示"持有",那么你就需要提高警惕,因为其隐含的意思很可能是"卖出"。

基金公司和券商如何"割韭菜"

顾朝阳提到,中国投资者有一个很典型的行为习惯,叫作过度反应。过度反应的意思是,投资者在看到一些分析报告后,就会对相关股票做出过度的买卖行为。

比如某份分析报告推荐"强烈建议买入",那么投资者就会完全无视基本面信息和股价变化,一窝蜂地抢着购买该股票,生怕自己错过这只股票。殊不知,这种投资习惯恰恰让这些投资者变成了基金经理的"盘中餐"。

在这里和大家分享一种用得比较多的"割韭菜"手法,如图3-3所示。

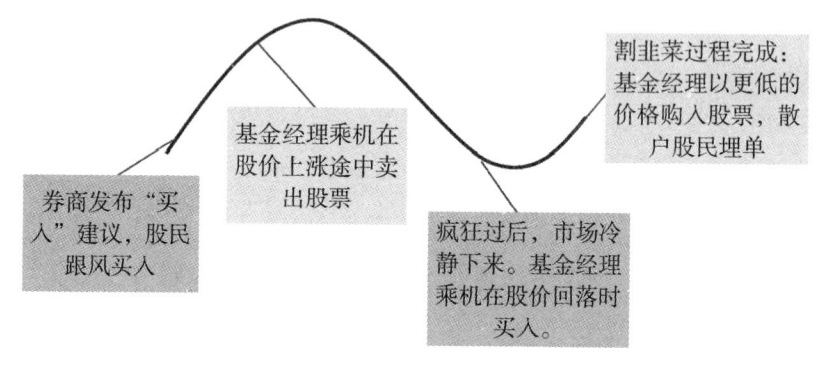

图3-3 基金公司和券商的"割韭菜"手法

证券分析员首先发布一个"买入"的投资建议。广大散户投资者在看到该"买入"投资建议后,纷纷跟风买入,把股价推高。在股价被节节推高的过程中,基金经理会乘机把手中的股票抛出。等到市场上的热度减退,股价回落时,基金经理再在低价位将该股票买入。这样"一卖一买",基金经理就和券商实现了一次完美合作,完成了对散户投资者的一轮"收割"。

顾朝阳通过自己的研究提醒广大投资者,在对待券商分析员发布的"强烈建议买入"投资建议时,应该多长一个心眼。特别的,我们要判断被强烈建议买入的股票是不是和该券商有紧密联系的某基金的重仓股。如果某基金重仓持有一只股票,同时又和发布"强烈建议买入"投资建议的券商有很密切的业务往来,那么我们就应该提高警惕,谨防自己成为"割韭菜"陷阱的受害者。

由于大型基金公司是券商的客户,向他们支付交易佣金,因此券商的分析报告受基金公司影响可能并不让人感到意外。在本书第16章中,我提到的欧洲大基金施罗德(Schroder)和小券商努密斯(Numis)之间发生的纠纷,也是一个典型案例。

顾朝阳同时提到,在基金公司和券商之间,除了上文中提到的利益往来关系,还有更深层次的社交网络联系。而社交网络联系往往被大众所忽略,同时也难以从监管层面进行管理。

举例来说,大约有40%的基金经理以前是券商研究部门的分析员,很多基金经理和证券分析员是同学或者校友关系。这种社交关系网意味着基金公司和券商之间更多的是"合作"和"共谋"关系,而非"互相监督"的关系。在这种关系的影响下,基金公司和券商之间有着非常多的共同利益。在这种共同利益的驱使下,他们会联手在股市上忽悠散户投资者就不那么难以理解了。

一个聪明的投资者需要理解金融机构之间的互相联系,以及它们背后的利益激励机制。我们应该通过不断学习,提高自己的知识水平,降低成为被"割韭菜"的可能性,避开投资理财中的"地雷",努力成为"投资丛林"中的幸存者。

学会保护自己

跟美国股市相比，中国股市相对来说更为年轻，参与股市投资活动的散户投资者有更高的积极性。很多散户投资者对股票投资有很高的期望，梦想着通过炒股改变自己的命运，达到所谓的"财富自由"。

对于这些散户投资者来说，他们更需要的可能不是如何进行"技术分析"，或者打听各种"小道消息"，而是接受更为全面的投资教育。我们需要更多的研究者和教育者，用通俗易懂的语言告诉这些散户投资者，哪些是股市中比较常见的"坑"，哪些是投资者最容易犯的错误。这样才能更好地帮助更多的散户投资者，降低他们成为股市"韭菜"的概率，让更多的散户投资者变得更加聪明和理性。

第4章　激励机制和利益冲突

要想确保自己的利益受到保护，一个关键点是我们需要理解激励对于人的刺激作用。

美国著名的投资人巴菲特多年的合伙人查理·芒格曾经说过：永远不要在你应该思考激励的作用时，去想其他事情。

举例来说，每个人都需要买保险，保险又是一个比较复杂的金融产品。首先，保险涉及很多不同的险种；其次，有多个不同的保险公司，这些公司提供的保险产品与服务琳琅满目，让人目不暇接。对于一个非金融专业出身的门外汉来说，选择适合自己的保险产品是一件非常头疼的事情。因此，绝大多数人都需要专业人士的建议，帮助自己做出理性的选择。

问题在于，绝大多数卖保险的专业人士，比如保险经纪人，其主要收入来源于他们销售的保险产品的佣金。这里就有一个明显的"激励错位"问题。

从客户的角度来看，确实需要一位靠谱的职业人士，在分析了个人和家庭的经济情况后，帮助客户选择最合适的保险产品。但从保险经纪人的角度来看，他们的业绩和收入主要取决于能够卖出多少份保险产品。

因此，对于某些"工作努力"的保险经纪人来说，能够卖出更多的保险产品是他们唯一也是最重要的职业目标。和这样的保险经纪人打过交道以后你就能明白，他们说的每一句话都是为了一个目的——把那份保险产品卖给你。至于你的个人经济情况是否负担得起，该保险产品对你来说是否必要和划算，你的家人是否需要这样的保险等，这些问题都是次要的，并不在保险经纪人的考虑范围之内。

显然，这样的保险经纪人是不合格的，但令人遗憾的是，这样的现象并不是个例。比如在2013—2016年间，中国香港的保险得到了很多中国大陆群众的青睐。我曾目睹一些私人银行的客户经理在和他们的客户打交道时，顺带卖保险。其实中国香港很多私人银行客户经理的收入是非常高的，但是对金钱的贪欲让他们欲罢不能，在30%~35%保费佣金的刺激下，完全不顾自己的专业背景和客户的个人经济情况，大力推销各种能够让他们赚取快速回报的保险产品。这种行业乱象实在让人失望。

类似的问题不仅限于保险行业，最近几年发展特别快的第三方理财机构也同样存在。从投资者的角度来说，客户需要职业的理财顾问，在分析了个人和家庭经济情况之后，向客户推荐靠谱和合适的金融投资产品。但是某些第三方理财机构的理财师，其收入主要依靠他们销售的理财产品的返佣。在这种情况下，"位置决定脑袋"，他们的理财建议很难保持中立，他们对客户提出的所谓的"理财建议"很可能会偏向"收费高、返佣高"的理财产品。

一个聪明的投资者在考虑投资理财产品之前，首先需要理解事件当事人的利益激励机制。通俗地讲，就是"位置决定脑袋，利益决定态度"。下面，就让我引用一个具体案例来帮助大家更深刻地分析这个问题。

理解利益冲突

过去10年，很多第三方理财机构破土而出。这些第三方理财机构主要的商业模式是为投资者提供各种理财产品和服务。

下面以一家在中国比较有名的第三方理财机构为例，为大家分析该机构的商业模式，以及该机构和广大投资者之间的潜在利益冲突。为了避免不必要的法律纠纷，在本章节中我将该机构称为NY理财。由于其他第三方理财机构的经营方式和NY理财大同小异，因此下文的分析具有一定的代表性。

缺乏独立性

NY理财的工作是向广大投资者推荐各种金融理财产品。这些理财产品包括：证券交易二级市场基金、保险、组合基金、私募股权和房地产基金等。

在销售这些金融理财产品的同时，NY理财主要收取以下费用：

（1）一次性佣金，比如申购费，一般直接从申购资金中一次性扣除。

（2）重复性佣金，比如每年收取的管理费。

（3）业绩分成：在一些基金（比如私募股权）中，NY理财会分到一些业绩分成。

（4）其他服务费。

NY理财公布的2016年年报显示，在财富管理业务中，其一次性佣金收入占到了年收入的62%，年管理费占到了32%，如图4-1所示。也就是说，NY理财的收入主要来源于其销售的理财产品的佣金（一次性佣金和年管理费加起来相当于该公司一年收入的94%）。

第三方理财机构收取佣金的做法一直以来都饱受争议，其主要原因就在于"位置决定脑袋"，在佣金的激励下第三方理财机构很难保持客观中立。

从2013年开始，英国金融行为监管局明文规定，禁止理财顾问从产品端（比如基金公司）收取佣金。背后的主要原因就是减少理财顾问向客户推销不合适的金融理财产品，保护投资者的利益。

投资真相

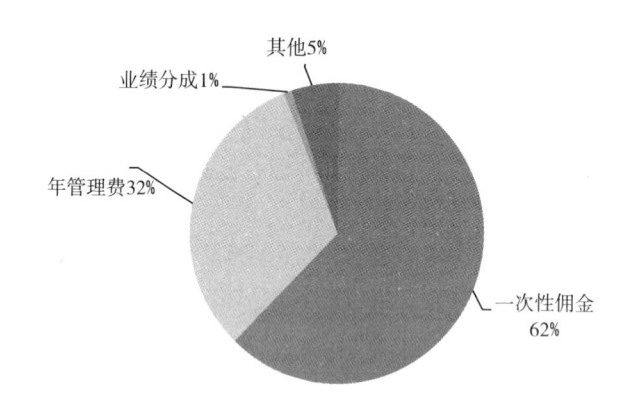

其他5%
业绩分成1%
年管理费32%
一次性佣金 62%

■一次性佣金 ■年管理费 ■业绩分成 ■其他

数据来源：NY理财2016年年报

图4-1　2016年NY理财收入分析

2016年4月，美国劳工部公布了新的信赖标准，要求理财顾问将客户的利益置于自身利益之上。该要求的核心就是理财顾问应该从客户的角度出发，选择最适合客户的理财产品，而不应受佣金高低的影响，总是推销佣金最高的理财产品。

英美政府之所以通过立法禁止理财顾问根据佣金高低推荐理财产品、收取费用，用"将客户利益置于自身利益之上"的要求约束理财顾问，就是因为他们深谙"利益激励"的威力。不管理财顾问的出发点有多好、人有多善良，在利益和佣金的刺激下，没有人能够保证自己不会下意识地做出"损人利己"的商业行为，为了提高自己的收入而让客户做"冤大头"。

聪明的投资者需要明白其中的道理，在购买任何理财产品之前先把背后的利益关系理清楚。得到充分的信息之后，再决定是否考虑对方推荐的理财产品。

利益冲突

除了缺乏独立性，NY理财同时提供财富管理和资产管理服务，因此和他们的客户之间也存在着潜在的利益冲突。

举例来说，如果NY理财的客户要求理财顾问推荐一只基金，那么理财顾问能够保证独立和客观吗？正所谓"肥水不流外人田"，NY理财的理财顾问想要力推其关联方公司的基金产品本无可厚非，但这样的做法对第三方理财机构的客户来说是否客观、公正？

图4-2显示的是NY理财年报中披露的非关联方收入和关联方收入的变化情况。我们可以看到，在2011年和2012年，NY理财的收入主要来自推销第三方理财产品（图中深色柱子，非关联方收入），因此NY理财基本上是一个名副其实的中介。

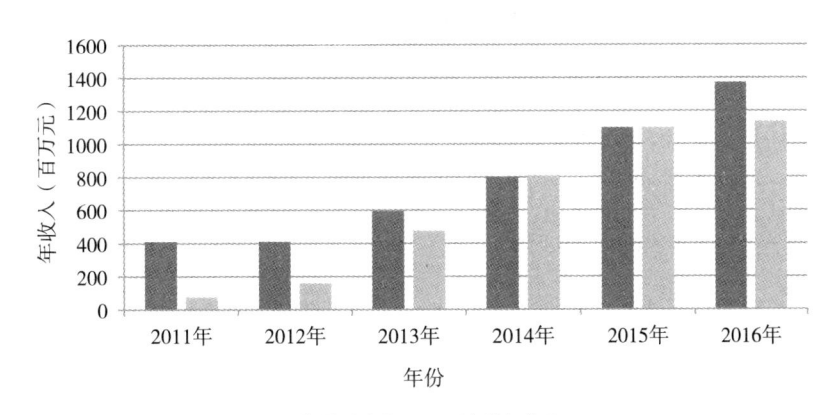

数据来源：NY理财2016年年报

图4-2　NY理财年收入变化

但是在2011—2016年间，NY理财通过推销关联方的理财产品获得的收入每年都在快速增长（图中浅色柱子，关联方收入）。2014年和2015年，NY理财通过推销第三方理财产品得到的收入，和通过推销关联方理财产品得到的收入已经旗鼓相当。

也就是说，NY理财已经不是一家纯粹的"第三方理财机构"了。更准确的说法是，NY理财是一家同时推销第三方理财产品和关联方理财产品的基金公司。

当然，并没有法律规定一家金融公司不能同时推销第三方和关联方的理财产品。但是从投资者的角度讲，我们有权获得信息和真相。只有知道了该投资产品背后的利益关联，我们才可能在决定是否购买该理财产品前对其做出更理性和全面的评价，并得出更客观的结论。

如何分辨好的和坏的投资建议

投资者面对的最大问题在于，即使知道理财顾问是受"佣金"利益的驱动，但自己在很多时候别无选择。因为金融市场高度复杂，理财产品五花八门，如果投资者不希望把现金只放在银行赚取微薄的利息，那么还是需要寻找投资途径。这时候，金融专业人士"好的"投资建议，就像医院里高明医生的诊断结果一样，是每个人都需要的必备信息。

因此，对于投资者来说，如何辨别好的和坏的投资建议，是每个人都应该学习的重要技能。下面我就和大家分享如何通过区分好的和坏的投资建议来保护自己，如表4-1所示。

表4-1 好的和坏的投资建议的区别

好的投资建议	坏的投资建议
知识型	销售型
以客户本身的需求为导向	以销售的理财产品为导向
通过改变客户的投资习惯来提升其理财能力	通过售卖理财产品来解决客户的理财需求

好的投资建议以传播知识为主，其目的在于通过改变客户的投资习惯来帮助他们做出更加理性的投资决策；而坏的投资建议则以销售理财产品为核心，其目的是通过售卖更多的理财产品为理财顾问赚取佣金。

下面我们来介绍销售型投资建议和知识型投资建议的主要区别。

销售型投资建议

销售型投资建议的主要特点如下：

第一，理财顾问倾向于推荐高费用率的理财产品，比如该理财产品有很高的申购费、管理费以及业绩分成。销售型理财顾问更在意的是卖出产品后可以挣到的佣金，而只有销售高费用率的理财产品才可能从中分一杯羹，作为销售成功的奖励。

第二，理财顾问不买自己的产品。这个问题在公募基金经理身上体现比较明显。

根据晨星公司的统计，在美国，有47%的美国股票类公募基金经理不购买自己管理的基金，有60%的国际股票类公募基金经理不购买自己管理的基金，如图4-3所示。在平衡类和债券类公募基金中，这种情况更加糟糕。

如果理财顾问都不购买自己管理的理财产品，那么该理财顾问和投资者之间就缺乏明显的利益绑定，投资者在考虑购买这样的理财产品前需要慎之又慎。

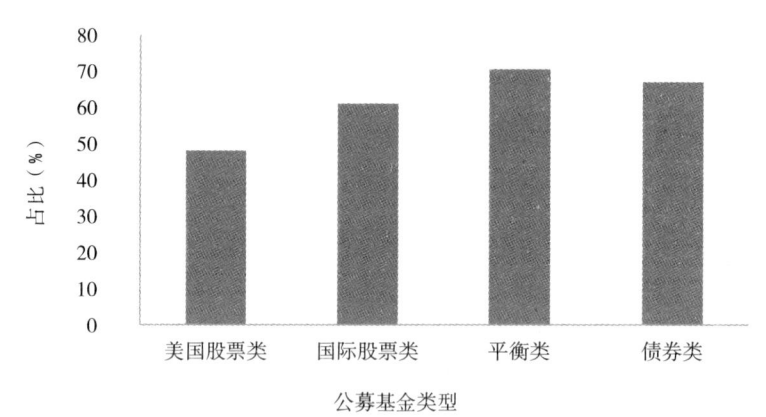

数据来源：晨星公司

图4-3 不购买自己管理的公募基金的基金经理占比

第三，以"超市"推销法攻克客户心理防线。对于销售型理财顾问来讲，重要的是卖出产品挣得佣金。至于投资者到底应该选择哪种理财产品，才是其次的。

因此，一个销售型理财顾问一定会有一箱子五花八门的理财产品。销售型理财顾问之所以会提供这么多纷繁复杂的理财产品，目的就是要让投资者挑花眼，产生自己有很多"选择"的"自由"的错觉。投资者以为自己在做"选择题"，事实上不管选择哪种产品，最后的赢家都是"超市推销员"。

第四，倾向于推销"时髦"的理财产品。由于销售型理财顾问的主要收入来自佣金，因此他们需要不断地变换花样，推销不同的理财产品。比如上季度流行房地产基金，本季度流行黄金基金，下季度流行金砖四国基金，之后又轮换到互联网私募股权基金。

投资者的投资意向越多变，主意越多，越中销售型理财顾问的下怀。这些理财顾问就好像糖果店的售货员，无论顾客想吃多少巧克力和糖果，他们总能源源不断地提供各种不同颜色、花样和包装的产品。

第五，永远不会对投资者说"够了"这两个字。这一点在一些不负责任的保险经纪人身上体现得比较明显，在他们的世界里，客户买的保险永远不够。如果你坐下来和他们算账，他们十有八九会告诉你，你买的保额太低，对自己和家人的保护不够，还需要买更多的保险。很少有人会告诉你其实你不需要购买那么多保险，买这个就够了，其中的主要原因就是佣金刺激导致的过度销售。

为什么不要轻易购买主题基金

上文提到，销售型理财顾问经常会向投资者推销各种"时髦"的理财产品。一个比较常见的例子就是主题基金。

每年都会有不少基金公司推出各种主题基金，比如新能源、节能环保、物联网等。顾名思义，主题基金就是集中挑选符合某一投资主题的股票型基金，并寄希望于这些股票型基金能够给投资者带来比大盘指数更好的回报。

主题基金会受到投资者欢迎，背后有几个重要的心理学因素。首先是过度自信。在一些投资者看来，他们对未来哪个行业和赛道发展得会更快有深刻的见解，自认为看得很准，而上文提到的主题基金刚好给了他们一个展示自己判断力的机会。如果买的基金碰巧涨了，投资者就会沾沾自喜，更加确信自己的投资禀赋。而如果购买的基金亏了，那么投资者只会感叹自己运气不好，或者基金经理能力不行，叹一口气，继续寻找下一个风口。

其次是"错失恐惧症"，英语简称FOMO（fear of missing out），意思是投资者看到媒体上大肆宣传某一个"风口"，就被深深打动，迫不及待地把自己的积蓄投进去，购买相关的股票和基金，生怕错过这个千载难逢的暴富机会。比如最近几年的物联网、人工智能、元宇宙等概念被媒体广泛报道，导致一些投资者把与这些概念相关的行业看成百年一遇的发财良机，只要和这些概念沾边的股票和基金，都会成为投资者追捧的香饽饽。

上面两个原因显然都不是购买主题基金的好理由，但确实在客观上造就了对于主题基金的市场需求。正因为这样，各大基金公司才会乐此不疲地推出各种主题基金，以扩张自己的市场份额。这种现象在国内外都普遍存在，并不仅限于某个国家。看中这个市场蛋糕的也不只有基金公司，还包括指数公司、券商、银行等整个金融圈内的各种公司。

举例来说，指数行业的领头羊——MSCI，在过去几年陆续推出了各种主题指数，以供其他公司作为基准参考或者发行基金来追踪。截至2021年年底，MSCI主题指数家族共分四大类：科技、医疗、环境和生活方式，共包含26个不同的子类指数，比如在科技大类下有12个子类指数，如机器人指数、网络安全指数、数字经济指数等。另一个指数巨头标准普尔道琼斯指数，在其主题指数家族中有大宗商品、消费、基本建设、资源、创新和其他六大类，共近40个指数。比如在创新主题指数下，有标准普尔Kensho创新者指数[1]，主要包括了像多宝箱（Dropbox）、Yelp[2]这样的创新科技公司。

从金融公司的角度来说，花大力气推出各种与主题相关的产品无可厚非，毕竟只要有需求，就会催生产品。但是，这些产品究竟能为购买它们的消费者，也就是投资者带来多少价值？这是一个更重要的问题。

为了回答这个问题，有学者专门统计了MSCI和标准普尔主题指数的历史回测回报，得出以下结论：总体来说，主题指数选择的股票更偏向"成长类"，也就是当下投资比较多、缺少盈利、亏损严重但估值比较高的公司的股票。[3]由于

---

[1] 标准普尔Kensho 创新领域指数旨在衡量于初段创新综合评分最高的50家美国上市公司的表现。

[2] Yelp是美国著名商户点评网站，创立于2004年，囊括各地餐馆、购物中心、酒店、旅游等领域的商户，用户可以在Yelp网站中给商户打分，提交评论，交流购物体验等。

[3] BLITZ D. Betting against quant: examining the factor exposures of thematic indices [J/OL]. The journal of beta investment strategies, 2021, 12 (3): 5-14 [2022-05-06]. https://jii.pm-research.com/content/12/3/5.full.

这个倾向性，主题指数往往排除了那些盈利性比较强、估值比较低的公司的股票。这样的选股方法往往和一些大机构投资者的投资策略背道而驰。大量研究显示，长期来看，坚持购买并持有盈利性强、估值比较低的公司的股票，能够给投资者带来更好的投资回报。

一个比较有趣的现象是，购买主题基金的投资者未必不知道这些公司现在不赚钱，或者他们的估值非常高，那他们为什么还会选择购买这样的股票和基金呢？背后可能有两个原因：

首先，盈利能力强、估值低的股票能给投资者带来更好的投资回报，有一个很重要的条件，那就是"长期而言"。"股神"巴菲特曾经说过："如果你没有打算持有一个股票30年以上，那还是别买它了。"问题在于，现实世界里像巴菲特这样有耐心的投资者简直凤毛麟角，大部分投资者的时间维度也就是一两年，最多三年。因此，对于他们来说，根本无须关注长期回报，关键是短期回报如何。如果我们回看上面提到的主题指数，一个明显的特点是它们在2018—2020年间的回测业绩非常好。事实上，这恰恰也是指数公司选择发行这样的指数的原因：只有过往业绩好的指数，才可能引起投资者的兴趣。指数公司当然知道市场的偏好，所以投其所好并不奇怪。然而购买这样的主题基金或者主题指数的投资者，恰恰坠入了"追涨杀跌"的陷阱。这是因为一个理财产品从设计、包装到推向市场是需要时间的，等投资者被推送这样的主题产品时，该主题必然已经火了至少两三年，甚至更久。这就是说，购买主题基金或者主题指数的投资者，必定是在"追涨"，也就是在价格虚高的位置买入。这种做法的风险就是以后可能会面临被"杀跌"，即在价格下跌后被迫割肉，蒙受损失。

其次，对于一家金融公司来说，不管是指数还是基金，他们一定不会推出回测业绩差的产品。一般来说，他们只会选择性发行回测业绩好的产品。但这背后有很强的"选择性偏差"，导致这样的基金往往在发行后其真实业绩远远不如回测业绩。也就是说，发行产品显示的"样本内"回报看上去很美，但真正到了

"样本外"面临市场考验时,却往往令人失望,无法达到"样本内"的业绩。对于不懂这个统计规律的投资者来说,他们就成了自己无知的受害者。

综合而言,由于有大量的市场需求,金融公司会不遗余力地发行各种主题基金或主题指数,并有意无意地诱导投资者购买。聪明的投资者应该用知识来武装自己,明白这些产品背后的设计逻辑以及附带的投资风险,避免受到"过了这个村,就没有这个店"的饥饿式营销的蛊惑。在金融市场上,赚钱的机会永远存在,但它只会光顾充分准备的理性投资者。

为什么不要轻易购买新发行的基金

上一节我们讲了投资者应该慎买主题基金。这一节我再和大家讲讲,为什么不要轻易购买新发行的基金。

严格意义上说,任何一个新发行的基金,不管是公募基金还是ETF,都不值得购买。原因很简单:新发行的产品还没有经过市场的洗礼和实践的考验,没有任何数据可以帮助投资者进行分析,既然如此,投资者为什么要去承担本不必承担的投资风险呢?

如果我们把上面的标准稍微放宽一些,即投资者可以考虑购买新发行的ETF。投资ETF的最大风险在于跟踪误差,也就是说投资者可能无法得到该基金追踪的指数的回报。产生跟踪误差的原因主要有基金收费太高、指数复制难度太大,或者基金经理水平不够等。假设这些风险都能够得到有效控制,并且投资者对于指数有充分的认识,那么购买新发行的ETF的风险还不算太大。

但是如果是一个主动型公募基金,那么购买新发行基金的风险就会大很多。原因在于,投资者购买主动基金的目的主要是战胜指数基金(如标准普尔500指数基金)。这也是主动型公募基金收费比指数基金高的原因,他们的目标是获得比指数基金更好的回报。但是对于投资者来说,如何确定一个新发行的主动型公募基金能够战胜指数基金呢？事实上，投资者是无法确定的，因为一点儿历史业绩都没有，投资者没有任何可以参考的数据。在这种情况下，投资者只能依靠直觉，或者基金经理做的回测，并基于回测猜测该基金未来可能获得的回报。

回测的意思，是假设回到过去，预测基金使用某种投资策略和方法，在模拟环境下可以获得的投资回报。任何一个新发行的基金，在发行前都会向潜在投资者呈现一个非常好的回测业绩。原因很简单：如果呈现的回测业绩不够好，谁会有兴趣买？没有人愿意购买一个连回测业绩都很差的基金。

那么问题来了：如何把回测业绩做得更好看？假设基金公司和基金经理有一定的道德底线，即他们不会凭空捏造一段看上去非常诱人的业绩回报，那么他们能做的就是进行多次回测，每次都稍稍改变回测的时间段、买卖参数、标准和频率，直到获得满意的结果为止。

这样的穷举试错法在几十年前是很难做到的，因为它需要耗费大量的人力物力。但在科技发展如此迅猛的今天，这种方法做起来其实并不难。事实上，任何一个稍微懂点金融和编程知识的硕士生或者博士生，只要手边有一台电脑和历史交易数据，就能写出交易程序并进行成千上万次的回测。如果我们从这些回测中选出表现最好的一次，那么该策略的回测业绩一定不会太差。

但是，通过这种方法选出来的交易策略很难经得起实践的考验。因为这样好的回测业绩并没有底层逻辑支持，纯粹来自事后选择。在统计上，这种"样本内"业绩也很难持续到"样本外"，继续保持优秀。事实上，现实中"样本外"基金的实战业绩远不如"样本内"回测业绩的例子比比皆是。有学者统计了1993年到2014年间所有新发的ETF的历史业绩，发现这些基金在发行前的回测业绩平均比基准指数业绩每年高5%（即超额回报为5%）。但是在这些基金发行之后，他们实际获得的超额回报却下降到了0。[1]这个实证结果非常有说服力，完全验证了上文提到的逻辑：为了吸引投资者购买，基金经理需要展现诱人的回测回报。但是由于该回测回报来自数据挖掘和事后选择，因此该基金的投资策略经不住实践的考验，无法为投资者带来真正的超额回报。购买这些新发行基金的投资者，相当于"冤大头"，带着战胜市场的期望，却收到了和市场差不多的投资回报。

投资者为什么会犯这样的错误？背后主要有两个原因：首先，投资者大大低估了主动型基金战胜市场的难度。几乎任何一个基金的宣传材料和回测业绩，都会告诉投资者其基金经理堪比巴菲特，有着投资"金手指"，能够轻松战胜市场。但事实上，最后真正能持续战胜市场的基金经理凤毛麟角。统计显示，在一个10年（2009—2019年）区间里，能够战胜市场的主动型基金仅占总样本的8.3%。换句话说，超过九成的主动型基金都无法持续战胜市场。[2]

另一个原因，是投资者对于选择性偏差没有充分的认识。选择性偏差指的是在研究过程中，因样本选择的非随机性，最后的结论存在偏差。在上面的例子中，基金经理在选择向投资者展示哪段回测业绩时是主动筛选的，而非随机选择，因此可能会误导投资者，让他们觉得该投资策略能够轻松战胜市场。如果投资者明白了这些回测业绩是怎么来的，就会提高警觉，不再那么容易被误导。

在金融投资领域，由于不明白选择性偏差而导致认知偏误的例子比比皆是。举例来说，大量投资者都热衷于预测未来，对那些做出"神"预测的"大咖"顶礼膜拜。如果有哪位基金经理或者经济学家恰好预测对一次市场大跌或者大涨，往往会成为头条新闻。但正如英语谚语所说：哪怕是一只坏的钟，每天也有两次

---

[1] BRIGHTMAN C, LI F F, LIU X. Chasing performance with ETFs [EB/OL]. Fundamentals, research affiliates, (2015-11-01) [2018-02-06]. https://www.researchaffiliates.com/content/dam/ra/publications/pdf/470-chasing-performance-with-etfs.pdf.

[2] JOHNSON B, MCCULLOUGH A. Morningstar's active/passive barometer[R/OL]. (2020-08-01) [2021-05-06]. https://mfi.morningstar.com/PDF/Morningstar%20Active-Passive%20Barometer.pdf.

准时。任何一个人在做出大量见顶或者探底的预测后，偶尔蒙对一两次很正常。关键不是他对了哪一次，而是他一共做了多少次预测，正确率有多少。有学者统计了1999年到2016年间银行分析师和经济学家对于标准普尔500指数的预测后发现，这些职业预测专家往往错得离谱。比如在2000年到2002年，专家给出的平均预测值比指数年终价位高出26%，而到了2003年，平均预测值又比指数年终价位低了10%。[1]另一项研究在统计了68位股市专家的预测结果后得出结论：他们的平均正确率为48%，和任何一个人通过投硬币用正反面猜股市涨跌的正确率差不多。[2]

对于普通投资者来说，一个新发行基金的宣传材料可能充满诱惑。它可能刚好宣传的是你看好的行业，让你觉得错过这个风口，下一次就不会再有了，或者该基金的回测业绩让人眼前一亮，为之心动。但之所以会产生这样的错觉，很可能是因为自己的金融知识不够。聪明的投资者应该多学一点统计知识和行为心理学，用这些知识武装自己，提高自己对于各种金融产品的警觉性，坚持做一名冷静理性的投资者。

知识型投资建议

和上面提到的销售型投资建议完全不同，知识型投资建议主要有以下几个特点：

第一，以投资者的个人需求为导向，而不以理财产品为导向。好的投资建议，其目的是通过教育投资者，改变投资者的消费习惯来提高投资者的理财水

---

[1] KAISSAR N. S&P 500 forecasts: crystal ball or magic 8?[EB/OL]. (2016-12-24) [2018-02-15]. https://www.bloomberg.com/opinion/articles/2016-12-23/s-p-500-forecasts-mostly-hit-mark-until-they-matter-most#xj4y7vzkg.

[2] BAILEY H D, BORWEIN J, SALEHIPOUR A, DE PRADO L M. Evaluation and ranking of market forecaster [J]. Journal of investment management, 2018, 16 (2): 47-64.

平，而不是向投资者推销昂贵的理财产品敷衍了事。中国有句古话，叫作"授人以鱼不如授人以渔"，说的就是这个道理。

这就好比一个好的医生在病人生病时除了开药，同时也会告诫病人，更重要的事情是保持饮食健康、作息规律、多加锻炼，这才是提高身体抵抗力、少生病的根本方法。

美国对冲基金AQR的创始人克里夫·阿斯尼斯说过：投资就像减肥。大家都知道，减肥无非就是少吃多动，但是能够坚持这么做的人却不多。这就是为什么投资很简单，却也不容易。在投资理财中，有几条重要原则值得不厌其烦地提醒投资者：控制成本、有效系统和长期坚持。这才是帮助投资者提高理财水平的核心所在。

第二，利益冲突，信息披露。如果一个医生收取了医药公司的赞助，那么他在给病人开药时就可能违反客观、公正的原则，这就是本章一开始提到的"位置决定脑袋"。好的理财顾问会尽量减少收取第三方理财机构的佣金，或者在向投资者提供建议前充分披露他从第三方理财机构收取的佣金安排。

作为投资者，我们应该向理财顾问问清楚，在各个阶段都有哪些收费明细，包括申购费、年管理费、业绩分成和各种其他费用等，以及他们销售的理财产品和自己的雇主之间是否有任何关联。

第三，身体力行。我们在判断别人是否值得信赖时，一个非常重要的方面就是要看对方是否言行一致。好的理财顾问给出的投资建议，必定也是他为自己和家人实践的投资方法。如果连他自己和家人都没有购买相关的理财产品，那么投资者在购买之前应该三思而后行。

第四，自我提升。好的理财顾问就像好医生，首先要有一定的职业资质；其次，好的理财顾问从来不会停止自我提升的步伐。金融业在不断创新，原有的知识体系总有过时的时候，如果理财顾问无法与时俱进，那么他就无法给投资者提供最好的投资建议。

每个人都需要高质量的投资建议。但是在金融投资这个行业中鱼龙混杂，有不少好的理财顾问，也有很多不负责任或者毫无底线的理财顾问。聪明的投资者应该练成"火眼金睛"，通过细致入微的观察将好的和坏的投资建议区分开。这是每个人都需要学习的，可以保护自己和家人辛辛苦苦积攒的储蓄的重要技能。

如何挑选理财顾问

假设有两个理财顾问，A向你推荐过去几年大涨特涨的科技基金，而B向你推荐几个表现一般，甚至略有下跌的指数基金，你觉得哪个理财顾问更优秀，会听谁的建议？

不同的读者肯定有不同的答案。然而从行业规律来看，绝大多数投资者更容易接受过去表现好的理财产品，毕竟让任何人购买过去亏钱或者表现不好的基金，有点反人性。

这可能也可以解释为什么绝大部分理财顾问也乐得做"顺水人情"，特别热衷于向客户推荐"红火"的产品。什么是红火的产品？简而言之就是那些在过去两到三年上涨最快或者最受追捧的理财产品。比如2021年1月，一项基于1000个理财顾问的问卷调查显示，有17%的理财顾问准备为客户配置数字加密货币资产，这个决定显然受到了最近两年比特币大涨的影响。其他典型的例子还有2021年2月以前重仓贵州茅台的基金、投资2020年的方舟投资管理公司（ARK Investment Management）、投资蚂蚁科技集团股份有限公司（后文简称蚂蚁集团）IPO的基金等。

跟风投资容易导致两个结果：

第一，追涨杀跌，高买低卖。这背后的逻辑很容易理解，那些被越来越多的人注意到的基金，往往在过去几年表现优异，涨幅明显。因此当你的理财顾问注意到它们并向你推荐时，其净值往往已经上涨了很多。在这个时候买入的投资者更可能是在高位买进。如果买入的基金表现不佳，让投资者蒙受损失，那么大多数人的第一反应是在亏了6个月、1年、最多2年之后狠心抛售。如果投资者经常这么做，那么他其实就是在反复不断地高买低卖。总是以高价买入，低价卖出，投资回报怎么可能好？

第二，为投资付出过高成本。记得在2020年上半年，有一位朋友问我要不要购买一个专门投资蚂蚁集团IPO的基金。该基金主要的投资条款如下：募资额6000万美元，投资策略是购买蚂蚁集团IPO。申购费2%，管理费2%，业绩分成20%，锁定期18个月，最低投资额100万美元。我给他的建议很简单：太贵，不买。朋友听从了我的建议，但是他后来告诉我，该基金在一个星期内就募满了。也就是说，还是有很多投资者宁愿付出高得离谱的费用，也要追求市场上讨论得最热门的投资机会。

蚂蚁集团后来的故事已经被各大媒体广泛报道，幸好我的朋友没有遭受损失。在他问我要不要购买基金的时候，我不可能预见蚂蚁集团后来上市被暂停，但我知道一个更加朴素的道理：投资者最后拿到手的净回报，等于投资的费前回报，扣除支付的所有费用。如果投资者为投资付出了过高的费用，那么最后拿到手的净回报就好不到哪里去。

然而，上面提到的跟风投资的两大缺陷似乎并没有改善理财顾问的行为习惯。举例来说，美国的几位学者详细统计了284位理财顾问向客户推荐的投资纪录后得出结论：理财顾问往往鼓励他们的客户追涨杀跌，并且引导投资者购买费用更贵的主动型基金。德国的几位学者在统计了2001年到2006年32000多个券商账户的投资回报后得出结论，那些依靠理财顾问的推荐进行投资的客户，其投资回报反而更差，主要原因在于这些账户的买卖频率更高，会付出更多的交易费用和佣金。事实上，即使是理财顾问自己，他们的投资回报也好不到哪里去。比如加拿大的学者[1]在统计了1999年到2013年4688个理财顾问的投资账户回报后得出结论：理财顾问自己的投资回报平均每年比客户差3%，主要原因还是追涨杀跌，购买更贵的基金以及交易过于频繁。[2]

上面这些数据表明，在我们接受理财顾问的投资推荐前，应该保持高度警惕和头脑清醒，确保自己做出独立的理性决策。那么在实践中，有哪些具体的方法可以帮助我们分辨好的和坏的理财顾问呢？

首先，我们应该明白理财顾问的核心利益是否和自己有冲突。这一条至关重要，能够帮助我们了解理财顾问是站在自己这一边，还是对立面。我们需要问清楚理财顾问向谁收费，收多少费用。如果理财顾问收入的主要来源是其推销的理财产品的佣金，而顾客在买了该理财产品后的盈亏和理财顾问干系不大，那么他热衷于推销收费昂贵的理财产品就很容易理解了。这种销售型理财顾问，其根本利益和投资者并不一致，我们应该提高警惕。

其次，有可能的话，我们应该尽量要求理财顾问将利益和自己绑定。自古以来，利益绑定都是确保不背叛的最有效的方法。战国时期，国家和国家之间通过互换人质保证和平。秦庄襄王异人在年轻时被当作人质送往赵国，就是秦国和赵国间的利益绑定。投资大师巴菲特曾经说过："要想在生意和投资上获得成功，就需要把自己和公司的利益绑定在一起。"

具体到投资者和理财顾问之间，最好的利益绑定方法就是问清楚理财顾问自己和家人有没有购买他推荐的理财产品，买了多少。如果买得很少或者根本没

---

[1] LINNAINMAA T J, MELZER T B, PREVITERO A. The misguided beliefs of financial advisors [J/OL]. The journal of finance, 2021, 76 (2): 587-621 [2021-05-04]. https://www.aleprevitero.com/wp-content/uploads/2022/04/The-Journal-of-Finance-2020-LINNAINMAA-The-Misguided-Beliefs-of-Financial-Advisors.pdf.
[2] HACKETHAL A, HALIASSOS M, JAPPELLI T. Financial advisors: a case of babysitters? [J/OL]. Journal of banking & finance, 2012, 36 (2): 509-524 [2018-03-05]. https://www.sciencedirect.com/science/article/abs/pii/S0378426611002548.

买,那么投资者就应该提高警惕,意识到其中缺乏利益绑定。当投资发生问题时,利益绑定的价值会更加凸显。比如投资者购买的一款私募股权基金忽然发生爆雷,需要维权。如果理财顾问自己也买了不少,那么他一定会尽力张罗,想尽各种办法争取将损失降到最低。没有利益绑定存在,纵使理财顾问花言巧语,向投资者承诺一千遍"我爱你",也很难保证对方在关键时候能够同心协力,尽最大努力维护投资者的利益。

第三,当理财顾问向投资者推荐当下最热门的理财产品,比如基于加密货币、SPAC[1]、电动汽车、科技独角兽等概念的理财产品时,不妨问问对方:"你有没有劝过你的客户不要购买某一个理财产品?跟我讲讲当时的情况。"一个从来都没有劝过客户"冷静""少安毋躁"的理财顾问,最多只是一个热情的推销员,远不是一个合格的理财顾问。越是热门的投资概念,投资者越需要一个睿智的理财顾问给他"泼一盆冷水",遏制他盲目投资的冲动,而不是火上浇油,鼓励客户在高位买入。

第四,斤斤计较,每一分都不放过。投资者应该让理财顾问把理财产品的所有收费明细一五一十地解释清楚,记得反复问他:"有没有比较过同类理财产品?这款理财产品的费用在同类产品中属于什么水平?有没有更便宜的选项?"当今金融市场高度发达,理财产品层出不穷,独一无二、没有竞争的理财产品是很少的。如果理财顾问无法回答这些问题,就说明他的心思主要是卖出更多产品赚取佣金,而不是为客户寻找最好的理财产品。

随着我国人民收入水平越来越高,会有越来越多的人需要投资理财建议,因此理财顾问这一职业有很大的发展前景。然而,投资者也需要通过知识武装自己,提高财商,学会分辨好的和坏的理财顾问,通过一些巧妙的方法让理财顾问替自己着想,提高自己投资成功的概率,做一个真正聪明的投资者。

---

[1] SPAC(Special Purpose Acquisition Company),即特殊目的收购公司。

理财顾问问题列表

为了帮助读者更有效地筛选好的和坏的投资建议,我在这里附一个专门让理财顾问填写的问题列表(见表4-2)。

在考虑购买理财顾问推荐的理财产品前,投资者可以把这个问题列表发给理财顾问,得到回答后再决定是否投资。

表4-2　理财顾问问题列表

序号	问题
1	你从这款理财产品中可以获得多少佣金收入?
2	这款理财产品的佣金和其他产品相比处于什么水平?你卖的理财产品中最贵的佣金和最便宜的佣金分别是多少?
3	你和家人有没有购买这款理财产品?如果有,买了多少?
4	可否列出与该基金相关的费用包括你收取的费用、基金经理收取的费用,以及其他所有相关费用明细?
5	这款理财产品的风险有哪些?最坏情况是什么?
6	如果我可以赚到本金的10%,你可以赚多少?如果我亏了本金的10%,你又会赚/亏多少?
7	这款理财产品是否来自关联方?你在销售该理财产品时有没有利益冲突?有的话请详述。
8	你的学历是什么?是否有相关职业资格?考取的相关证书有哪些?
9	你如何管理自己和家人的储蓄?
10	你在这家第三方理财机构工作了几年?之前都卖过哪些理财产品?

让理财顾问回答这些问题,目的是弄清他和投资者的利益是否一致,或者有没有利益冲突。

当然,理财顾问也要养家糊口,也需要经济收入,并不是只要理财顾问收取佣金的理财产品都不能买。但是,投资者需要有知情权。在了解了理财产品背后的利益激励机制以后,投资者才可能做出更为理性,也是对自己和家庭最优的投资决策。

第5章　利益绑定的重要性

美国著名投资传奇人物巴菲特说过："要想在生意和投资上获得成功，你需要把自己和公司的利益绑定在一起。"这句话中蕴含了一个非常深刻的道理：要想保证不滥用任何商业伙伴之间的信任关系，一个最重要的原则就是将合作双方的利益绑定在一起。

通过利益绑定的方法降低合作双方欺诈对方的可能性，这种做法自古有之。5世纪，罗马帝国和匈奴帝国为了保证互不侵犯，会把君主的孩子作为人质送到对方国家，以保证对方国家在发动进攻前有所顾忌。如果其中一国的君主想要侵犯另外一国，那么至少他要承担失去自己孩子的风险，体验到被侵犯国人民的痛苦。类似的做法在春秋战国时期各国之间也很普遍。

一个聪明的投资者首先应该理解先辈们选择这种利益绑定的方式，背后深层次的人性原因，然后从他们的经验中总结教训，合理保护自己的投资利益。

在本章中，首先我会列举几个具体案例，帮助大家理解"代理人问题"（agency problem）。然后我会针对金融投资中比较普遍的由代理人问题引发的利益冲突，提出保护投资者权益的解决办法。

代理人问题

在我们平时遇到的各种经济活动中，有一个比较普遍的，令很多人都头疼的问题，叫作代理人问题。而如何解决代理人问题，有很大的学问。

首先来说说什么是代理人问题。随着经济体越来越发达，一个显著的特征变化就是社会分工细化——小到吃饭、理发、擦皮鞋，大到看病、投资、打官司。在这样的社会中，每个人都有自己的专长和技能，每个人无时无刻不在和别人交换各自的专业技能，以达到共赢的目的。

在我们和别人交换专长的时候，每一次交换都是建立雇佣关系和技能租借关系。比如我找了一个装修队装修房子，我们签好合同，规定装修费为50万元。那么通过支付装修费，我租借了装修队里所有成员的装修技能，包括水电工、木匠、砖瓦匠、油漆工等。

但即使有白纸黑字的装修合同在，作为房主的我还是会面临一个代理人问题。我不是装修方面的专业人士，而且在装修队装修时，不可能每时每刻都在现场监督。而对于装修队来说，他们装修的不是自己的房子，可能不会尽心尽力。因此在这个雇佣关系中，主人和代理人的利益并不一致，甚至有冲突的地方。

对于作为主人的我来说，追求的利益是用最好的和最健康的材料，完成最漂亮的和最耐久的装修。而对于作为代理人的装修队来说，追求的利益是花最小的成本，用最次的材料，在不被主人发现的情况下最快地把装修费赚到手，然后做下一笔装修生意。两者利益冲突的地方在于装修队用的材料越好，花的精力越多，他们能够赚到的利润越少。

装修中的"代理人问题"绝不是个例。类似的问题在投资中也很常见。

举例来说，基金投资者（主人）和基金经理（代理人）之间就是典型的雇佣关系。投资者看重基金经理的投资技能，于是通过雇佣关系租借基金经理的投资技能，帮助自己获得更好的回报。但是就像任何雇佣关系一样，这里面有一个潜在的代理人问题，即基金经理和投资者的本质利益并不是完全趋同的。投资者想要低风险、高回报，希望付给基金经理的报酬越低越好。但是基金经理首先考虑的是自己的收入。由于基金管理费来源于基金经理管理的资金规模的百分比，因此对于基金经理来说，关键是要管理更多的资金，而不是给予投资者更好的回报。

美国著名的金融作家查尔斯·艾利斯（Charles Ellis）曾经写过一本畅销书《高盛帝国》（The Partnership）[1]，讲述的是美国投资银行高盛集团（Goldman Sachs）的发迹历史。在这本书的一个章节中作者提到，管理高盛资产管理部门的合伙人在经历了几年的挫折之后醍醐灌顶，意识到该部门的主营业务并不是设计出最好的投资策略，而是集聚更多可以管理的资产。换句话说，业绩不是最好的并不重要，能否圈得到钱，并且从这些钱中收取相应的费用才更重要。

所以在基金投资行业，我们看到更多的是利益错配，而不是利益绑定。举例来说，一般基金经理的收费标准是管理费（比如每年1%~2%）外加业绩分成（比如每年10%~30%不等）。在这种情况下，如果基金赚钱，那么投资者有的赚，基金经理也有的赚（管理费+业绩分成）；如果基金亏钱，那么投资者会亏钱，但是基金经理却可以继续赚钱（管理费照收，最坏情况是没有业绩分成）。

也就是说，投资者需要承担风险，自负盈亏。而基金经理则旱涝保收，在任何情况下都能过得不错。投资者和基金经理的利益发生了高度错配，对于投资者来说更加不公平。一个聪明的投资者应该意识到这个问题的存在。

接下来，让我通过两个具体例子，帮助大家更好地理解代理人问题。

---

[1] 查尔斯·埃利斯.高盛帝国[M].卢青,张玲,束宇,译.北京：中信出版社,2015.

黑石集团的代理人问题

黑石集团（the Blackstone Group）由两位美国人斯蒂芬·施瓦茨曼（Stephen Schwarzman）和彼得·彼得森（Peter Peterson）于1985年创立。截至2017年3月底，黑石集团管理的资金规模为3680亿美元左右，主要以私募股权投资为主。

黑石集团的创始人施瓦茨曼是一位亿万富翁。根据《福布斯》杂志估计，施瓦茨曼在2017年个人资产大约为120亿美元，名列全球富豪榜第112名。

2013年4月，施瓦茨曼向清华大学捐赠1亿美元，设立施瓦茨曼奖学金项目。该项目将为来自世界各地的200名学生支付他们在清华大学为期一年的硕士学位培训项目所有花费。

2007年5月，中国投资有限责任公司（CIC）宣布投资30亿美元（每股29美元）购入黑石集团9.9%的股份。2008年10月，CIC宣布追加购买黑石集团股份，其持股比例从9.9%提高到了12.5%。

黑石集团创始人施瓦茨曼在中国的捐款，以及CIC对黑石集团的投资，使得该公司在中国名声大噪。很多第三方理财机构在推销私募股权基金时，都会提到黑石集团的产品。在中国的高净值人群中，黑石集团有着非常不错的知名度。

下面要和大家分享的，是黑石集团涉及的一桩买卖。这桩买卖的细节由美国《华尔街日报》披露。

如图5-1所示，2010年，一家名叫斯威夫特河（Swift River）的公司在一家名叫i级解决方案（iLevel Solutions）的科技公司投资了700万美元，购得该公司25%的股份。

2015年，黑石集团控制的一家公司以7500万美元的价格收购了i级解决方案。以这个价格计算，斯威夫特河在i级解决方案的投资5年间从700万美元增加到了1875万美元，投资回报率超过100%。

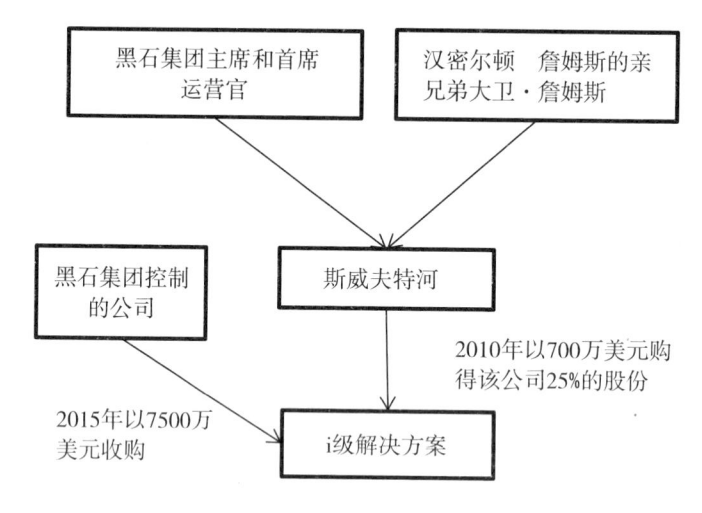

```
┌─────────────────┐           ┌─────────────────┐
│ 黑石集团主席和首席 │           │ 汉密尔顿 詹姆斯的亲│
│ 运营官           │           │ 兄弟大卫·詹姆斯   │
└────────┬────────┘           └────────┬────────┘
         │                             │
         └──────────────┐   ┌──────────┘
                        ▼   ▼
┌─────────────┐      ┌──────────┐
│黑石集团控制  │      │斯威夫特河 │
│的公司        │      └────┬─────┘
└──────┬──────┘           │ 2010年以700万美元购
       │                   │ 得该公司25%的股份
       │  2015年以7500万   ▼
       └──美元收购─────▶┌──────────┐
                        │i级解决方案│
                        └──────────┘
```

数据来源：《华尔街日报》

图5-1　黑石集团的买卖

这本来似乎是一笔很正常的交易。但问题就出在斯威夫特河这家公司的背景上。

斯威夫特河这家公司到底有什么特别之处？原来它是黑石集团首席执行官汉密尔顿·詹姆斯（Hamilton James）的家族办公室，专门打理汉密尔顿·詹姆斯的个人资产。斯威夫特河公司的总经理是汉密尔顿·詹姆斯的亲兄弟大卫·詹姆斯（David James）。

因此，这笔交易的问题就在于：在斯威夫特河当初投资i级解决方案时，有没有得到内幕消息，提早知道黑石集团控制的公司可能会收购i级解决方案？黑石集团的私募股权基金经理是把投资者的利益放在第一位，还是把自己的利益放在第一位？如果遇到潜在的利益冲突（比如黑石集团和斯威夫特河都看中一家非常好的标的公司），谁有投资优先权？

所有这些问题都很难回答。根据《华尔街日报》的报道，黑石集团断然否认对斯威夫特河的投资和黑石集团的投资者之间有任何利益冲突。《华尔街日报》

的文章截稿时,也没有证据显示汉密尔顿·詹姆斯本人参与了斯威夫特河对i级解决方案的投资决策。

问题在于,没有证据并不代表事情没有发生。很多时候,一家人关上门讨论什么,外人是无从知晓的。当汉密尔顿·詹姆斯和他的兄弟大卫·詹姆斯一起出去看电影或者喝啤酒时,偶然聊到黑石集团看好某一家公司,将来有收购的可能,其他人不可能听到。而很多时候,对于一个高智商的基金理来说,要从一段看似漫不经心的"无心之语"中读出关键信息,及时做出恰当的投资决策,并不是什么难事。

根据《华尔街日报》的报道,像黑石集团这样在管理客户资金的同时,还开了"小金库"专门管理自己"私房钱"的做法并非仅此一家。不少名气响亮的大基金的总裁,比如得州太平洋集团(Texas Pacific Group,TPG)的创始人大卫·邦德曼(David Bonderman)、都铎基金(Tudor)的创始人保罗·都铎·琼斯(Paul Tudor Jones)、阿波罗(Apollo)的创始人约书亚·哈里斯(Joshua Harris)等都有类似的做法。

这也是很多私募股权基金投资者面对的窘境。一方面,投资者想要通过购买基金提高自己的投资回报。由于缺乏相应的渠道或者专业知识,很多投资者只能选择把钱交给专业的基金经理进行管理。

但另一方面,通过私募股权基金这样的形式进行投资,也就意味着投资者需要对基金经理充分信赖。因为在投资者把钱交给基金经理后,基金经理的心里在想什么,如何做出投资决策,为什么投资这家公司而不是那家公司,为什么这个时候投资,这些问题对于投资者来说都是未知数。

这就是私募股权基金投资者面临的两难处境。投资者只能向上帝祷告:"希望这位基金经理有点良心,把投资者的利益放在自己的利益之前,不要做出损人利己的事。"

瑞士国家银行的代理人问题

在这里再和大家分享另一个相关案例。

投资经验丰富的朋友都明白,在金融投资中"信息就是金钱"。如果自己可以比别人更快地得到高质量信息(内幕消息),那么就有更大的概率取得超额投资回报。

2011年9月初,瑞士国家银行忽然对外宣布,强行干预欧元兑瑞士法郎的汇率,将其保底汇率锁定在1∶1.2。这个决定被称为外汇市场上的"黑天鹅",出乎绝大多数人的意料。在消息公布后,瑞士法郎价格立刻大跌,15分钟内就下跌了15%。

后来瑞士国家银行爆出丑闻,其银行行长菲利普·希尔德布兰德(Philipp Hildebrand)的老婆卡西雅(Kashya)在同年8月就卖出了瑞士法郎,然后又在该年10月买入瑞士法郎(如图5-2所示)。在这笔交易中,卡西雅获利6万瑞士法郎。

这是不是一笔内幕交易?作为瑞士国家银行行长的老婆,有没有可能在瑞士国家银行宣布其保底汇率政策之前就获得消息,所以才会做空瑞士法郎?这是一个永远找不到答案的问题。夫妻两人经常在一起吃饭、看电视、出行,谁能证实他们说过或者没有说过什么?

2012年1月,当时的瑞士国家银行行长菲利普·希尔德布兰德引咎辞职,辞职的主要原因就是他没有处理好国家利益和家人利益之间的冲突。他的辞职声明中包含一封他和他老婆之间的电子邮件,该电子邮件显示,2011年8月,他老婆卖出瑞士法郎后,通过电子邮件通知了他,但是他并没有在第一时间要求他老婆将交易取消。

如果一个人有机会接触内幕消息,那么他要想保持完全中立,不利用自己的信息优势获得好处,几乎是不可能的事。

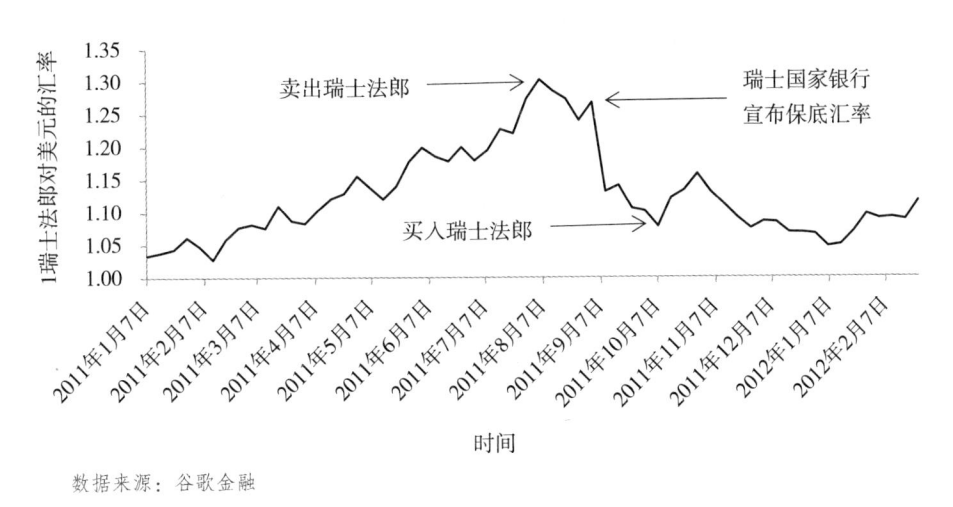

图5-2 瑞士法郎对美元汇率变化情况

图5-3显示了美国不同类型投资者的投资回报。这些投资者被分类成普通散户投资者、公司高管、美国国会议员和美国议会议员。我们可以看到，普通散户投资者根本无法战胜市场，得到的年均回报率比市场平均回报率低1.5%。但是拥有信息优势的公司高管和国会议员就不一样了。国会议员的投资回报率比市场平均回报率每年高出12.3%，信息的价值在这个例子中得到了完美体现。

上面的两个案例告诉我们，"近水楼台先得月"。不管是黑石集团的案例还是瑞士国家银行的案例，如果没有一套机制确保市场环境的公开和公平，那么广大散户投资者很有可能总是沦为被"信息灵通人士"忽悠的对象。

投资真相

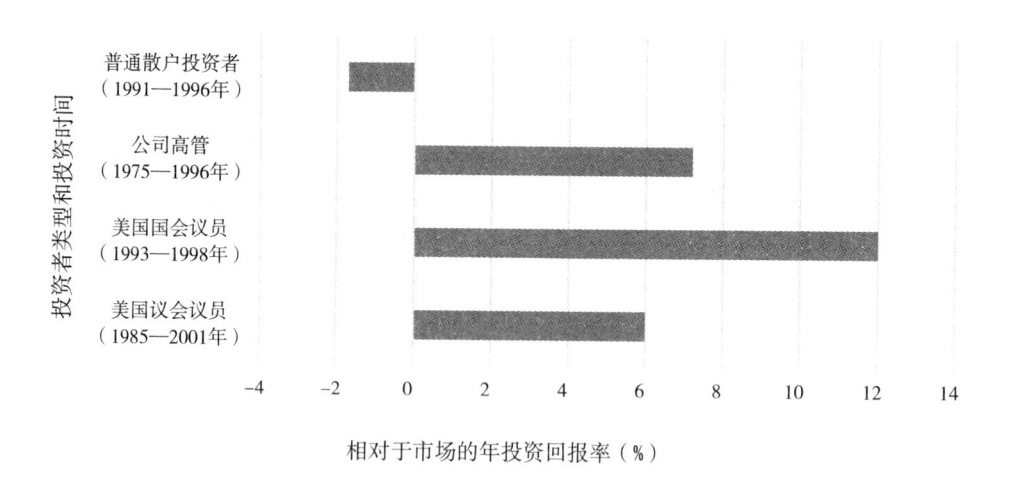

图5-3 不同投资者相对于市场的年回报率

利益绑定

在各种经济活动和价值交换过程中，都有可能出现上文提到的利益错配。我们的先辈在两千年前就发现了这种现象中存在的问题，并且给出了一个非常有效的解决办法：利益绑定。

利益绑定在英语里叫"skin in the game"，这个短语来自古希腊。

在古希腊的一所摔跤学校门口，写了这么几个字：Strip, or Retire（要么脱，要么走开）。这是什么意思？原来在古希腊的摔跤学校里，所有学生都是裸体学习摔跤并进行比赛的。学校里没有观众，学生要么脱了衣服进来学习摔跤，要么别进来。也就是说，只有真正想学习摔跤，并且能用行动证明自己意愿的学生，才有资格踏入这所学校的门槛。学校不欢迎只说不做的看客，进入学校就必须绑定自己输赢的利益，这样才能真正学到摔跤这项技能。这是skin in the game最早的出处之一。

四大文明古国之一的古巴比伦，留下了一部经典的成文法典——《汉谟拉比法典》（The Code of Hammurabi），它是世界上流传至今最古老的法典之一。在《汉谟拉比法典》中有一条法律是这样说的：如果建造的房子倒塌，压死了房子中的住户，那么建造房子的建筑工也应该被处死；如果房子主人的孩子被压死了，那么建筑工的孩子也应该被处死。

那时候，房子的质量很难检查，建筑工最容易做的事情就是在建房子时偷工减料，以此获利。因此，如何保证建筑工履行自己的责任，是一件令人十分头痛的事，于是就有了上面的法律。

这条法律背后的逻辑就是利益绑定。如果房子倒塌砸死了房主的孩子，那么房主会经历非常深刻的丧子之痛，而这种痛苦建筑工却体会不到。因此，为了让建筑工能像房主那样关心房屋的质量，就需要制定相应的法律让建筑工在房屋倒塌时也能体会到和房主相似的痛苦，所以就将建筑工的孩子也牵扯了进来。由于缺乏人性，这样的法律早已被废止，但其中蕴含的"利益绑定"逻辑值得我们思考。

古巴比伦绝不是运用利益绑定原则的唯一国家。春秋战国时期，国家和国家之间通过互换人质保证和平的做法非常普遍。秦庄襄王异人年轻时被当作人质送往赵国，被吕不韦发现，认为是"奇货可居"，用千金把异人偷出赵国，最终做成了中国历史上获利最大的生意之一。人质，就是利益绑定的又一个例子。

在任何主人和代理人之间发生的雇佣或者技能租借关系中，聪明的主人总是会想方设法减少代理人问题带来的矛盾，并提高代理人和主人之间的利益共同性。当然，现代社会不能再沿用古巴比伦用孩子一命抵一命的野蛮方法。因此，我们要在合法、文明的框架下设计减少代理人问题的解决之道。

举例来说，公司的股东和职业经理人之间就是典型的主人和代理人关系。对于很多大公司来说，他们应对代理人问题的主要手段是给职业经理人公司股票或者公司股票期权，将职业经理人的收入和公司的股票价格挂钩。这种做法背后的逻辑就是：如果职业经理人拥有了很多公司股票，那么他在考虑问题时就会把自己放在公司股东的位置上，而不是把自己当作一个纯粹的打工人。当然，这样的激励机制最后是否奏效还取决于很多其他复杂的因素，比如该职业经理人本身的道德水准、薪酬设计、公司的治理水平和文化等。但不管怎么样，股权激励是很多大公司最常用的薪酬策略之一，其背后的逻辑就是利益绑定。

美国投资大师巴菲特对这个问题的理解非常深刻，同时自己也以身作则。作为伯克希尔·哈撒韦公司（Berkshire Hathaway Corporation）的董事长和CEO，巴菲特每年领取的薪水是10万美元。对于如此大规模的一家公司来说，巴菲特的薪水简直低得可怜。他这样做的主要目的，是把自己作为公司管理层的利益和公司股东的利益绑定在一起。也就是说，巴菲特的主要资产都在公司股票里，他的收入也主要来自公司股票的增值。这样的安排就能在最大程度上绑定主人（公司股东）和代理人（作为CEO的巴菲特）的利益，真正做到同荣同辱。

现在，我们回到上文提到的黑石集团问题。如果投资者想要消除黑石集团将自己的利益放在客户利益之上的疑虑，那么一个最好的办法就是确保黑石集团的基金经理在投资者投资的基金中也投入了很大一部分自己的资金。在这种情况下，基金经理不光在为投资者投资，也在为自己投资，这是最牢靠的利益绑定方式。

事实上，很多大机构在投资任何基金前，都会要求基金经理在其兜售的策略里至少投入相当一部分自己的储蓄（比如基金经理30%以上的家当）。在这种情况下，当投资者赚钱时，基金经理会跟着一起赚钱；而当投资者亏钱时，基金经理也会亏损至少相似的程度，经历类似的痛苦。这样的利益绑定，是保证基金经理把投资者的钱当作自己的钱来看待,以最认真负责的态度对待投资者资金的最好办法。

言行一致

身处商业社会,我们几乎每隔几天就会收到一些产品和服务的推销材料。销售人员巧舌如簧,会让人感觉不购买他们推销的产品似乎就会错过一座大金山。

套用"利益绑定"原则,我们可以用"言行是否一致"的标准判断销售人员是否将自己的利益和其销售对象(消费者或投资者)的利益绑定在一起,并以此判断对方是否值得信赖。

比如我们会在电视上看到某经济学家不负责任地随意预测房价。如果消费者真听了他们的话,没有在恰当的时候做出购房决定,或者错过了买房的时机,就会蒙受巨大损失。因为其中存在一个很大的问题就是经济学家跟观众之间没有利益绑定。对于这些经济学家来说,在电视上随便说说他们对房价的预测是没有成本,只有好处的。因为无论经济学家是看空还是看涨房价,房价总有一天会下跌或者上涨,到时候他们就可以继续兜售自己对于房价精准的预测,进一步提高自己的知名度和出场费。而如果他们预测错误,也没有什么损失。

如果存在一种利益绑定式的惩罚机制,规定对于看空或者看涨房价的经济学家,在房价上涨或下跌时会受到和房价涨跌幅度相匹配的经济损失,体验那些真的有购房或者卖房需求的老百姓的困难,那么,我相信这些经济学家在给出他们的建议之前一定会三思而行。

反过来也一样。投资者在做出投资决定之前,需要调查清楚对方有没有和自己进行利益绑定,对方是否言行一致。

比如对方向你出售保险,那你就应该问他:"你自己花了多少钱买保险?这笔钱占你的收入和净资产的百分之多少?你为自己的老婆和父母买了什么保险？"

　　比如对方向你出售化妆品，你应该问他："你自己买了多少这样的化妆品？你有没有为你的老婆和母亲购买这款化妆品？"

　　比如对方向你推销理财产品，你应该问他："你自己买了多少这款理财产品？如果该产品的投资回报下跌20%，你会损失多少钱？你从销售该理财产品中可以获得的好处有多少？"

　　只有确保利益绑定，才能从根本上降低代理人问题带来的损失，最大限度地保护自己的利益。

第 3 部分
大道至简

巴菲特曾经说过，"如果对方无法用几句简单的话概括清楚他的商业模式，那么这很可能就不是一个好主意"。

但是在金融投资领域，恰恰有不少金融机构会故意在原本比较简单的投资产品上添加不少人为的复杂因素，让投资者云里雾里。这些金融机构这么做的原因有两点：首先，基于更为复杂的金融产品，金融机构更容易多收费；其次，对于复杂的金融产品，普通老百姓不太容易理解该产品有多大风险，投资回报到底好不好。因为普通老百姓不清楚，所以售卖这些产品的金融机构更有机会浑水摸鱼，蒙混过关。

在本书第3部分，我会通过几个具体的案例和读者一起分析这个问题，并提出解决之道。

第6章 为什么简单能战胜复杂

威廉·伯恩斯坦（William Bernstein）是美国著名的金融经济历史传记和金融科普作家。他拥有哲学与医学的双料博士学位，是一名神经科学专家和知名的公司财务理论家，因其对现代金融投资组合与公司财务报表的研究而享有盛名。他是资产配置领域杂志《有效边界》的编辑，也是美国普通投资者心目中的"草根"英雄。

伯恩斯坦著有《投资者宣言》（the Investor's Manifesto）[1]、《繁荣的背后：解读现代世界的经济大增长》（the Birth of Plenty : How the Prosperity of the Modern World was Created）[2]《伟大的贸易：贸易如何塑造世界》（a Splendid Exchange: How Trade Shaped the World from Prehistory to Today）[3]《投资的四大支柱：建立长赢投资组合的关键》（the Four Pillars of Investing: Lessons for Building

---

[1] 威廉·伯恩斯坦.投资者宣言[M].宋三江,郭欣,王文婕,译.北京：机械工业出版社,2011.
[2] 威廉·伯恩斯坦.繁荣的背后：解读现代世界的经济大增长[M].符云玲,译.北京：机械工业出版社,2021.
[3] 威廉·伯恩斯坦.伟大的贸易：贸易如何塑造世界[M].郝楠,译.北京：中信出版社,2020.

a Winning Portfolio）[1]等经典经济投资类作品。这些书都已经被翻译成中文，让很多中国读者学到了大量有用的知识。

2017年，我有幸邀请伯恩斯坦来到"伍治坚证据主义"节目，做了一次别开生面的访谈。在这次访谈中，我向伯恩斯坦提出了一系列刁钻的问题，同他进行了一场别开生面的"主动和被动投资"大辩论。在我和伯恩斯坦的对话中，我们谈到了一个关键问题，那就是：为什么看起来简单无脑的"被动投资"，却总能令人信服地战胜复杂的"主动投资"，这背后究竟是什么道理？在接下来的文章里，我会和大家分享我们的谈话纪要，然后为大家分析一下为什么在金融投资中"大道至简"。

被动投资为什么管用

伍治坚：主动投资阵营最常用的说法是，只有那些大学里的"书呆子"才会相信市场有效理论。罗伯特·席勒（Robert Shiller）教授的研究指出，股票市场的波动性远远超出股票分红率和折现率（discount rate）所体现的股价变化。在股市中，有很多脱离基本面的"噪声"。如果投资者购买并持有一只被动性的指数基金，就相当于他接受了这些"噪声"，因此被动投资不如主动投资有效。

对于"噪声"这个知识点还不太熟悉的读者，请让我在这里稍微介绍一下。

罗伯特·席勒教授曾通过实际利率将公司的实际分红折现，算出了股票市场的"公允价格"。他发现事实上的股市价格波动要远远超过该"公允价格"的波动。

也就是说，公司的股息变动仅能解释股票市场大约20%的波动，而剩下80%的波动则受其他因素影响。这些因素包括投资者的情绪、对国家和股市的信心

---

[1] 威廉·伯恩斯坦. 投资的四大支柱：建立长赢投资组合的关键[M]. 汪涛等, 译. 北京：中国人民大学出版社, 2013.

等。罗伯特·席勒教授的研究对股利贴现模型提出了挑战。

读者也可以反过来想。假设股利贴现模型对于股票的估值是合理的，那么公司的股票估值应该是比较稳定的，不会忽上忽下。所以很多时候，公司股票的上下波动都是因为"傻瓜"在胡乱买卖，他们根本不知道公司股票的真实价值。

伯恩斯坦：对于这个问题，可以从两个方面来回答：理论和实证。

理论上，股票市场的估值是否会回归均值，在何种情况花多少时间回归均值，都是高度不确定的。

凯恩斯曾经说过一句非常著名的话：市场非理性的时间可能长于投资者还有资本，能够继续"玩"下去的时间。也就是说，即使投资者能找到股票的"真实"价值，但是他有没有能力坚持到股价回归均值的那一天，也需要打上一个大大的问号。

从实证角度来讲，有大量研究显示，平均来讲基金经理在扣除管理费用后的投资回报不如市场指数回报。

有一些人可能会说："我可以选择那些高出平均水平的基金经理。"问题在于，基金经理过去的投资业绩对他未来的投资业绩并没有预测作用。大量研究显示，投资者没有能力提前找出能够战胜市场的优秀基金经理。也就是说，即使市场有时候有"噪声"，投资者也很难战胜市场。

如何解释"股神"的存在

伍治坚：每次我和一些投资者朋友讨论主动投资和被动投资的话题时，总有人会说："你没看到巴菲特吗？美国桥水基金的创始人瑞·达利欧（Ray Dalio）知道吗？文艺复兴科技公司（Renaissance Technologies）的詹姆斯·西蒙斯（James Simons）知道吗？量子基金的乔治·索罗斯（George Soros）呢？你没看到这些出色的基金经理吗？他们可是连续很多年都取得了非常不错的投资回报。

这些不都是活生生的战胜市场的例子吗？"

伯恩斯坦：没有人否认这个世界上有出色的基金经理。他们往往都非常聪明，或者在正确的时候处于正确的位置。难点在于，投资者如何事先确定某基金经理是真的有水平，还是只是运气好。大量研究表明，如果只是根据基金经理过去几年的历史业绩挑选基金，那么投资者不太可能获得好的回报。

很多基金经理成名后，要么会关闭基金不让别人投资（比如詹姆斯·西蒙斯），要么会收取非常高的费用。在扣除了这些费用后，投资者可以拿到手的净投资回报并不见得比市场平均回报更好。所以，对于热衷于投资明星基金经理的投资者，我在这里祝他们好运。

巴菲特是一个非常有趣的例子。在伯克希尔·哈撒韦公司的股价中，有一个非常重要的"巴菲特溢价"。如果你把伯克希尔·哈撒韦公司的市值和该公司持有的子公司市值总和相对比，就不难发现，母公司即伯克希尔·哈撒韦公司的市值有一个明显的溢价。这就是巴菲特的"品牌价值"。如今，巴菲特已经91岁了，当他百年之后，伯克希尔·哈撒韦公司的股价是否还能持续，是一个大问号。

伍治坚：也就是说"理想很美好，现实很残酷"。主动投资看起来非常吸引人，市场上也确实会出现一夜成名的"投资传奇"人物。但是投资者如果想要通过主动投资赚钱，或者挑选优秀的基金经理帮助自己提高投资回报，其难度要远高于他们的想象。

伯恩斯坦：对。金融投资里有一个术语叫作"主动投资的数学现实"。这个术语的意思是，所有主动投资的回报总和等于市场平均回报（可以通过被动投资获得）减去主动投资相关费用（包括交易佣金、摩擦成本、市场影响成本等），如图6-1所示。

如果有好的基金经理，其投资回报能够战胜市场平均回报，那么该基金经理战胜市场的超额回报部分一定来自那些跑输市场的"笨蛋"。这是任何一个想从事主动投资的投资者需要明白的最重要概念之一。

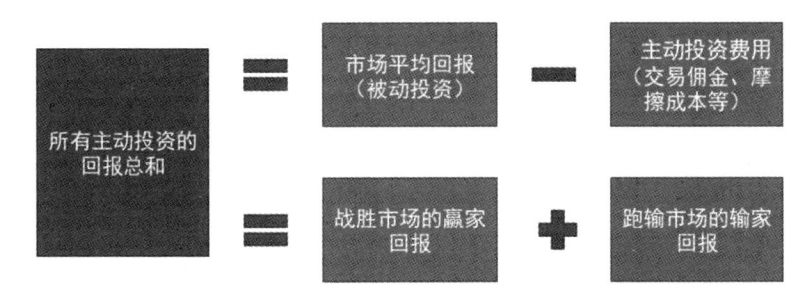

图6-1 主动投资的数学现实

伍治坚：对，该概念的核心在于：主动投资是一场"零和博弈"。一部分人赢的另一面是另一部分人一定会输。因此，如果投资者想成为市场中的赢家，就需要扪心自问是不是比别人更强。

伯恩斯坦：是的，我喜欢用这个比喻来教育那些散户投资者：在股市中炒股就好像打网球比赛。很多时候，你的对手可能是罗杰·费德勒（Roger Federer）或者罗拉菲尔·纳达尔（Rafael Nadal）。如果你还觉得自己有胜率，那么我只能祝你好运了。

伍治坚：是的。这让我想起行为经济学中一个常见的心理偏见——过度自信。绝大部分人都会受过度自信的影响，觉得自己是"索罗斯第二"、炒股"金手指"。殊不知他们只是自我感觉良好而已。

市场不规则

伍治坚：接下来，让我们再分析一个主动型基金经理比较常用的论据。美国麻省理工学院的教授罗闻全曾经写过一本书，叫作《华尔街的非随机漫步》（a Non-random Walk Down Wall Street）[1]，作为对伯顿·马尔基尔（Burton Malkiel）的《漫步华尔街》（A Random Walk Down Wall Street: the Time-Tested Strategy for Successful Investing）[2]一书的回应。罗闻全在书中指出，资本市场有不少"不规则"现象。顺着这些不规则现象投资，投资者可能持续获得比市场平均回报更好的超额回报。

美国著名金融教授尤金·法马和肯尼思·弗伦奇也通过很多研究指出，有各种因子（factor）能够为投资者带来更好的投资回报，这些因子包括：小市值、价值、低波动等。

市场不规则现象的存在是否意味着，如果投资者顺着这些因子进行主动投资，就能够获得比被动投资更好的回报呢？

伯恩斯坦：有几个问题需要注意。

首先，尤金·法马和肯尼思·弗伦奇的研究在金融界是划时代的。这些研究也启发了后来很多的金融创新。尤金·法马和肯尼思·弗伦奇的研究显示，投资价值型股票的回报要好于增长型股票，投资小市值股票的回报可能会好于大市值股票。

但是超额回报的另一面，是投资者承担了更大的投资风险。比如在1929—1932年的熊市，以及2007—2009年的金融危机中，价值型股票惨跌，其投资回报比市场平均回报差很多。在一个有效的市场中，为了追求更高的回报，投资者承担了更大的风险，也就是说投资者并没有获得任何"免费的午餐"。

其次，尤金·法马和肯尼思·弗伦奇的研究发表后，越来越多的研究者陆续发现了能够带来超额回报的各种因子，比如动量、红利、质量等。但是很多所谓的超额回报只是数据挖掘的结果。如果你反复做数量足够多的测试，迟早会发现

---

[1] LOAW，MackINLAY A C.A non-random walk down wall street[M]. Princeton:Princeton University Press,2002.
[2] 马尔基尔.漫步华尔街[M].张伟,译.北京：机械工业出版社,2012.

一些看上去能够产生超额回报的因子，但这并不代表这些因子真的有投资价值。

最后，根据尤金·法马和肯尼思·弗伦奇做的历史回测显示，价值因子可以为投资者带来每年1%~1.5%的超额回报。在这个超额回报被大家发现之后，越来越多的钱被投入到包含价值因子的投资策略中。投资的道理是"水涨船高"。当大家都去追逐某一个共同的超额回报后，该投资的超额回报部分很快就会消失。

伍治坚：您刚刚提到了几个非常重要的知识点。在我和杜克大学教授坎贝尔·哈维（Campbell Harvey）的一次专访中，我们提到了贝尔·哈维教授对于"数据挖掘"的研究，贝尔·哈维教授认为：至少有一半的量化投资策略都是骗人的（详见本书第9章）。

一个很简单的例子是，基金经理可以在其数据库中做200次随机回测，选出其中最好的。看上去该交易策略能够带来非常好的投资回报，但它只不过是200次随机回测中的最好的一个而已。

投资者在评判这些能够带来超额回报的因子时，需要做多方面的详尽调查。纸面上的回报和投资者可以拿到手的真实回报之间，往往会有很大的差距。投资者需要考虑投资策略附带的交易费用，以及第三方理财机构和基金经理从中收取的各种费用。

同时，这些因子并不总能给投资者带来超额回报，这些因子带来的回报会受选取时段的影响。如果投资者以为投资了某个因子就能坐享其成，获得更好的投资回报，这种想法未免过于单纯和幼稚。

市值指数容易战胜吗

伍治坚：接下来，让我们再来讨论另一个经常被主动型基金经理援引的论据。

如果投资者购买了一只被动型指数基金，就等于他"被迫"持有了价值被高估的股票。以纳斯达克指数为例。2017年9月，纳斯达克指数中权重最大的5只股票是：苹果、谷歌、微软、亚马逊和脸书（Facebook），这5只股票的总市值占到了纳斯达克指数总市值的40%左右，也就是说纳斯达克指数的集中比例非常高。被动型投资者以为自己买的是被动指数，其实这些投资者依然承担了很大的风险还不自知。

伯恩斯坦：我从来都不觉得被动型投资者应该只购买纳斯达克指数。纳斯达克指数中包含的公司只是市场的一部分，而且主要为科技类股票。我提倡的被动投资是，投资者应该持有市场上所有的股票。以这个标准来衡量，即使是标准普尔500指数也不合格。主要原因是标准普尔500指数中包含的股票是由其委员会成员负责选择的，并不是一个严格意义上的被动指数。因此，我建议投资者购买的是基于全市场指数设计的指数基金。

伍治坚：我可以理解您的意思。纳斯达克指数不能代表整个市场，它更偏向于科技类股票。基于标准普尔500指数或者全市场指数的ETF更加适合投资者长期持有。

回到刚刚的问题上，即使是全市场指数也有股票价格严重背离基本面的时候（比如1999年）。这可能是所有市值型指数的通病，也被不少业内人士所诟病。比如基本面指数的创始人罗伯特·阿诺德（Robert Arnott）就写过不少文章向大家解释市值型指数的弊端，这也是他力推基本面指数的主要原因之一。

伯恩斯坦：我跟罗伯特·阿诺德是老朋友，对他的研究非常熟悉。他的研究有很多高质量的部分，但在我看来，基本面指数其实就是价值指数（value index）。

我们之前已经说过，价值因子风险更大，因此可以为投资者带来更大的投资回报。这并没有什么新奇的地方，尤金·法马和肯尼思·弗伦奇的研究早已证明了这一点。

伍治坚：对于市值型指数，很多主动型基金经理会说："市值型股票指数确实很难战胜，值得投资者购买并持有。但是说到债券，就不是这么一回事了。"

在基于市值的债券指数中，发债越多的公司或者政府，其债务在指数中的比重越高。这就导致一个有违常理的现象，即投资者持有的最多的债券，来自那些负债最高的公司或者政府。

举例来说，图6-2显示的是富时工业7国政府债券指数中各国政府债券的权重。我们可以看到，其中权重最大的国家是美国、日本、法国和意大利。这些国家权重大的原因很简单：政府发行的债务最多。

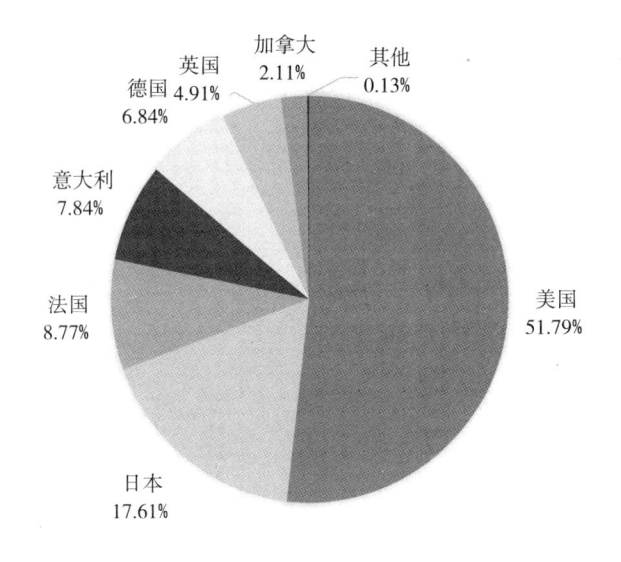

数据来源：安硕全球政府债券UCITS ETF（iShares Global Govt Bond UCITS ETF），2022年12月31日

图6-2 富时工业7国政府债券指数中的各国政府债券权重

从财务角度来看，如果一个国家或者公司发行的债务太多，可能引发更高的投资风险。因为发债越多，利息费用就越高，以后是否有能力偿还本息是一个疑问。

121

基于这个原因，很多主动型基金经理会告诉投资者，以指数基金的形式投资债券市场，会导致风险越高的债券投资者购买得越多。因此，在债券市场上，主动型基金比被动型指数基金更好。

伯恩斯坦：从理论上说，上面的说法确实很吸引人。但是这种理论在实际中是否管用，还需要用证据说话。很多研究表明，绝大多数债券基金的回报不如被动型指数基金。我认为事实证据的说服力更强。

在和伯恩斯坦结束对话后，我特意查了相关数据。

如图6-3所示，不管是美国政府债券基金、新兴市场债券基金、高息债券基金，还是投资级别债券基金，不管是回顾过去的1年、3年、5年、10年，还是15年，我们不难发现，绝大部分债券基金的投资回报都不如基准指数。

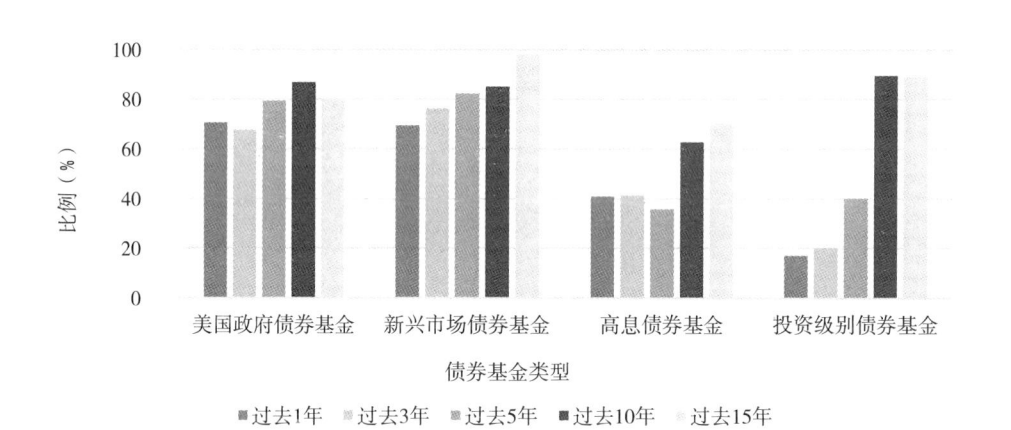

数据来源：标准普尔（Standard & Poor's），2022年6月

图6-3 无法战胜基准指数的债券基金比例

这也是伯恩斯坦反复强调证据的关键原因之一。我对伯恩斯坦说："很多时候，各种基金机构或者第三方理财机构甩出的'花言巧语'听上去十分有理，投资者'为之倾倒'也情有可原。但是一个聪明理性的投资者应该注意培养自

己以证据为基础的思维习惯，尽量减少自己的判断被感情和个人喜好左右的可能性。"

伯恩斯坦表示同意。在他看来，我们人类天生就喜欢"听故事"。这也是为什么许多成功的CEO和创业者同时也是高明的"讲故事"专家的原因。不过，理性人和非理性人的主要区分就在于，能否分辨出"故事"和"证据"之间的区别。当"故事"和"证据"发生冲突时，我们应该始终相信证据，并以证据为基础做出更为理性的决策。

被动投资是否有违市场经济

伍治坚：下面我们继续举一个主动投资阵营常用的观点。

美国一家基金公司，太平洋投资管理有限公司曾经发布研究报告指出，被动投资是"搭便车"，会造成道德风险。对此您怎么看？

伯恩斯坦：这些宣传主动投资的基金公司正在面临前所未有的生存压力，其市场份额正在被被动投资快速抢占。

我不认为被动投资会造成任何道德风险。但是说被动投资是搭便车，这是绝对有的。正是有数以万计的主动投资者不断交易，纠正价格，才让市场变得更加有效，被动投资才会为投资者带来价值。我觉得甚至可以要求所有指数基金向那些从事主动投资的投资者支付一份"劳苦"费。正是有了他们的辛勤劳动，整个市场才变得更加有效。所以作为被动型指数基金的投资者，肯定搭了主动投资者的便车。

伍治坚：诺贝尔经济学奖得主威廉·夏普（William Sharpe）也说过，"被动投资者搭了主动投资者的便车。投资一个被动型指数，就好比市场中所有的优秀基金经理一起为你打工"。但是在这个问题上，我们需要明确两点：

首先，虽然过去10年中被动投资的资金规模上涨了很多，但是就今天而言，主动投资管理的资金量还是要远远大于被动投资（在美国，主动投资管理的资金量与被动投资相比大约是7∶3）。所以，所谓的"每个人都从事被动投资，就没有人做主动投资"的警告，有一些杞人忧天。

其次，市场上永远不会缺想通过主动投资赚取超额回报的投资家和投机家。但是作为投资者，我们应该保持清醒，不被表象所迷惑。我们要扪心自问："我需要用自己的真金白银为提高市场有效性做贡献吗？如果有人愿意寻找市场的无效性，没有人会阻止他们。但是涉及自己和家人辛苦赚来的积蓄，我有没有必要陪着市场的'冒险家'过把瘾就结束呢？"

伯恩斯坦：确实如此。事实上，即使有99.9%的资金都被投入到被动型指数基金中，剩下0.1%的主动型投资者加起来的投资回报也一定是市场平均回报（扣除投资费用）。也就是说，即使在这剩下的极少数的主动型投资者中，也还是有赢家和输家。

伍治坚：对，这就又回到了我们刚刚讨论过的"主动投资的数学现实"这个问题上。

被动投资有没有泡沫

伍治坚：接下来，我们再看一个主动投资阵营经常援引的理由。

在过去几年中，ETF飞速增长。低成本指数投资的市场领导者——先锋领航集团，在过去几年中吸引的资金管理数量比其他很多基金公司加起来都要多。如果有太多投资者都追逐同一个标的，那么就有可能产生"泡沫"。目前我们正处于一个"ETF泡沫"的形成过程中。

伯恩斯坦：ETF只是一种投资形式，其投资标的和传统的指数基金是一样的。事实上，像先锋领航集团这样的公司，会同时向投资者提供ETF和指数基金的选项。任何一个人如果想购买并持有指数，都可以选择ETF或者指数基金。所以，这里根本不存在所谓的"ETF泡沫"这一说。

伍治坚： 确实如此。下面我们再来分析一个主动投资阵营常用的借口。这个世界上没有绝对的被动，所有的投资都是主动的。以SPY（SPDR标准普尔500指数ETF）为例，该指数基金号称追踪标准普尔500指数，但是其每日的交易量甚至比苹果股票和脸书股票都高。如此高的交易量，怎能称其为被动投资呢？

伯恩斯坦： 这就涉及一个大众对被动投资概念的理解误区。

"被动投资"是指不存在"选股"行为。同时，投资者放弃"择时"，选择购买整个市场并长期持有。以SPY为例，该ETF追踪的是标准普尔500指数。但是那些频繁买卖该ETF的投资者从事的则是主动投资活动。

伍治坚： 是的，投资者需要真正理解"被动投资"的含义。约翰·博格尔（John Bogle）曾指出，很多被动型指数基金被投资者滥用，当作主动投资和投机的工具。这违背了被动投资的初衷及其依赖的理论基础。

第7章 简单事情复杂化

在上一章中,我与威廉·伯恩斯坦的对话,为大家分析了看似简单的被动投资可以战胜复杂的主动投资背后的原因和逻辑。然而在现实中,很多金融机构都倾向于向投资者推销复杂的金融产品。金融机构自然有它的道理,但对投资者来说,复杂的金融产品未必是最好的选择。在本章中,我将为大家好好分析这个问题。

销售人员更喜欢卖复杂的金融产品

假设你是一位理财顾问,或者银行理财部门的销售经理,现在有两个理财产品需要销售给投资者,如图7-1所示。

沪深300指数基金	人工智能大数据私募股权基金
・中介费0.1% ・投资者获得股市平均回报 ・可以直接购买ETF	・申购费1%,中介费2%,外加其他各种费用 ・预期回报率20%,但没人搞懂到底是怎么来的 ・没人看得懂算法,反正就是很神

图7-1 理财产品详情

第一个理财产品是"沪深300指数基金"。这是一个非常简单的股市理财产品，投资者的期望回报和股市大盘趋同。股市上涨，投资者就会赚钱；股市下跌，投资者就会亏钱。你可以从销售该产品中获得0.1%的中介费。

一些聪明的投资者可能懂得自己动手，去场内购买ETF，这样他们就不会从你这里购买"沪深300指数基金"这个产品了。但是没关系，还有一些没有开过股票账户的大爷大妈，他们依然有可能成为你的客户。

第二个理财产品是"人工智能大数据私募股权基金"。由于这个产品带有非常多的高科技属性，因此收费比较贵，而且销售该产品的佣金也高（比如申购费1%，中介费2%，还有业绩提成等各种费用）。该产品的预期回报率为20%，但事实上没人明白这20%的回报率是怎么得来的。也没人明白该理财产品的投资策略过去的历史实际回报在扣除费用后究竟为多少、可以持续多少年……由于其中涉及很多关于电脑程序深度学习的商业机密，因此没人知道其底层的算法和逻辑。总之这是一个非常神秘的理财产品。

两款理财产品介绍到这里，你会选择销售哪一个？答案很简单，当然是"人工智能大数据私募股权基金"。有如下几个原因：

首先，人类天生就有"复杂崇拜"。

我们上学时，一定都有过这样的经历：几个"学霸"在讨论一道数学证明题，你在旁边听。虽然你听得云里雾里，不明白他们到底在说什么，但有一点你可以肯定：他们讨论的问题很复杂，这些人很聪明！

购买理财产品的投资者面临的情况也是类似的。理财顾问如果向投资者推荐一只简单的指数基金，投资者可能会质问他："这么简单的东西我自己也可以去买，还要你干什么？我凭什么付给你费用？"

但是如果理财顾问跟投资者说："谷歌公司的'阿尔法围棋（AlphaGo）'听说过吗？它赢了所有人类职业围棋高手。我这只'人工智能大数据私募股权基金'就是基于类似的深度学习algorithm（算法）。什么？你英语不好，不知道

algorithm是什么意思？没关系，其实没几个人懂……"是不是一下子就会让投资者产生"高大上"的感觉？

因此，对于很多投资者来说，理财产品越复杂、越神秘、越让人看不懂，反而越让他们觉得高级，认为这是一个很厉害的投资产品。

其次，向投资者销售复杂的金融产品会给理财顾问带来另一个很大的好处：很多回头客。

如果理财顾问向投资者售卖了一只低成本指数基金，并且让投资者耐心地长期持有，那么理财顾问自己就没有生意了。因为投资者购买了该低成本指数基金后，可能接下来5年、10年甚至更长的时间都不需要理财顾问了。

但是如果理财顾问向投资者推荐了一个很多人都看不懂的复杂理财产品，那么情况就大不相同了。

当一个投资者选择购买一个复杂得连自己都看不懂的理财产品时，就好像抄同班"学霸"的作业一样，投资者可能连题目都看不懂，但是他知道"学霸"写的答案准没错！

图7-2是投资者面对复杂的理财产品时的心理状态。投资者虽然自己不懂这样的理财产品获得回报的原理，但是确信对应的基金经理很聪明、很厉害，买他推荐的理财产品一定能赚钱。

因此，投资者心中对这样的理财产品期望很高。就好像对"学霸"的作业一样：虽然我看不懂，但学霸的作业一定是正确的。如果连"学霸"都做不对，那我为什么还要抄"学霸"的作业？

有研究显示，当我们预期自己会赚钱时，大脑中分泌的多巴胺会增多，并为我们带来快感。而当我们被告知会亏钱时，大脑中的化学反应会发生逆转，不光没有了快感，甚至会感到反胃。因此，购买自己都不懂的理财产品后，投资者对于该产品的投资回报会有非常高的敏感度。

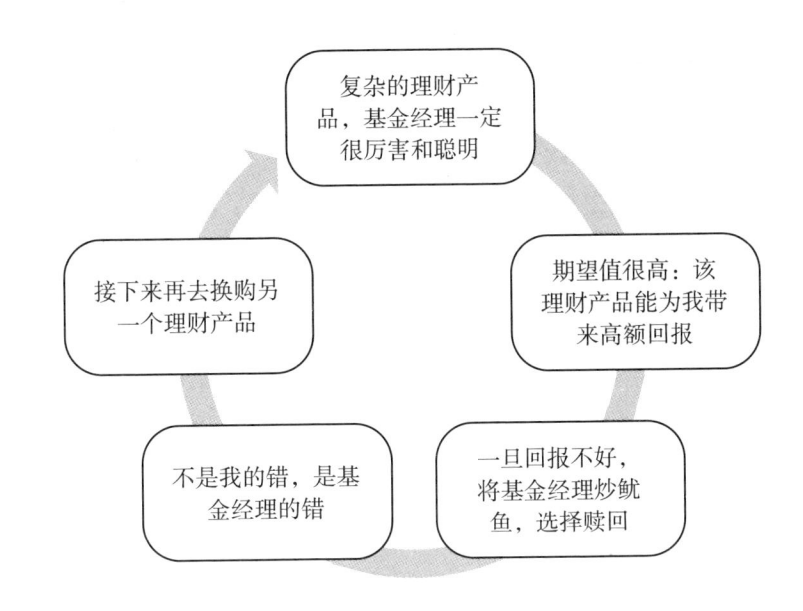

图7-2 投资者面对复杂理财产品的心理状态

但是我们知道，很多时候2~3年的投资策略，其回报带有很强的随机性。基金经理运气比较好，恰逢一个大涨的时机，基金就可以获得很好的回报。但是运气女神来无影去无踪，再好的基金经理运气不好时，回报也可能让人大失所望。

当基金的回报不好时，投资者就好像抄了"学霸"作业但还是被批错的学生，他会感到失望、愤怒和气馁，感到自己被"学霸"骗了，觉得号称高智商的尖子生其实也不过如此。

但是这并不代表投资者从此会专心学习，而是这个"学霸"不行，下次换一个"学霸"试试。投资者的心态恰恰如此："这只基金不行，那就卖掉选购下一只基金。反正市场上基金那么多，只要我愿意买单，不愁没有基金让我选。"

对于理财产品的销售人员来说，这样的投资心态简直就是"大金矿"！如果投资者买到了赚钱的理财产品，他会感谢你，甚至可能视你为挚友，请你吃香喝辣。如果投资者买到了亏钱的理财产品，他会把对应的基金经理"炒鱿鱼"，但是他还会买下一个理财产品。作为销售人员，工作岗位是安全的，总有产品可以卖！

所以说，把简单的事情复杂化，向投资者推销看不懂的复杂理财产品是一种非常有效的销售策略。投资者喜欢购买复杂的理财产品，而销售人员也能从复杂的产品中获得更高的收入。这是真正的双赢，大家都乐意！

问题在于，很多研究显示，越是简单的投资策略反而越能为投资者带来更好的投资回报。

比如一项关于资产多元配置的分析显示，不管用多复杂的手段优化一个多资产投资组合，其投资回报还不如最简单的"一分为n"的投资策略。即使投资者没有上过大学，也能轻松理解把自己的财产一分为n的投资逻辑，而且还能获得比复杂的金融模型设计出来的投资策略带来的更好的投资回报。

另一项研究显示，简单、长期持有的"聪明贝塔"投资策略，在扣除交易费用后得到的回报要比那些高度复杂的"聪明贝塔"投资策略更好。

2007年，巴菲特和Protégé[1]公司设定了一场赌局——Protégé公司可以任选5只组合基金，而巴菲特选的是一只低成本的标准普尔500指数基金，看最终哪一方的回报更多。这是一场简单（标准普尔500指数基金）和复杂（5只组合基金约100只对冲基金）之间的终极对决。

在2017年的伯克希尔·哈撒韦公司致股东信中，巴菲特公布了过去10年对赌双方的相关业绩如图7-3，Protégé公司所选的5只组合基金在过去10年的年回报率介于16.1%~23.9%，5只组合基金的平均年回报率为2.96%，而同期标准普尔500指数基金的平均年回报率为8.5%。在这场较量中，以复杂见长的组合基金完败于简单的标准普尔500指数基金。

---

[1] Protégé是一家总部位于美国纽约州的对冲基金公司。他们经营着8只私募股权基金，管理的总资产约为13.1亿美元。

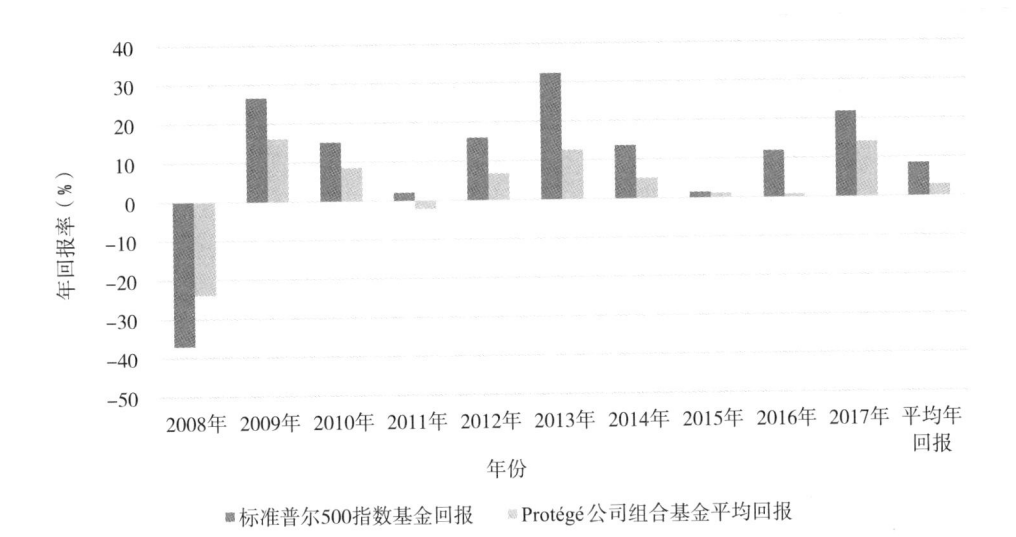

图7-3 巴菲特和Protégé公司的投资回报

简单、低成本、沉得住气的策略，轻而易举地战胜了复杂、多变、没有人看得懂的投资策略。

在接下来的内容里，我会给大家举几个产品复杂化的具体案例，并给出一些建议，帮助大家认清投资陷阱，提高自己的"抵抗力"。

简单事情复杂化的完美案例

下面我将用一个具体案例来帮助大家更好地理解"简单事情复杂化"的销售伎俩。为了避免不必要的纠纷，在这里我将涉及该案例的具体公司名称隐去。

该理财产品的名称叫作"珠海QS股权投资中心"，营销方是一家名为"NY理财"的第三方财富管理机构。根据其介绍材料显示，"珠海QS股权投资中心"是一只母基金。管理该母基金的是GF资产管理有限公司，它是NY理财的子公司。

那么这只母基金的投资策略是什么呢？

根据相关材料显示，该母基金中70%左右的资金被投入到了一只名为"HX三期人民币基金"的私募股权基金中，剩下30%左右的资金被直接投入到了一些证券交易一级市场的跟投项目中（见图7-4）。跟投项目的意思是，该母基金的基金经理会跟在一些比较有名的私募股权基金经理后面投资，他们投什么，基金经理就投什么。

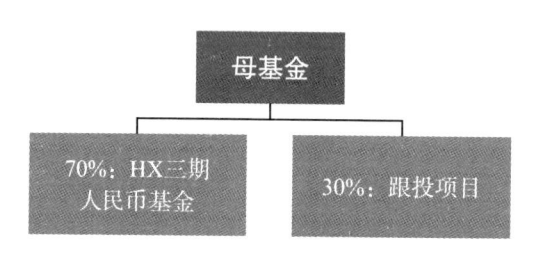

图7-4 母基金的投资策略

一般来说，母基金对投资者的价值主要在于挑选不同的基金（比如对冲基金、私募股权基金等），将这些基金组合起来，发挥多元分散的优点，帮助投资者提高风险调整后收益。但是本案例中母基金的投资策略完全不是这样。

对于那些被投入到HX三期人民币基金的资金来说，母基金的存在就是一个简单的中介（见图7-5）。母基金的基金经理完全没有做任何基金筛选和投资组合的工作，也没有起到任何降低投资风险的作用。到最后HX三期人民币基金的盈亏，在扣除母基金层面的各种费用后，会直接传递到母基金的投资者手中。

如果投资者真的对HX三期人民币基金感兴趣，甚至可以在网上搜索该基金的相关信息，然后联系对方直接投资。投资者完全没有必要购买这么一款复杂和昂贵的理财产品。

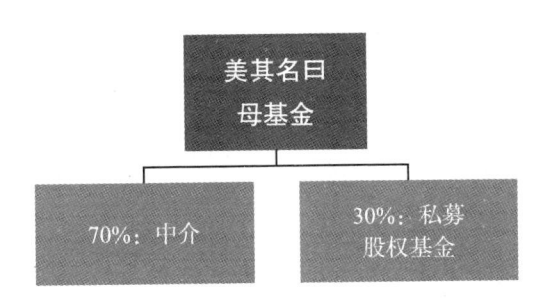

图7-5 母基金的实际投资策略

在有些案例中，子基金有一定的投资门槛（比如5000万元人民币以上）。这样的投资门槛对于一些中小型投资者（百万元人民币级别）来说有些高不可攀。这些投资者可能只能通过母基金的方式投资自己喜欢的子基金。当然，通过这种方式进行投资，投资者付出了更多的投资成本，到最后是否划算，还需要仔细地再算一笔账。

至于剩下的30%的资金，它们得到的服务和母基金更是风马牛不相及。由于这些资金被直接投入到一些证券交易一级市场的投资项目，因此这就是典型的私募股权基金。

投资者应该提问的是：该母基金的基金经理到底有什么能力？如果是筛选基金，那么该基金经理的能力并没有在这个产品中得到体现（因为他只投了一只基金）。如果是做私募股权投资，那么他的历史投资记录如何？有没有证据显示该基金经理有在证券交易一级市场投资的能力和经验，能够慧眼识珠找到下一个"独角兽"？

这款理财产品的期限为"4+3+1+1"，也就是4年投资期，3年退出期，基金经理有权延长2次，每次1年。

这是"简单事情复杂化"的又一个典型例子。这样的产品期限条款简单来说，就是资金需要被锁定9年。因为在投资期就拿到投资回报是罕见的，一般至少需要等到退出期。至于最后到底什么时候拿到投资回报，基金经理说了算。所以从投资者的角度来说，需要做好资金至少被锁定9年的准备。

下面我们再来说说这款产品的收费。

图7-6总结了这款产品在各个层级的各项收费，真是让人眼花缭乱，叹为观止。

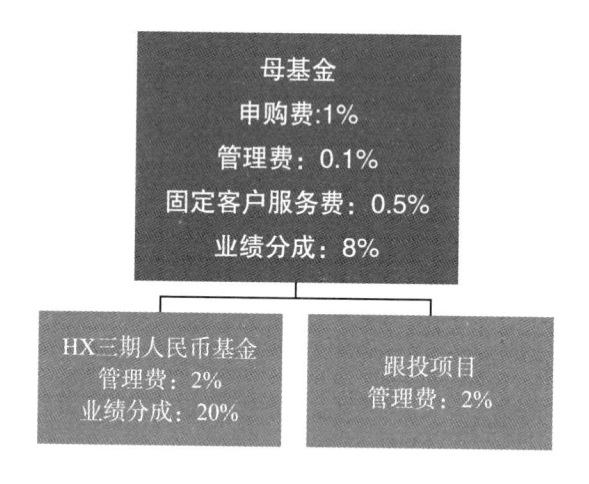

```
            母基金
          申购费：1%
         管理费：0.1%
      固定客户服务费：0.5%
         业绩分成：8%
         ┌──────┴──────┐
   HX三期人民币基金      跟投项目
      管理费：2%        管理费：2%
     业绩分成：20%
```

图7-6 珠海QS股权投资中心的各项收费

对于70%投向HX三期人民币基金的资金来说，在基金层面需要收取2%的管理费和20%的业绩分成。同时，在母基金层面需要收取1%的申购费、0.6%的管理费（0.1%管理费+0.5%固定客户服务费），以及8%的业绩分成。所以加起来总费用为1%的申购费、2.6%的管理费和两层业绩分成。

对于30%投向跟投项目的资金来说，投资者被收取的费用包括：1%的申购费、2.5%的管理费（2%管理费+0.5%固定客户服务费），以及8%的业绩分成。

现在假设底层的HX三期人民币基金在费前获得了20%的内部回报，我们来算一下基金经理和投资者的收入分成。20%的内部回报属于比较乐观的估计。为了把问题讲清楚，我们暂且假设基金经理水平很高，能够获得20%的内部回报。

首先，HX三期人民币基金会扣除管理费（2%）和业绩分成（20%），总计5.6%。

然后，母基金会扣除管理费、固定客户服务费和业绩分成，总计约为1.752%。

这样一来，投资者剩下的回报为12.648%。这里还没有算上申购费（1%的一次性费用），以及母基金和底层基金的其他费用。如果把这些费用都算上，那么投资者能够拿到手的净回报更低。

也就是说，在该基金表现比较好的乐观情况下，投资者最多只能分到60%左右的投资回报，其他40%左右的投资回报都进了基金经理的口袋（见图7-7）。如果该基金投资表现不好，那么最后的分法会对投资者更加不利，更加倾向于基金经理（因为申购费、管理费等费用雷打不动，不管盈亏都会收取）。

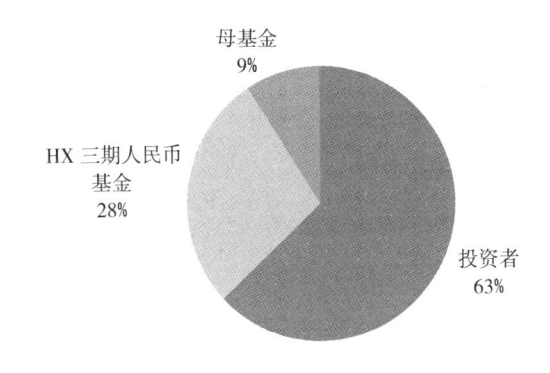

图7-7 乐观情况下的投资回报比例

上文提到，简单事情复杂化是一种强大的销售策略。该观点在本案例中得到了完美的体现。在一层层复杂策略的包装下，最终我们看到的是各个层级雁过拔毛般的收费。在经过层层盘剥后，投资者能够拿到手的投资回报和他一开始的期望值可能已经相差甚远了。

最关键的问题是在整个游戏中，承担最大投资风险的是投资者，拿出真金白银"搏杀"的也是投资者，其他人都是"空手套白狼"，在几乎不承担任何风险的情况下坐收渔利。谁是聪明人，谁是傻瓜，似乎显而易见。

简单事情复杂化，是销售机构最常用的伎俩之一。一个聪明的投资者需要对这种销售手段有充分的认识，防止自己陷入这种陷阱。只有把自己的钱包看好，在做出任何投资决策前货比三家，谨慎行事，才是对家人和自己最负责的投资态度。

结构性票据

在纷繁复杂的金融投资产品中，结构性票据又是一个典型的简单事情复杂化的案例。接下来我将帮助大家分析一下这种投资产品。

如图7-8所示，结构性票据是结构性金融产品中的一种，结构性金融产品通常由两部分组成：基本金融产品（大部分是固定收益产品，比如债券）和金融衍生品。金融衍生品用得比较多的是期权，比如看涨期权和看跌期权。

基本金融产品 ＋ 金融衍生品 ＝ 结构性金融产品

图7-8 结构性金融产品的构成

结构性金融产品受到不少投资知识有限的投资者的青睐，因为这种产品保本，同时还可以让投资者有机会赚到比定期储蓄利率更高的回报。

从卖方角度来讲，发行结构性金融产品可以赚取丰厚的佣金，是金融机构的"大奶牛"。同时结构性金融产品可以使融资方以极低的成本获得融资，因此各大金融机构和银行对推销此类产品有着非常高的热情。

如图7-9所示，结构性金融产品在欧洲的销售额从1996年的几乎没有，一路飙到2010年的1500多亿欧元。结构性金融产品的发行商从2002年的144家迅速上升到2010年的357家，短短8年内上涨了150%左右。

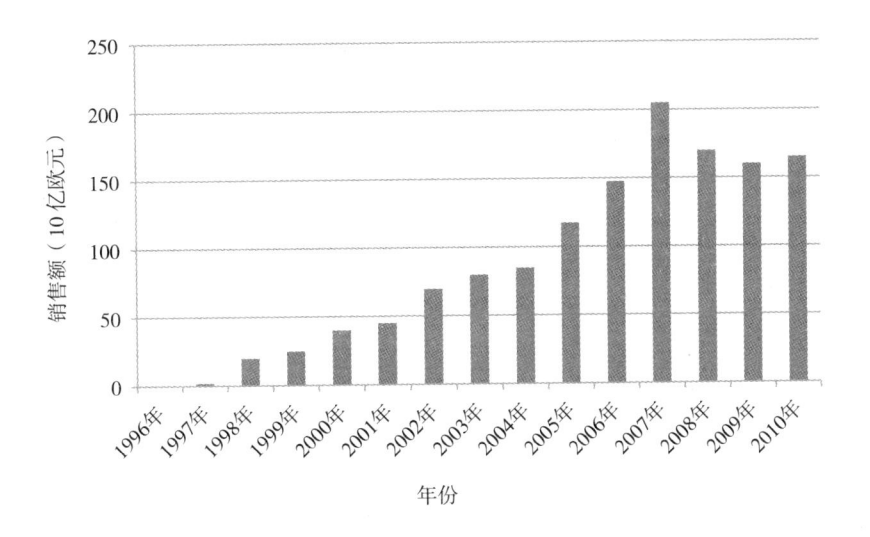

数据来源：彭博社

图7-9 结构性金融产品在欧洲的增长

根据英国金融行为监管局2015年发布的一份有关结构性金融产品的研究[1]显示，投资者普遍对结构性金融产品的投资回报估计过高。

如图7-10所示，在购买结构性金融产品时，投资者的回报预期普遍在4%左右（图中灰色柱子），但是他们拿到手的实际回报却仅为每年2%左右（图中黑色柱子）。很不幸，投资者全都高估了结构性金融产品能够给他们带来的收益。

---

[1] STEFAN H, STEWART N, ZALIAUSKAS Redis. Two plus two makes five? survey evidence that investors overvalue structured deposits [R/OL]. (2015-03-24) [2019-06-06]. https://www.fca.org.uk/publication/occasional-papers/occasional-paper-9.pdf.

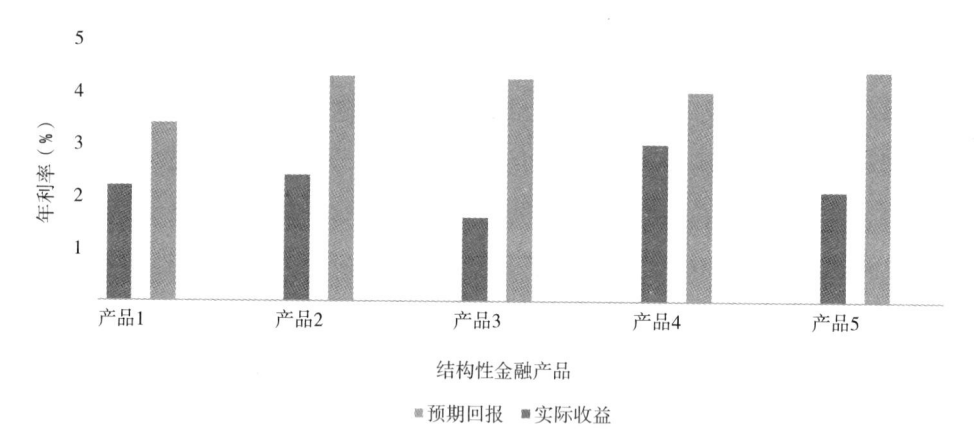

数据来源:《华尔街日报》、巴克莱银行(Barclays Bank)

图7-10 投资者过高估计结构性金融产品的收益

图7-11显示的是巴克莱银行曾发行的118个结构性票据产品的实际年回报率。我们可以看到,有30多个产品最后的年回报率为0,另外30多个产品的年回报率在0~0.5%之间,只有37个结构性产品(不到1/3)的年回报率超过1%。如果投资者把钱老老实实放在银行定存,他们可以得到每年1.2%左右的回报率,比结构性票据产品的回报更好。

由于结构性金融产品一般都比较复杂,很多投资者对其中的投资逻辑和回报计算都不太清楚,因此他们在购买这类投资产品时往往一知半解,甚至不清楚自己购买了什么。

据《华尔街日报》报道[1],美国一位79岁的老大娘玛丽·贝利(Mary Bailey)曾花10万美元购买了一个结构性票据产品。结果当她收到银行对账单时吓了一跳,因为该结构性票据产品的价值已经缩水变成95712美元,比她刚购买

---

[1] EAGLESHAM J, KROUSE S, EISEN B. Wall Street re-engineers the CD-and returns suffer [EB/OL]. (2016-09-06) [2018-07-08]. https://www.wsj.com/articles/wall-street-re-engineers-the-cdand-returns-suffer-1473180591? mg=prod/accounts-wsj.

时减少了5%左右。而这5%其实就是被银行扣除的销售佣金。

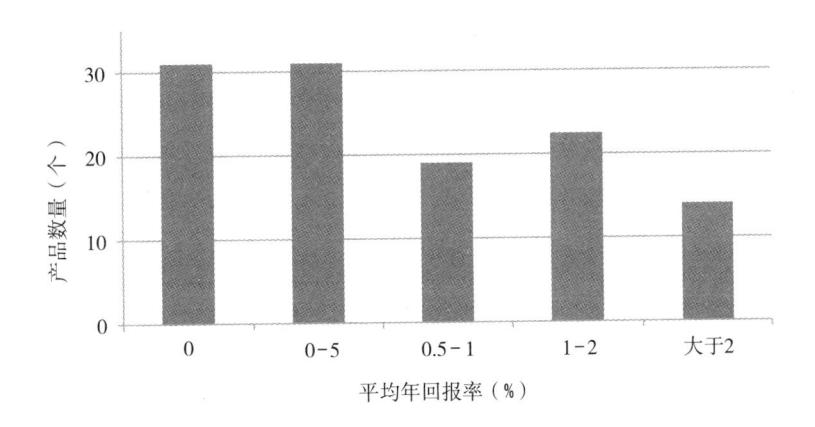

数据来源：《华尔街日报》、巴克莱银行

图7-11 巴克莱银行118个结构性票据的实际年回报率

很多投资者在购买结构性票据产品时以为它们是"保本"的安全投资产品，但如果仔细阅读金融机构在销售此类产品时的"免责声明"，就会发现事实根本不是这么一回事。

比如很多银行在中国销售的QDII（Qualified Domestic Institutional Investor，合格的境内机构投资者）结构性票据产品的免责声明中清楚地写着：本理财产品是高风险产品，不保证本金和收益。投资者在购买这样的产品前，应该仔细阅读其免责声明，没有明白时坚决不买。

下面以花旗银行在中国发行的QDII结构性票据产品作为案例，让我们来仔细研究投资者购买这样一个投资产品的利弊。

花旗银行的QDII结构性票据产品包括两个部分，分别是美元定期国债（固定收益）和阿里巴巴及京东公司的上市股票期权（金融衍生品）。

根据花旗银行（中国）网站的介绍，该结构性票据产品有以下特点：

（1）锁定期2年。也就是说投资者在购买该结构性票据产品后，需要等到2年后才能拿回本金。

（2）该结构性票据产品的收益率取决于这2年内（观测期）是否有触发事件（trigger event）发生。

如果发生了触发事件，那么该结构性票据产品的年回报率为0.4%；如果没有发生触发事件，那么该结构性票据产品的年回报率则要重新进行计算（见表7-1）。

表7-1 花旗银行结构性票据产品的年回报率

条件	投资者年回报率（%）
发生触发事件	0.4
没有发生触发事件	x

把你的美元交给银行并被锁定2年，得到每年0.4%的回报率，算不算高？很可惜，答案是否定的。

根据美国财政部官方网站公布的数据，从2016年12月9日来看，购买美国2年期国债的回报率为每年1.15%。也就是说，一个对金融投资一窍不通的"傻瓜"，老老实实地把美元拿去买2年期的美国国债，2年后他可以得到2.3%的回报（每年1.15%）。而如果他去买花旗银行的结构性票据产品，那么在触发事件发生的情况下，他的总回报为0.8%（每年0.4%），每年比老老实实买美国国债可以得到的回报差65%。

有些读者可能会说，上面的分析只是"触发事件"发生的情况，还有"触发事件"没有发生的情况呢？

下面就让我们来分析这个所谓的"触发事件"是怎么一回事。

根据花旗银行（中国）的宣传材料介绍，与该结构性票据产品挂钩的是2只股票：京东（JD）股票和阿里巴巴（BABA）股票。在持有该票据的2年中，这2

只股票中的任何一只在观测期股票价格上涨达到40%，就会发生"触发事件"，导致投资者的回报率仅停留在每年0.4%。注意，这里指的是任何一天。举例来说，如果京东或者阿里巴巴的股票在某一天的价格涨幅达到了比一开始高出40%的位置，第二天股票价格又跌回去了，那么根据合同条款也算发生了"触发事件"。

如果2只股票在观测期中的任何一天都没有达到发生"触发事件"的条件，那么投资者的回报是多少呢？这就要看2年之后京东和阿里巴巴2只股票在最后一天的股价了（期末表现）。根据该结构性票据产品的算法，银行会计算2只股票在观测期中的平均回报，然后给予投资者相应的投资补偿。

对于投资者来说，如果他们想要得到比0.4%更好的回报率，就需要同时满足以下所有条件：

（1）阿里巴巴股票价格在2年后上涨。

（2）京东股票价格在2年后上涨。

（3）阿里巴巴或者京东的股票不能在2年内任何一天累计上涨超过40%。

如果其中任何一个条件得不到满足，那么投资者的回报率就会是每年0.4%。

事实上，在2015年9月至2017年9月的2年内，阿里巴巴股票的价格从70美元左右上涨到了170美元左右，涨幅达到143%。因此该结构性票据产品发生了"触发事件"，年回报率仅为0.4%。无论怎么算，购买花旗银行这个结构性票据产品的投资者都亏了。

通俗地讲，我们也可以这样理解这个结构性票据产品：银行收了投资者的钱，购买了美国2年期国债，得到每年1.15%的回报率。然后银行从这1.15%中扣除手续费和佣金，给投资者留出一份0.4%的回报率，最后再花一点钱帮投资者买了张彩票。在上面列举的3个条件同时满足的情况下，这张彩票就中奖了。显而易见，如果真的想博一下运气，投资者完全可以自己去买彩票试试手气，不需要付钱给银行。

结构性金融产品由于设计复杂、费用昂贵，一般都是银行向金融知识不甚丰富的业余投资者兜售的"梦想"产品。一个聪明的投资者在购买结构性票据产品和其他结构性金融产品之前，需要问自己下面这些问题：

（1）我是否了解该金融产品的风险？我是否了解该金融产品的收费？

（2）该金融产品将我的储蓄锁定x年，这期间无法拿出，我是否可以承担这样的流动性风险？

（3）在最坏的情况下，我可以从该金融产品中得到多少回报？和一个普通的固定收益类（国债）投资相比差多少？

一个负责任的投资者应该首先充分了解这些金融产品的风险，并且做足功课，详尽地分析在各种情况下，通过该金融产品可能得到的回报。然后他应该回家冷静一下，和家人商量，在没有销售人员在场的情况下对该金融产品进行客观评估，再决定是否要将自己辛辛苦苦积攒的钱投入到该金融产品中。这才是一个真正证据主义投资者应该秉持的投资态度，也是我们每个人能够做的对自己和家人最尽责的投资决策。

挪威养老基金的选择

说到金融产品的复杂性，一个比较典型的例子就是各个国家的养老基金。

管理养老基金是一门技术活。首先，养老基金的资金量一般都比较大，动辄上千亿美元。这就决定了即使是微小的回报差别（比如1%），造成的盈亏绝对值也会相当惊人。

其次，由于资金量巨大，因此大部分养老基金的投资面非常广，其投资范围包括证券交易二级市场上的股票、债券、对冲基金，证券交易一级市场上的私募股权基金，还有房地产、自然资源等。对于如此复杂的一个投资组合，不管是会计核算还是财务分析，都得花很多时间，不容易搞清楚。

2017年5月，美国的《华尔街日报》报道，有不少养老基金甚至连他们在投资的私募股权基金中付了多少费用都算不清楚。[1]

以美国最大的养老基金之一，加利福尼亚州公共雇员养老金为例，该基金管理层向董事会汇报，其2016年向私募股权基金经理付出的管理费为6.38亿美元，和2011年相比节省了4亿美元。但后来发现，事实上该统计没有包括总值1.21亿美元的法律、审计、合伙人等其他费用。这个统计上的问题导致了数亿美元的误差，引起了很多人的不安。可见，连养老基金这样相对比较成熟和职业的"投资者"，都难以应付如此复杂的投资品种。

在这方面，挪威养老基金的做法值得我们研究并借鉴。

截至2022年12月底，挪威养老基金以12620亿美元的规模位列全世界主权基金排行榜第1名。截至2022年10月，挪威总人口为545.6万人。以人均资产规模来算的话，每个挪威人在该基金中拥有大约23万美元，这个数值非常高。

挪威养老基金是世界上管理最透明的主权基金之一。在该基金的网站上，任何一个人都能查到该基金的历年财务报表、投资收益和净资产变化情况。

2008年，在全世界金融危机的影响下，挪威主权基金遭受重创。其股票部分下跌40%，整个基金的投资回报下跌23.3%。

失望之余，挪威养老基金的管理层专门请了3位大学（哥伦比亚大学、耶鲁大学和伦敦商学院）的金融学教授安德鲁·昂（Andrew Ang）、威廉·戈茨曼（William Goetzmann）、斯蒂芬·舍费尔（Stephen Schaefer），让他们仔细分析挪威养老基金的投资策略和历史回报。管理层想要知道：管理挪威养老基金的基金经理到底有没有带来价值？未来应该用何种策略更好地管理挪威人民的血汗钱？

---

[1] GILLERS H, LIM D. Only robots can tally what the largest U.S. pension fund pays in fees [EB/OL]. (2017-05-22) [2018-07-12]. https://www.wsj.com/articles/only-robots-can-tally-what-the-largest-u-s-pension-fund-pays-in-fees-1495463370.

3位教授在对挪威养老基金做了细致入微的分析后，完成了一份长达220页的专业报告。在这里，我和大家分享一些该报告的核心结论。[1]

3位教授在分析了挪威养老基金过去10年（1998—2008年）的历史业绩后指出，该基金从主动型管理中获得的超额回报为每月0.02%，也就是每年0.24%。

每月0.02%的超额回报主要来自该基金的股票部分。至于该基金的固定收益部分（债券），报告作者得出的结论是：没有任何证据显示固定收益的主动型管理为基金带来了任何价值。

不管是股票还是债券市场，要想通过主动型管理获得超额回报，都是非常困难的。即使像挪威主权基金这种有规模的职业投资机构也都很难达到这个目标，更何况我们这些普通的个人投资者。

在仔细讨论了3位教授撰写的分析报告后，挪威养老基金管理层决定，减少把资金交给外部基金经理管理的比例，降低相对来说比较复杂的私募股权基金的投资比重，同时在基金内部的股票投资部门，自己动手执行一些相对来说比较简单的风险因子投资策略。

通过这些改革，挪威养老基金大大降低了投资费用。根据挪威养老基金的年报显示，其管理资金的费用率为每年0.07%左右。同时，更为简单明了的投资策略也帮助他们更准确地统计投资回报，控制公司成本，为全体挪威人带来更大的好处。

上文中提到的加利福尼亚州公共雇员养老金也正在不断减持其私募股权投资，其中一个很重要的原因就是其投资过程复杂而不透明，投资费用太过昂贵。

即使是财大气粗、拥有专业分析团队的养老基金，也在不断简化自己的投资策略，尽量减少在复杂投资策略中的资金配置。我们普通投资者应该从他们的做

---

[1] ANG A, GOETZMAN N W, SCHAEFER M S. Evaluation of active management of the Norwegian government pension fund – global [R/OL]. (2009-12-14) [2018-07-13]. https://www0.gsb.columbia.edu/faculty/aang/papers/report%20Norway.pdf.

法中吸取教训，牢记"只买自己懂的，不懂的坚决不买"这样的投资原则，努力不让自己成为金融机构征收"智商税"的对象。

巴菲特说过："聪明的投资者需要知道自己的边界。"如果是投资者看不懂的基金，或者对方无法解释清楚的理财产品，那么投资者就应该提高警惕。投资者应该明白金融机构将简单事情复杂化背后蕴含的动机，并且反其道行之，坚决抵抗那些复杂金融产品的诱惑。

说到底，能够给投资者带来投资收益的，无非就是公司股权、公司和政府债权、银行存款和房地产这几个大类资产，其他各种投资品种都是基于这些基本资产的衍生策略（比如期货、期权、卖空、对冲等）。投资者需要明白投资回报的核心来源，然后根据自己的知识范围选择自己明白的投资策略。这也是投资者控制投资风险的重要原则。

第8章 不求最好，但求最贵

电影《大腕》中有一个经典桥段。李成儒饰演的一位精神病患者在医院自言自语，假想自己在对一个朋友提出经商建议。在这里，我给大家摘录一段精彩台词：

> 两千美金？那是成本！四千美金起！你别嫌贵，还不打折！你得研究业主的购物心理，愿意掏两千美金买房的业主，根本不在乎再多掏两千。什么叫成功人士，你知道吗？成功人士就是买什么东西，都买最贵的，不买最好的。所以，我们做房地产的口号就是：不求最好，但求最贵！

《大腕》是一部黑色幽默喜剧。为了博观众一笑，电影中的台词自然比较夸张和荒唐。但这些夸张的台词涉及了一个非常有趣的问题："不求最好，但求最贵"是否真的符合大众的消费心理？

如果市场上的消费者都是理性人，都有辨别能力，那么"不求最好，但求最贵"的营销术就不会奏效。对于一个理性人来说，他会搜集信息，自己做功课，在仔细比较之后，选择购买"价廉物美"的商品或者服务。一个理性的消费者是不会花大价钱做"冤大头"的。

但是，"人非草木，孰能无情"？人和机器最大的区别之一，就是人不太可能在所有事情上始终保持理性和冷静。

在本章，我将通过一些具体案例帮助大家更好地理解"不求最好，但求最贵"的消费者心理，然后提出一些具体建议，帮助大家做出更为理性的投资决策。

越贵越好

红酒实验

首先，让我和大家分享一个非常有趣的实验。

在这个实验中，研究人员首先请了一批实验对象品评红酒。[1]

如表8-1所示，在实验对象面前共有5瓶不同的红酒。这些红酒的标签和名称已经被撕掉，红酒品评成员只能看到这些酒的标价，从5美元/瓶逐渐上升到90美元/瓶。红酒品评成员被要求依次品尝这些红酒，并为这些红酒的质量打分。

表8-1 红酒及标价

红酒	标价（美元）
1号酒	5
2号酒	10

---

[1] PLASSMANN H, O'DOHERTY J, SHIV B, RANGEL A. Marketing actions can modulate neural representations of experienced pleasantness [J/OL]. National academy sciences, 2008, 105 (3): 1050–1054 [2018-07-13]. https://www.jstor.org/stable/25451219.

（续表）

红酒	标价（美元）
3号酒	35
4号酒（同1号酒）	45
5号酒（同2号酒）	90

研究人员没有告诉红酒品评成员，其实标价5美元的1号酒和标价45美元的4号酒是同一款红酒，标价10美元的2号酒和标价90美元的5号酒也是同一款红酒。

尽管是一模一样的红酒，但由于标价不同，红酒品评成员对它们的评价差别相当大。从图8-1中可以看到，标价45美元的4号红酒受到喜欢的程度明显高于标价5美元的1号红酒；标价90美元的5号红酒评分明显高于标价10美元的2号红酒。也就是说，即使是一模一样的商品，标价更高确实更受欢迎。

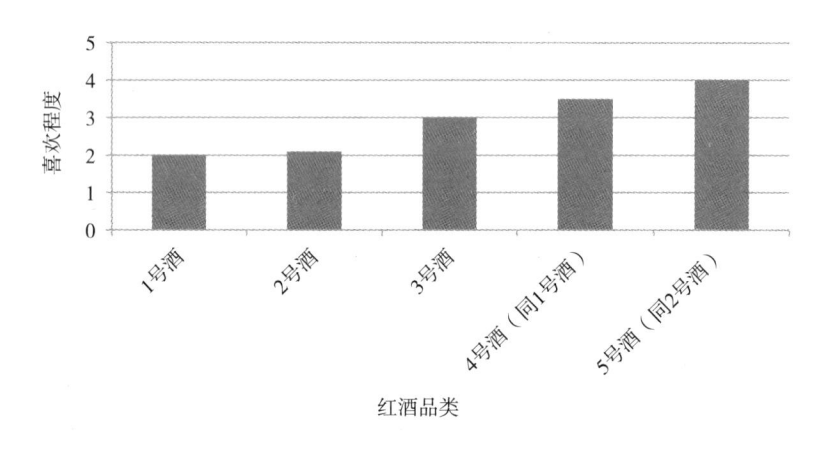

图8-1 受价格标签影响的红酒品评成员的判断

这究竟是怎么回事？难道我们的大脑这么容易被愚弄？一个简单的高价标签就能让我们对相同的商品产生莫名其妙的好感？

该实验的研究人员在红酒品评成员品尝红酒时，同时对他们的大脑做了跟踪扫描。结果发现，当红酒品评成员在品尝标价更贵的红酒时，其大脑表层明显要比他们在品尝标价便宜的红酒时活跃很多。要知道，他们喝的其实是一模一样的酒。但是更贵的价格标签导致红酒品评成员的大脑活动更频繁，也因此让他们给出了更高的评价。

为了确保实验的可靠性，该实验的研究人员又做了第2轮品酒测试。这一次，还是那5瓶红酒，但是研究人员把这些酒的价格标签都撕掉了。也就是说，红酒品评成员是在没有价格标签的条件下品评红酒的。

这一次的品评结果如图8-2所示。我们可以看到，在没有价格标签影响的情况下，红酒品评成员对红酒质量的判断要准确得多。对于同一款红酒（1号红酒和4号红酒，2号红酒和5号红酒），他们做出的喜好判断基本相同，并没有出现第1次的明显偏差。

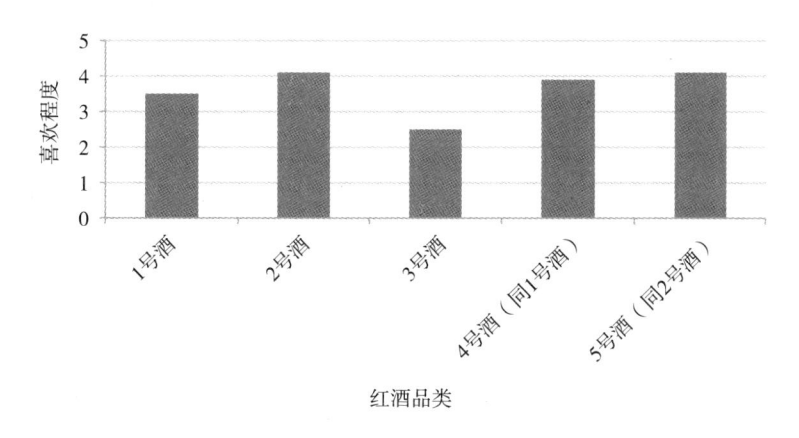

图8-2 不受价格标签影响的红酒品评成员的判断

商品或者服务的价格对于人类行为的影响，绝非仅限于这个案例。事实上这是一种普遍现象。

在另一个非常有趣的实验中，研究人员在考试前给了两组学生相同的能量饮料。唯一的不同在于，第1组学生需要付全价购买能量饮料，而第2组学生只需要付折扣价。除了价格不同，学生们喝的是一模一样的饮料。[1]

结果在接下来的考试中，付全价购买能量饮料的学生比那些付折扣价的学生多做出30%的题目。这恰恰应验了一句俗语"一分钱一分货"。如果学生付了100%的价格，那么他们就会付出100%的努力；如果学生只付了折扣价，那么即使喝到的是一模一样的能量饮料，他们只会付出打了折扣的努力。

花钱买教训

以上两个实验说明，"不求最好，但求最贵"的销售策略对于很多人来说确实管用。特别是那些普通人难以分辨质量的产品或者服务，这样的销售策略尤其有效。一个典型的例子就是理财产品。

像对冲基金和私募股权基金这样的理财产品涉及很多专业知识，其投资标的涵盖很多金融衍生品。对于绝大多数非金融出身的投资者来说，要完全理解这些产品的来龙去脉和投资风险，几乎不太可能。很多私募股权投资项目的投资策略缺乏透明度，投资标的估值复杂，没有公开的财务信息，也没有清晰的对比基准。像这样充满信息不对称的产品，恰恰最适合"不求最好，但求最贵"的销售策略。

很多金融中介型机构（比如第三方理财机构和私人银行），确实在顺着这个逻辑开展他们的市场销售工作。仔细研究他们的宣传策略，就会发现一些共通的常用词：尊贵、高端、私密、荣耀。他们采用很多方法让自己的客户觉得自己是贵宾，同时一个劲地推销"顶级大牌"私募股权基金。他们将自己营造成仅限尊贵人士出入的"私人投资俱乐部"，让客户认为自己买到的是普通民众无法买到

---

[1] SHIV B, CARMON Z, ARIELY D. Placebo effects of marketing actions: consumers may get what they pay for [J/OL]. Journal of marketing Research, 2005, 42 (4): 383–393 [2018-07-20]. https://journals.sagepub.com/doi/10.1509/jmkr.2005.42.4.383.

的明星基金。当然，为了成为普通人无法加入的"私密朋友圈"的成员，消费者需要付出更高的代价。

在大多数人的印象里，同类型的产品价格越贵，一般质量就越好。举例来说，一辆法拉利汽车的价格要比一辆丰田汽车贵很多，但是法拉利汽车跑得也比丰田汽车快，因此贵有所值。顺着这个逻辑，很多人想当然地认为，名气越响、收费越贵、越难买到的理财产品或者基金一定回报越高。就像李成儒在《大腕》中说的："什么叫成功人士，你知道吗？成功人士就是买什么东西，都买最贵的，不买最好的。"

问题在于，在投资领域这个规律恰恰不起作用。巴菲特在2016年的伯克希尔·哈撒韦公司致股东信中写道："有钱人、养老基金和大学基金总是觉得他们配得上'特殊'的金融服务。但最后的结果就像那句谚语所说的：当一个有钱人遇上一个专业人士后，钱和经验就换了位置。专业人士有了钱，而有钱人则学到了教训。"

巴菲特的意思是，在投资领域有钱人并非一定能获得比普通人更多的特权。这让很多人难以理解。因为如果有钱就代表可以坐头等舱，住豪宅，出入顶级私密会所。所有这些都是可以用钱买到的。

但这个规律在投资领域反而不灵。一个有钱人花大价钱成为理财机构或者私人银行的高端客户，投资普通投资者根本买不到的私募股权基金，但他的回报未必比一个普通投资者花很少的钱购买一只标准普尔500指数基金更好。

耶鲁大学首席投资官大卫·斯文森（David Swensen）说过："除非投资者可以找到极端出色的职业投资经理，否则他们就应该把自己用于投资的钱100%放到被动型指数基金中。我这里说的投资者，包括所有的个人投资者和绝大部分机构投资者。"

开跑车的基金经理

为什么付出更高的代价，反而会买到更"劣质"的产品？其中的原因其实并不复杂。关键在于：投资费用太高，投资者的回报就差了。

上文提到，巴菲特曾经和Protégé公司打过一个非常著名的赌，赌组合基金的回报不如标准普尔500指数。结果10年以后，事实证明确实标普500指数的回报更高。在这里值得一提的是，组合基金的投资回报无法战胜一只简单的指数基金，并不是因为对冲基金经理智商不够，而是因为他们太聪明了，绝大部分投资回报都以高额收费的形式进入了对冲基金经理的口袋。因此，对冲基金投资者拿到手的净回报自然不尽如人意。这是一种非常高超地收取"智商税"的例子。

在一篇非常有趣的学术论文中，作者统计了世界上1144位对冲基金经理和他们开的1774辆豪车的数据，最终得出结论：基金经理开的车越好，他的交易频率越高，其投资组合的风险就越高，为客户带来的投资回报就越低。所以，如果你看到自己的基金经理买了辆跑车，或者和某位女明星约会，那么你就应该提高警惕了。[1]

上文的这些例子告诉我们，人类会受到各种不理性行为偏见的影响。很多人会对高价商品产生"崇拜"和"向往"，无法冷静地做出客观评估。上面提到的实验还表明，这种"高价崇拜"源自我们的大脑反应，是一种正常的生理现象，我们没有必要对此感到羞愧或者内疚。

一个聪明的投资者会在了解自己的先天弱点后，想办法减少由此导致的错误。在面对各种金融机构不同的销售花招时，投资者需要时刻提醒自己，这些销售策略背后可能有的各种套路，这些金融机构可能正在利用我们普遍存在的人性弱点。所谓"知人者智，自知者明"，只有对自己的优势和劣势充分了解，同时

---

[1] BROWN S, LU Y, RAY S, TEO M. Sensation seeking and hedge funds [J/OL]. The journal of finance, 2018, 73 (6): 2871-2914 [2018-12-28]. https://www.jstor.org/stable/26656034.

提升自己的知识水平，看清营销花招，投资者才可能做出更为理性和冷静的投资决策。

基金经理的收费魔法

上一节讲到，很多金融机构深谙大众"不求最好，但求最贵"的消费心理，在市场上专门走"高大上"的路线吸引投资者上钩。但事实上，对于投资者来说，付出的费用越高，得到的回报就越低。这一节我们就来详细分析这个问题。

下面我将通过一些对冲基金经理收费的例子，帮助大家更好地理解这个问题。

对冲基金神秘又充满吸引力。提起"对冲基金经理"这几个字，大多数人脑海中首先浮现的关联词可能是：聪明、灵敏、有钱、很有钱、非常有钱。举例来说，下面是2022年世界收入最高的对冲基金经理的年收入：

詹姆斯·西蒙斯：34亿美元

伊斯雷尔·英格兰德（Israel Englander）：31亿美元

肯尼斯·格里芬（Kenneth Griffin）：25亿美元

克里斯托弗·霍恩（Christopher Hohn）：22亿美元

这个单子还可以列很长，但限于篇幅就不展开了。这些数字只是对冲基金经理一年的收入，但可能已经比地球上绝大多数人一辈子赚的钱都要多得多了。

对冲基金经理腰缠万贯，富可敌国，似乎并不是一件新鲜事。在大多数人的印象中，对冲基金经理收入奇高是因为他们有本事，能够为投资者带来超额投资回报。因此，他们自身的收入很高似乎天经地义，没什么可大惊小怪的。

很少有人会想：世上有这么多富裕的对冲基金经理，但为什么我们很少听说通过投资对冲基金发家致富的投资者？在网上搜索年收入最高的对冲基金经理，我们很容易就能得到一大串耳熟能详的名字。但是如果搜索世界上收入最高的对冲基金投资者，却很难找到任何结果。

事实上，被大多数人忽略的一个最重要的问题，就是对冲基金经理的收费结构。

在对冲基金投资中，有一个业内规则叫2/20，即对冲基金经理每年会收取2%的管理费，同时在年末收取20%的业绩分成。在大多数投资者的眼里，2/20收费结构看起来是这样的，如图8-3所示：

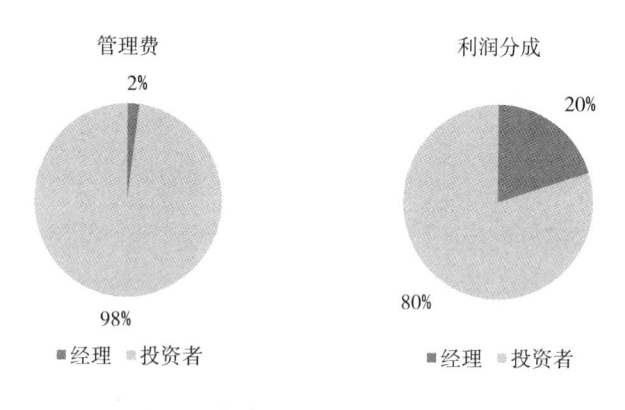

图8-3 投资者眼里的2/20收费结构

投资者认为即使给对冲基金经理2%的管理费，自己还剩下98%的投资回报；即使给对冲基金经理20%的业绩分成，自己还可以拿80%的投资回报。

事实上这是很多投资者的错觉。投资者把钱交给对冲基金经理管理的主要原因是对冲基金经理能够提供"阿尔法"（超额回报）。如果对冲基金经理只是给予投资者"无风险回报"或者"贝塔"（市场回报），那么这位对冲基金经理就是不合格的，他也不应该就这些回报向投资者收取任何费用。

在2012年发表的一篇学术论文中，作者针对这个问题做了非常详细的研究。

假设一位对冲基金经理在费前提供了20%的年回报。在这20%的年回报中有1%是无风险回报，13%是市场回报，6%是超额回报。[1]

假设该对冲基金经理收取1.5%的管理费和20%的业绩分成，那么最后投资者被收取的费用加起来会达到5.2%[2]，占该对冲基金经理创造的超额回报87%之多，如图8-4所示。也就是说，对冲基金经理创造的绝大多数超额回报都没能让投资者享受到，而是进入了对冲基金经理自己的腰包。

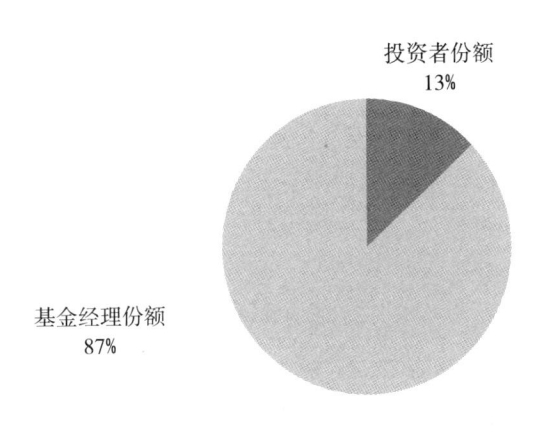

图8-4 对冲基金经理创造的超额回报分配份额

在对冲基金经理同时收取高额管理费和业绩分成的收费模式下，对冲基金的回报越高，投资者损失的超额回报也越高。这个结论和很多人对投资的认识背道而驰，但却千真万确。

根据作者的计算，如果对冲基金创造的超额回报为10%，那么其中的82%都会被对冲基金经理自己占有；而如果对冲基金创造的超额回报上升到20%，那么

---

[1] BROWN R. The problem with hedge fund fees [J/OL]. Journal of derivatives & hedge funds, 2012, 18 (1): 42-45 [2019-02-03]. https://link.springer.com/article/10.1057/jdhf.2011.28.
[2] (20%-1.5%)×20%+1.5%=5.2%。

超额回报的107%会进入对冲基金经理自己的口袋。

也就是说，随着对冲基金创造的超额回报的上升，对冲基金变成了一个设计非常巧妙的"财富转移机器"，神不知鬼不觉地就把投资人的财富悄悄转移到了对冲基金经理的口袋。而这种"财富转移"机制设计的巧妙之处就在于，投资者的财富在被转移时他们还非常高兴，乐呵呵地看着基金经理的口袋越来越鼓。

所以到最后，对冲基金这个投资游戏的赢家始终只有一个，那就是对冲基金经理。

美国学者西蒙·拉克（Simon Lack）对1998—2010年对冲基金进行分析，得出结论：对冲基金经理获取了那些年全球金融投资回报总额的84%，而组合基金经理获取了另外的14%。也就是说，真正的投资者只分到了这张大饼中的2%，如图8-5所示。

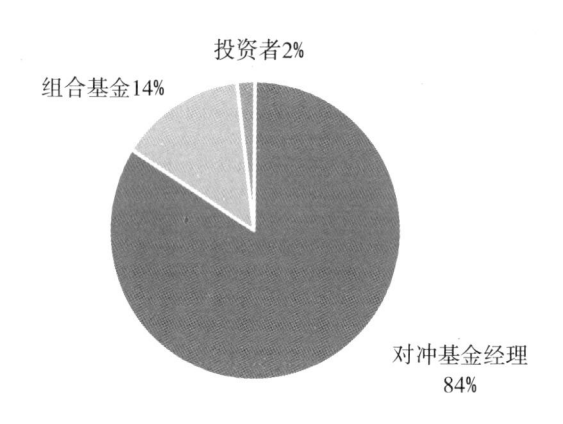

数据来源：西蒙·拉克.对冲基金暴利真相[M].忻海,译.北京：中国人民大学出版社,2014.

图8-5　1998—2010年全球金融投资回报分成

对冲基金经理业绩不佳，无法为投资者带来真正的价值，这种现象不仅限于海外。在2015年发表的一篇学术论文中，作者在检验了中国149只对冲基金的回报记录后得出结论：虽然有少数对冲基金确实表现优异，但是从整个行业的平均水平来看，中国的对冲基金无法为投资者提供超额回报。[1]虽然这些对冲基金的表现不佳，但是在收费上他们可是毫不手软，早早地就和国际水平接轨。[2]

越来越多的"聪明钱"在理解了对冲基金经理过高的收费和对投资者造成的投资损失后，开始逐渐赎回在对冲基金中的投资份额。下面和大家分享几个案例：

> 2014年9月，美国最大的养老基金之一，加利福尼亚州公共雇员养老金宣布将完全撤出对对冲基金的投资，因为对冲基金收费太高，回报却不高。加利福尼亚州公共雇员养老金本来对对冲基金的配置量为40亿美元左右，其基金总规模为3000亿美元左右。
>
> 2015年1月，荷兰社保基金宣布，以后不再投资任何对冲基金。该基金管理的资金总规模为880亿欧元，对冲基金的配置为2.7%（约合23.7亿欧元）。荷兰社保基金给出的退出对冲基金投资的理由为：对冲基金收费太高，对冲基金经理工资太高。
>
> 2016年3月，美国加利福尼亚大学捐赠基金会首席投资官宣布，将该基金投资的对冲基金数量从32只减少到10只。同年4月，美国纽约州共同退休基金宣布，将其基金中价值15亿美元的对冲基金赎回，并将这些资金投入到其他资产中。
>
> 2016年8月，美国著名的凯雷投资集团宣布，将从经营管理对冲基金中完全退出。在凯雷投资集团旗下的几只对冲基金[比如银硃

---

[1] LING Y, YAO J, LIU W D. Chinese hedge funds-performance and risk exposures [J/OL]. Chinese economy, 2015, 48 (5): 330-350. https://www.tandfonline.com/doi/full/10.1080/10971475.2015.1067084.

[2] BROWN S, LU Y, RAY S, TEO M. Sensation seeking and hedge funds [J/OL]. The journal of finance, 2018, 73 (6): 2871-2914 [2018-12-28]. https://www.jstor.org/stable/26656034.

（Vermillion）]中，投资者遭受了惨重损失。

对冲基金可以提供非常高的回报，但是这种回报通常只针对对冲基金经理，而非对冲基金投资者。由于对冲基金透明度低、投资策略复杂、信息披露少等原因，对冲基金只适合一小部分有专业知识的人或者专业机构投资。

从对冲基金经理常用的2/20收费结构中可以看出，这是一种设计非常巧妙的财富转移手段，堪称"智商税"中的经典。一个聪明的投资者需要提高自己的金融专业知识，加强自我防范意识，努力避免成为金融投资机构忽悠的对象。

"钢铁侠"的诱惑

在上面两节中，我首先分析了大众普遍有的"价格崇拜"的消费心理。这种情结让很多人不假思索地认为贵的就是好的。然后我通过对冲基金的例子，分析了对冲基金设计巧妙的收费策略。

接下来，我将通过几个实际案例帮助大家更好地理解这个问题。为了避免不必要的纠纷，在这些案例中我会把机构的真名隐掉，以英文字母代替。

第一个案例来自一家自称中国领先的综合性大型金融公司，NY理财。NY理财销售的这只基金叫作RL私募投资基金，该基金的宣传材料显示这是一只位于开曼群岛的私募股权基金。该基金投资的标的很简单，是一家公司：美国"钢铁侠"埃隆·马斯克（Elon Musk）创办的太空探索技术公司（SpaceX）。

马斯克是创业界的传奇人物，曾经创办了贝宝（PayPal）[1]、特斯拉（Tesla）、阳光城太阳能（Solarcity）[2]等非常有名的企业。2002年，马斯克创办了SpaceX。在创办该公司时，马斯克提出的目标是实现太空旅行，将人类送到

---

[1] 一个总部在美国加利福尼亚州圣荷塞市的在线支付服务商。
[2] SolarCity公司于2008年10月成立，是美国一家专门发展家用光伏发电项目的公司。

火星，并且殖民火星。

介绍材料显示，RL私募投资基金的期限为2+1+1，也就是说，投资者的资金会至少被锁定2年，锁定期可能延长到4年，资金在锁定期内无法赎回。基金管理人的收费为典型的2/20，即每年收取2%的管理费，外加20%的业绩分成。同时，前3年的管理费一次性收取。也就是说，如果投资者想要投资100万美元，不管该投资最后何时退出，有没有回报，投资者一开始就会被收取6万美元的管理费。[1]

该基金仅仅是帮助投资者购买SpaceX公司的股票，却要收取2%的管理费和20%的业绩分成这样奇高的投资费用，还有上面提到的"3年管理费一次交清"的霸王条款，即使像我这样见多识广的"老司机"，也觉得有些不可思议。

在这个投资项目中，投资者需要理解以下投资风险：

首先，在2013年，马斯克自己在推特（Twitter）上发表声明宣称，SpaceX在短期内没有上市计划。SpaceX理想的上市时间是地球和火星之间的星际旅行成为常态，有固定航班时。根据马斯克的愿景，SpaceX计划在2026年之前实现将人类送往火星。

假设到了2026年，SpaceX真的可以实现星际旅行，把人类从地球送往火星。从人类第一次被送往火星，到建立地球和火星之间的固定飞行路线，中间至少还需要5—10年（乐观估计）。也就是说，在未来的10—20年里，SpaceX几乎没有上市的可能。因此，如果投资者现在买入SpaceX的股票，那么在2年或者4年后退出的唯一途径就是私下买卖。要想在证券交易一级市场卖出手中的股权，其难度远超在证券交易二级市场上买卖流通的股票。普通投资者应该充分认识到这里面的流动性风险。

其次，从2002年以来，SpaceX的估值经历了火箭般的蹿升。

---

[1] 2%×100万美元×3年=6万美元。

从2006年的种子轮开始，到2015年的G轮融资，SpaceX的股价上涨了接近200倍。在SpaceX成功回收飞上太空的火箭后，其股价明显有了大幅度上升，因此可回收火箭技术的利好有很大一部分已经体现在目前的股价里了。从大多数科技类创新公司的案例来看，很多时候当下的公司股价已经消化了投资者对于公司接下来几年的乐观预期。但是一旦这些乐观预期无法实现，或者公司在科技创新过程中遭遇了挫折，那么公司股价大幅度下跌也是很有可能的。这是投资者购买任何科技股时都需要明白的基本道理之一。

再次，通过支付2%和20%这样昂贵的费用来购买一只还没有上市的高风险公司的股票，投资者可能得到的回报和其承担的风险完全不成比例。

假设现在投资SpaceX，未来4年SpaceX的股价可以翻一番。4年后，100万美元变成200万美元，这是非常高的回报，足以令很多人动心。4年以后投资市值翻倍，相当于投资年回报率20%左右（以复利计算）。

在2012—2016年间，美国股票市场标准普尔500指数的平均回报率为每年15%。假设接下来4年的市场回报也类似。在这种情况下，投资SpaceX投资者可以获得每年5%的超额回报。

我们知道，投资者会付出2%和20%的费用投资基金，唯一的原因就是获得超额回报。因为如果想要市场回报，则完全可以购买一只标准普尔500指数基金，其费用几乎可以忽略不计（0.05%左右）。因此，在计算投资成本和回报时，关键要看该投资的超额回报在投资者和基金经理之间的分配情况。

根据上面提到的投资费用，基金经理每年可以获得2%的管理费和3.6%[1]的业绩分成，一共5.6%。也就是说，投资SpaceX所获得的超额回报（5%），全都进了基金经理的口袋，另外投资者还要倒贴0.6%，如表8-2所示。基金经理对投资者的压榨可见一斑。

---

[1] (20%-2%)×20%=3.6%。

表8-2 SpaceX 5%的超额回报分配

人员	份额（%）
基金经理	5.6
投资者	-0.6

这还是比较理想的状态，即SpaceX的股价在4年后翻一番。假如SpaceX的股价在4年后不变，保持在目前的位置，那么基金经理的收入就是6%（因为前3年费用一次性收取），而投资者的回报就是-6%。这就叫作翻硬币正面我赢，反面你输。投资者承担了所有的投资风险，而基金经理则旱涝保收。

炒房的诱惑

在上一节中，我和大家分享了一个私募股权基金的投资案例。推销该基金的NY理财借着"钢铁侠"马斯克的名头，在一个风险极高的投资项目上堆加了层层费用，把投资风险都转移给投资者，而自己则坐收高额费用，旱涝保收。

接下来，我再和大家分享一个房地产基金的投资案例。

这只基金叫作NO-LH房地产抵押信贷基金。从结构上说，这是一只组合基金。组合基金募集到资金后，会投入到一只叫LH II的美元基金中。根据LH公司官方网站的介绍，这家公司的主营业务是发放过桥贷款。

LH的主要放款对象是"炒房族"。这些"炒房族"的商业模式是：先相中一套或者几套破旧的老房子，以低价买入装修翻新，再把房子卖掉或者出租（见图8-6）。整个过程涉及的资金比较多，房产价值本身可能比较高，装修也需要花钱，而这些"炒房族"手头的资金不够，因此需要借钱。LH所做的事就是把钱借给这些"炒房族"。

```
买房 → 装修 → 出售/出租
```

图8-6 "炒房族"的商业模式

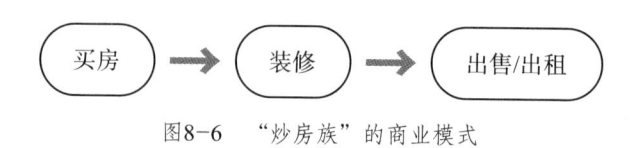

有些读者可能会问，把钱借给需要买房子的客户，这和银行的按揭贷款有什么区别？从本质上讲，确实没有大的区别，因为都是借钱给对方买房。如果一定要细分，那么LH和银行按揭贷款的最大区别就在于，借款对象的违约风险不一样。

一般来说，如果一个想要买房的美国人在银行申请按揭贷款，申请的时间需要好几天，本人也需要填写很多表格。同时，按揭贷款的审批时间也比较长，可能需要2~3个月。而如果这个美国人向LH申请贷款，时间会缩短，手续也简单很多，最快15个工作日就能批准贷款。

当然，天下没有免费的午餐。客户想要从LH更快地获得贷款，代价就是要付出更高的借款成本。一般美国人在银行贷款需要支付0~1%的一次性费用，以及每年3.5%~6.5%的利息。而他如果去LH贷款，那么需要支付1.5%~2.5%的一次性费用，以及7%~15%的利息，是银行贷款成本的2倍左右。

什么人会主动放弃银行的低利率，而甘愿付出2倍的成本向LH借款呢？大致来说可能有2类人：（1）信用记录太差或者收入太低，无法从银行获得贷款的人；（2）急需流动性现金等不及银行批准的人。简而言之，就是违约风险更高的借款人。引发2008年金融危机的元凶——次级贷款，背后就是这样的借款人。

现在我们暂作停顿，小结一下NO-LH房地产抵押信贷基金的来龙去脉：作为中介，NO理财公司介绍中国投资者通过一家美国公司LH，将钱借给美国次贷级别的"炒房族"炒房。为了吸引投资者，基金经理会加上75%的杠杆放大投资回报（和风险）。

作为投资者，对于这款产品需要注意哪些投资风险？

首先是房地产市场的风险。因为这些资金都是借给"炒房族"炒房的，因此资金的安全度很大程度上取决于美国的房地产市场。如果房价比较稳定或者不断上涨，那么借出去的钱收回来的可能性就比较大。但是如果房价下跌或者上下波动，那么借款人的违约率就可能上升，投资人的资金安全也可能受到威胁。

图8-7显示的是美国过去10年的房屋价格变化率和按揭违约率的历史变化情况。我们可以看到，房价下跌时，按揭违约率明显会上升。由于NO-LH房地产抵押信贷基金还内含杠杆，因此在房价下跌时投资损失会被加倍放大。

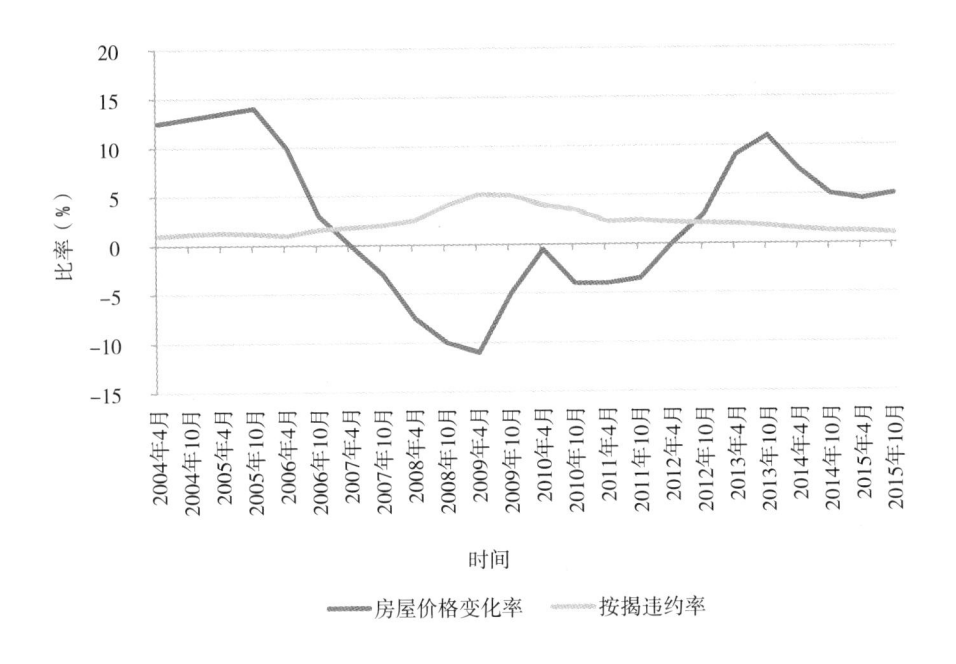

数据来源：S&P Case Shiller National Home Price Index、S&P/Experian Consumer Credit First Mortgage Default Index

图8-7　房屋价格变化率和按揭违约率的历史情况

我们进一步细想，就会发现这款产品的风险和回报的不对称之处。从风险的角度来讲，投资者承担了房地产市场的高风险波动。但是从收益的角度来讲，投资人只收到了一个固定收益类的投资回报。

一些读者可能不理解这句话的意思,我在这里稍微解释一下。如果美国房价大涨,那么这只基金的收益率并不会随之上升,因为它的本质是按照一个固定利率借钱给"炒房族"。因此投资者能够得到的最高收益就是该借款利率(扣除相关费用)。但是如果美国房价大跌,这只基金的收益率会随之下降,甚至亏钱(如果"炒房族"出现大规模违约)。也就是说,这只基金的收益和风险是不对称的。

如果投资者真的想投资美国的房地产市场,可以考虑购买一只低成本的房地产信托指数基金。

表8-3对比了NO-LH房地产抵押信贷基金和先锋领航集团的先锋领航房地产信托指数基金(VNQ)的各项指标。

表8-3 NO-LH房地产抵押信贷基金与VNQ指标对比

项目	NO-LH房地产抵押信贷基金	VNQ
申购费	1%	0
管理费	0.9%(母基金)+1.5%(基金)=2.4%	< 0.12%
总费用率	>2.4%	0.12%
业绩分成	15%(内部收益率超过8%)	0
流动性	资金至少锁住3年(2+1)	每日可以买卖
历史回报	期望回报16%,去杠杆后期望回报11%	9.73%(过去5年实际净回报,无杠杆)
杠杆率	75%	0
基金规模	母基金3000万美元(目标),子基金1亿美元(目标)	629亿美元

数据来源:第三方理财机构宣传材料、VNQ官方网站,2017年6月。

从费用率上来讲,NO-LH房地产抵押信贷基金有1%的申购费,同时每年的管理费高达2.4%（母基金+子基金），是VNQ的20倍。

值得一提的是，第三方理财机构的宣传材料只披露了管理费，并没有披露总费用率。我们知道，运营一只基金会涉及各种费用（包括管理费、托管费、法律费、审计费、行政管理费等），管理费只是诸多费用中的一部分。在NO-LH房地产抵押信贷基金这款理财产品中，涉及了3只基金（母基金、子基金中的主基金和联接型基金），因此就有3重基金费用。表8-3中列出的管理费已经高达2.4%，加上其他费用，总费用率肯定还要高出不少。相比之下，VNQ列出的0.12%是总费用率，已经包括了所有费用。

从流动性角度来讲，投资VNQ要远远优于投资NO-LH房地产抵押信贷基金。如果看过去5年的实际业绩，VNQ投资者的净回报为每年9.73%左右。注意，这是没有加过杠杆的、实打实的业绩。对于要不要使用杠杆，我比较推崇巴菲特的理念：在充分了解自己面临的投资风险前，慎用杠杆。比如巴菲特曾经说过：“我看到过很多人因为酒精和杠杆身败名裂。如果你够聪明，不需要借钱也可以致富。”

当然，VNQ并不是唯一的房地产信托指数基金，投资者也可以考虑其他类似的ETF。

下面我们再来简单分析一下NO-LH房地产抵押信贷基金的成本和收益情况。

假设该基金在扣除基金经理的费用前可以获得16%的回报。现在我们以第1年为例，分析投资回报的分成。假设投资者的投资额为20万美元。

首先，LH II的子基金经理会分到他的管理费和业绩分成。管理费为1.5%，业绩分成为0.975%，所以该经理共分得2.475%的投资回报。

其次，母基金经理会分得申购费1%加上管理费0.9%，合计1.9%的投资回报。

投资者最后拿到手的回报为11.625%。

也就是说，在投资非常顺利，确实赚到16%的回报时，最终投资回报的分法

165

如图8-8所示。投资者最终会分到回报的3/4左右。

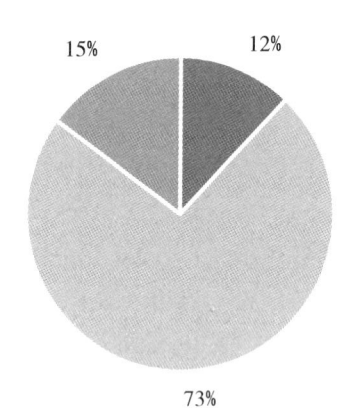

图8-8 投资回报为16%时的分成

但是投资是有风险的,没有人保证该投资一定能够获得16%的回报。

如果该投资回报没有期望的那么高,而是只有5%,那么投资者、子基金经理和母基金经理的回报分成如图8-9所示,每方大概占1/3。

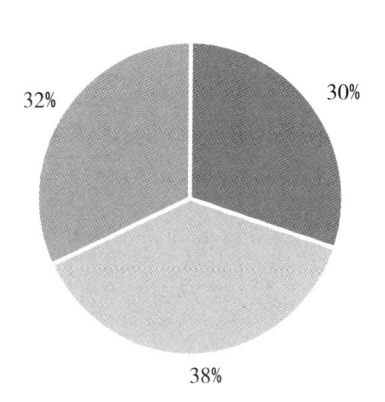

图8-9 投资回报为5%时的分成

聪明的读者还可以继续往下分析，假如该基金不赚钱（费前回报为0），那么上面这张大饼该怎么画。你会发现：到最后投资者几乎承担了所有的投资风险，而子基金经理和母基金经理则旱涝保收，无论该基金是否赚钱，他们都有不错的回报（因为申购费和管理费都照收不误）。

通过这个例子，我希望大家可以理解为什么聪明的投资者需要花大力气仔细研究和分析投资成本的道理。对于大多数个人投资者而言，投资成本对最后的投资回报有着最关键的影响。

严格控制投资费用

研究显示，人类天生就有"不求最好，但求最贵"的消费心理。很多金融机构深谙这个人性的普遍弱点，在市场推广时会想尽办法为一些金融产品披上"高大上"的外衣，以吸引投资者上钩。

一个聪明的投资者需要明白，投资者拿到手的净回报等于扣除费用前的投资回报，减去投资费用（见图8-10）。这些费用包括基金经理收取的管理费、业绩分成，第三方理财机构收取的申购费、管理费、佣金，以及其他各种费用。

投资者净回报 ＝ 投资的费前回报 － 投资费用

图8-10　投资者净回报公式

这个公式决定了投资费用越高，投资者拿到手的净回报就越低。很多时候，投资的费前回报有很大的运气成分，并不是人能够控制的。因此，一个聪明的投资者会更注重可控的因素，严格控制投资成本，帮助自己获得更好的投资回报。

第 4 部分
运气和技能

记得有一年过年回家，我和亲戚一起吃饭。其中一个亲戚得意洋洋地告诉我，他去年在股市赚了好几十万元人民币，比自己的本职工作——饭店厨师的收入高多了。

然而，我们会因此认定我的这位厨师亲戚是"股神"吗？我们愿意把自己的钱交给他投资吗？答案是否定的。原因很简单：投资的结果同时受到运气和技能的影响。运气好的时候，很多人都能从股市里赚钱，但这并不意味着他们以后就能靠投资吃饭。

事实上，要想判断任何一个投资策略的好坏，其难度远超只看表面显示的投资业绩。这背后有一个非常重要的原因，就是我们很难分辨一只基金的投资回报，有多少来自基金经理的能力，有多少来自运气。从统计学的角度来讲，要想明确区分能力和运气带来的回报，至少需要数十年，甚至更长的真实投资业绩数据。如果仅仅基于某基金过去3~5年的历史数据做判断，绝大部分情况下只是在瞎猜而已，和通过扔硬币猜正反面做决定没有多大的差别。

因此，一个对自己负责的投资者应该提高自己的知识程度，用统计知识和信息武装自己，这样才更有可能识破金融机构分发的各种宣传材料中隐藏的玄机，帮助自己做出更为理性的投资选择。

第9章 如何分清技能和运气

为了帮助大家理解投资中技能和运气的差别，先和大家分享一段我和美国杜克大学教授坎贝尔·哈维的对话。

哈维教授是美国杜克大学的金融学教授，也是2016年美国金融协会的主席。哈维教授在公司治理、行为金融、计量经济学、计算机科学等领域发表过120多篇顶级学术论文。他写的关于甄别基金经理的运气和技能的文章，连续两年获得《投资组合管理》（*Journal of Portfolio Management*）杂志最佳论文奖。他曾8次获得美国特许金融分析师协会颁发的格雷厄姆·多德奖（Graham and Dodd Awards of Excellence）。

运气和技能的差别

我们从哈维教授写过的一篇论文《评估交易策略》（*Evaluating Trading Strategies*）[1]说起。

---

[1] HARVEY R C, LIU Y. Evaluating trading strategies [J/OL]. The journal of portfolio management, 2014, 40 (5): 108-118 [2019-03-01]. https://www.pm-research.com/content/iijpormgmt/40/5/108.

我问哈维教授："在其他一些领域，比如物理学领域，确认一个新发现需要达到5倍标准差。但是为什么这个标准在金融学里没有被应用？业界好像只满足于2倍标准差？"

在这里，我先为大家稍微介绍一下这些统计学概念。

在统计学中，要想确认任何规律或者发现具有统计学意义，就需要计算该规律或者发现的t值和p值。

如果t值为2左右（比如1.96），那么其对应的p值（假设自由度够大）就为0.05左右。也就是说，该统计结果有效的概率为95%，即在这种情况下得到的统计结果有5%的概率是假象。这个标准称为"2倍标准差"要求。

在一些精确度要求比较高的计算和实验中，2倍标准差的误差率太高，因此实验人员需要提高确认结果的门槛，会采用3倍甚至5倍标准差。

从表9-1中我们可以看到，t值越大，p值越小，结果产生误差的概率也越小。如果一个规律或者发现的t值达到5，也就是5倍标准差，那么该结果有效的概率为99.999%。也就是说，标准差倍数越高，t值越大，实验结果越可信。

表9-1 t值、标准差倍数、p值与误差率之间的关系

t值	标准差倍数	p值	误差率（%）
2	2	0.05	5
3	3	0.003	0.3
5	5	0.00001	0.001

在哈维教授的文章中，他提到了希格斯玻色子（也被称为上帝粒子）。

早在20世纪60年代，英国科学家彼得·希格斯（Peter Higgs）就从理论上提出了"希格斯玻色子"存在的可能性。但是在实验中真正确认该粒子的存在则需要一直等到2013年。

2010年，意大利物理学家托马索·多里戈（Tommaso Dorigo）宣称，美国

费米国家加速器实验室的万亿电子伏加速器Tevatron可能已经发现了希格斯玻色子。但当时的发现仅限于3倍标准差,因此没有被科学界认可。直到2013年,欧洲核子研究组织确认发现希格斯玻色子时,其发现的可靠性已经达到了5倍标准差。因此这些物理学家才敢向世界大方宣布:我们终于证实了"上帝粒子"的存在。

为什么2倍标准差和5倍标准差相差很大?原因在于,科学家为了寻求某一个发现,可能进行成千上万次的实验。以希格斯玻色子为例,理论上该粒子仅会在每100亿次碰撞中产生1次。因此,为了证实希格斯玻色子的存在,物理学家设计的粒子对撞机需要重复上千万亿次数量级的碰撞。

在任何实验中都有运气的成分,因此就可能导致虚假的发现。重复实验的次数越多,碰到假象的概率就越高。这就是为什么物理学家需要把检验标准提高到5倍标准差,确保实验结果在统计学上能够过关。

5倍标准差的规则背后有着非常强的逻辑性。但是这个规则并没有被金融学所采纳。目前,绝大部分金融量化研究都是以2倍标准差作为接受实验结果的标准。这就导致很多金融研究得出的结论并不一定经得起推敲。

在哈维教授的论文中,他提到了一个非常有趣的例子,如图9-1所示。

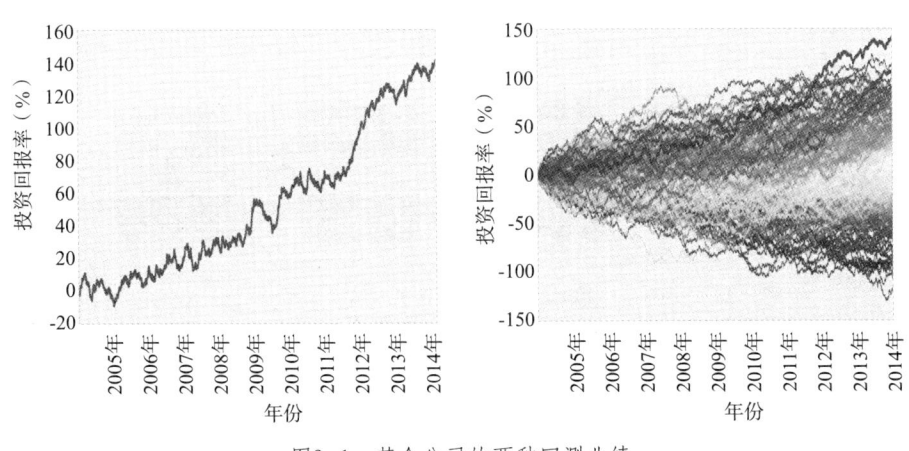

图9-1 基金公司的两种回测业绩

如果一家基金公司向投资者呈现图9-1中左侧的回测业绩，相信绝大多数投资者都会非常喜欢左图代表的交易策略。该交易策略有着非常稳定的投资表现，几乎没有任何大幅度的回撤。有的投资者可能会当即拍板：我决定投100万美元！

但事实的真相则是右图。原来研究人员做了200次随机回测，然后从中挑选出了一个表现最好的策略。对于投资者来说，他们只看到最好的策略回报，并没有看到其他199个表现更差的情况。由于这200个交易策略都是随机产生的，因此其未来的投资回报完全不可能重复，投资者接下来的投资回报和左图一样的概率几乎为零。

这个简单的例子告诉我们：即使没有任何技能，只要样本量足够大，也能产生足以"以假乱真"的投资业绩。

有些读者可能对上文提到的统计知识点不太理解，那么我在这里再和大家分享一个更为简单易懂的例子。

假设有1000只猴子参加扔硬币大赛。如果扔到"正面"，猴子就可以留下来继续参加下一轮比赛；如果扔到"反面"，猴子就会淘汰出局。每一轮大概都会有一半的猴子被淘汰。我们可以看到，在扔硬币大赛连续进行7轮后，大约会剩下7只猴子，如图9-2所示。

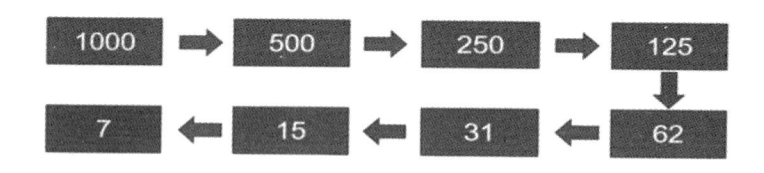

1000 → 500 → 250 → 125 → 62 → 31 → 15 → 7

图9-2 7轮比赛的猴子数量

如果我们检验这7只猴子的扔硬币记录，就会发现每只猴子都连续7次扔到了硬币的正面。任何一只猴子连续7次扔到硬币正面的概率都是很小的，于是这只猴子可能会告诉你："这和运气完全无关，而是我有一套扔硬币的秘籍。"聪明的读者，你会相信一只猴子有扔硬币的秘籍吗？

当我向哈维教授提到这个例子时，他完全赞同我的意见。哈维教授说道："如果现在有10000个基金经理，在10年后大约只会有10个基金经理连续10年跑赢大盘战胜市场。这完全是随机的，由运气决定，和基金经理的技能一点关系都没有，但这10个基金经理看起来都像股神。"

这就是哈维教授在他的论文中想要表达的意思。目前金融学使用的统计标准比其他学科落后太多，我们需要提高金融学确认投资业绩可靠性的标准。哈维教授提议，可以把2倍标准差提高到3倍标准差。提高了标准，就能够把仅凭运气获得投资回报的投资策略和基金经理排除在外，也能降低投资者买到一只"猴子基金"的概率。

如何应对量化交易策略中的随机性

相信很多读者比较感兴趣的问题是，作为普通投资者，如何提高自己的鉴别能力，降低自己买到"猴子基金"的概率。

哈维教授提到，很多金融机构在分析一个量化交易策略时，有一个不成文的规定，叫作"夏普比率减半"，即把对方提供的夏普比率减掉一半。

这是因为量化交易策略的基金经理提供给投资者的投资回报，都是他们经过成百上千次回测后，挑选出来的最好的交易策略。为了防止自己碰到"猴子基金"，投资者需要进行一定的"缩水"调整。

用这种简单粗暴的方法调整夏普比率，很多人可能会觉得不够科学。基金经理会说："这对我不公平。"有些投资者也会说："这会不会导致我们错过原本非常不错的量化交易策略。"在哈维教授的论文中，他提到了一个更加科学的调整夏普比率的方法。

对于非金融背景出身的读者，我会在这里稍微花点时间为大家科普其中涉及的专业概念。

夏普比率=超额回报/投资组合的波动率

夏普比率是用超额回报（投资回报减无风险利率）除以投资组合的波动率（标准差）得来的，该比率主要衡量的是"风险调整后收益"。

读者可以这么理解：夏普比率越高，说明该投资策略越好。（注：该理解方法只针对非金融背景出身的读者，是一个比较简单的理解方法。若要仔细研究，则还须分析夏普比率是如何得出的。这已经超出本书的范围，因此不再赘述。）

绝大部分比较专业的金融机构都会向投资者披露投资策略（或者基金）的夏普比率。哈维教授在他的论文中提出，我们应该对金融机构展示的夏普比率持怀疑态度，并进行合理的调整。

具体的调整细节涉及一些统计学知识，在这里和大家简单分享一下，有兴趣的读者可以阅读哈维教授的原著。在哈维教授的论文中，他甚至提供了计算机程序源代码，读者可以直接下载使用。

假设某基金的夏普比率为0.92，该基金来自一个包含200只类似基金的数据库。根据夏普比率，我们可以计算出其p值为0.4%。然后根据样本数量，调整p值。再用调整后的p值计算出调整后的夏普比率为0.08，比原来的夏普比率下降了91%。

这个简单易用的方法，可以帮助我们去除一些基金在宣传材料中显示的夏普比率的"水分"，让投资者获得更加真实客观的信息。

我向哈维教授提出，美国和中国量化研究的一大区别是，美国的金融历史数据量要丰富得多。美国的股市数据可以追溯到20世纪20年代，而中国的A股在20

世纪90年代才刚刚开始，中国第一只公募基金2001年才开始发售。这是不是意味着绝大部分基于中国市场的量化交易策略都很难通过严格的统计要求？

哈维教授的看法是：一般来说，确实数据越多，量化交易策略的可靠性越高。毕竟如果一个量化交易策略的样本量很小，那么其结果就有很强的偶然性，因此难以在未来复制。

对于像中国这样的新兴市场，有2个方法可以提高量化交易策略的质量。首先，增加样本量。由于历史数据有限，不可更改，因此研究人员只能关注数据频度。比如将研究的数据频度调整为每日股价变动、每小时股价变动甚至是每分钟股价变动。频度越密，数据量就越大。

其次，如果一些量化交易策略在发达国家已得到可行性验证，那么就可以考虑把这样的量化交易策略转移到像中国这样的新兴市场进行交易。由于在其他国家的市场中已经被验证可行，因此类似的量化交易策略在中国行得通的可能性要大得多。

绝大多数量化基金都是骗人的

在访谈中，我向哈维教授提出，虽然巴菲特通过"猴子"的案例提醒投资者不要被基金经理表面的业绩误导，但同时他也指出，有很多好的基金经理都来自同一个"村落"，即所谓的"价值投资村落"。在一次公开演讲中，巴菲特列举了不少这样的基金经理，包括沃尔特·施洛斯（Walter Schloss）、汤姆·科拿普（Tom Knapp）以及他自己。这些基金经理未必能做到3倍标准差或者更高的统计要求，但他们都是很优秀的基金经理。

这个例子是否说明，投资者在选择基金经理时，需要综合考虑该基金经理的投资风格和投资哲学做出判断？

哈维教授表示赞同。挑选好的基金经理，区分该基金经理的回报来自运气还是技能，是一件非常复杂的系统工程。很多大型机构比如养老基金、国家主权基金等都做不好，可见其难度之高。哈维教授在这个领域写的多篇文章都被评为年度最佳论文，他为这方面的研究做出了卓越的贡献。但事实上，真正能读懂并理解哈维教授文章的人，仅限于少数业内人士。这本身就凸显了要想挑选好的基金经理"难于上青天"的事实。然而很多个人投资者"无知者无畏"，反而觉得选择基金经理很容易，这实在让人哭笑不得。

截至2022年12月底，在中国证券交易二级市场的公募基金数超过10000只，外加80000多只私募股权基金。在美国的证券交易二级市场有近9000只公募基金。在如此众多的基金基数上，要想找出几只基金连续5年或者更长时间取得好的投资回报，并不是一件难事。甚至这些基金经理可能完全不需要任何技能，仅凭运气，也能连续多年获得好的回报。而对于投资者来说，他们以为自己买到了一只非常好的基金，其实只不过是把钱交给了一只幸运的"猴子"而已。

我向哈维教授请教，在这种情况下，普通投资者应该怎么做。特别是很多投资者一没有专业知识，二没有数据信息。在这种情况下挑选主动型基金，岂不是相当于靠天吃饭？普通投资者是不是应该放弃幻想，只购买那些低成本的指数基金？

哈维教授表示完全赞同。在他看来，中国这么多的公募基金中，至少有一半达不到专业标准，根本不值得投资。美国的情况更糟。在哈维教授的另一份研究中，他提到美国最多只有10%的公募基金经理有真正的投资技能。

对于普通的个人投资者来说，大部分人都有自己的本职工作，同时并非金融专业出身。个人投资者没有时间，没有专业技能，也没有数据信息帮助他们挑选基金。因此对于他们来说，更好的选择是购买低成本的指数基金。

在哈维教授写的《评估交易策略》一文中，他得出结论：

绝大部分在金融期刊上发表，或者向投资者兜售的主动型量化交易策略都可能是骗人的。基金公司售卖的投资产品有一半都是"假货"。

希望投资者可以从哈维教授的研究中学到有用的知识，提高自己的警惕程度，不要轻易坠入金融机构的销售陷阱，从而做出最有利于自己的理性投资决策。

第10章 理解均值回归

上一章我们讲到了投资中技能和运气的区别。现实中，运气对于投资回报的影响很多时候都会通过均值回归现象体现出来。在我和锐联财智主席许仲翔的对话中，我们对均值回归有过深入的探讨。许仲翔拥有加利福尼亚大学洛杉矶分校博士学位。在创立锐联财智前，他是锐联资产管理有限公司（Research Affiliates）的联合创始人和副主席。

什么是均值回归

假设我们只观察某只基金过去2~3年的表现，如此短的时间基金回报会带有很大的偶然性。并且在如此有限的样本量中，我们很难判断基金回报有多少来自基金经理的能力，有多少来自运气成分。

运气女神来得快去得也快。因此，如果投资者挑选过去3年业绩好的基金购买，其中一些基金很可能会因为"均值回归"现象，业绩回报开始下跌。这就是投资者通过"追涨"购买基金难以获得好回报的最主要原因之一。

举例来说，假设一位基金经理的真实投资水平如图10-1中的水平线。对于绝大部分投资者来说,他们无从得知这位基金经理的投资水平。投资者所能看到的只是他表现出来的投资业绩,如图10-1中的曲线。

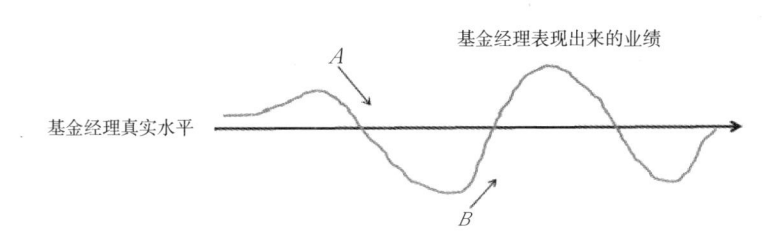

图10-1 基金经理的真实水平与投资业绩

现实中,一位基金经理的投资业绩受很多因素影响,比如自己的投资能力,以及其他一些随机因素,如运气、时机、他所掌握的数据和信息等。因此在大多数情况下,我们所看到的基金经理的投资业绩,会以一条围绕其真实投资水平的曲线形式表现出来。有时候,基金经理的投资业绩好于其投资水平;有时候,基金经理的投资业绩差于其投资水平。

如果被检验的时间够长、样本量够大,那么基金经理的业绩应该在其真实投资水平上下波动,不会长时间偏离其投资水平。也就是说,基金经理连续多年表现出强于其投资水平的投资业绩,或者连续多年获得低于其投资水平的回报,都是小概率事件。更有可能发生的情况是时好时坏。

这就是典型的均值回归现象。当基金经理获得超过其投资水平的投资业绩时(比如图10-1中的A点),那么接下来更大的可能是他的投资业绩会变差,因为投资业绩会回归他的投资水平。或者当基金经理获得低于其投资水平的投资业绩时(比如图10-1中的B点),那么接下来更大的可能是触底反弹,他的投资业绩会回归投资水平。

这个道理在学生考试、运动员跑步等事件上都是类似的。比如学生平时考试的真实水平是85分左右,那么当他有一次超常发挥考到100分时,家长不应该过度兴奋，因为在接下来的考试中，学生的成绩更有可能回归其平均水平，即85分左右。

对均值回归的理解不够透彻，会给一些家长造成"打孩子"有奇效的错误印象。比如一个孩子平时一直考85分左右，但有一次考试失常仅得了60分。家长非常愤怒，打了孩子一顿。接下来的考试中，孩子的分数回到了85分左右。于是家长误以为自己打孩子打出了效果，其实这只不过是"均值回归"而已。

在基金经理的投资业绩，以及不同大类资产的投资回报中都有相当程度的"均值回归"现象，值得广大投资者注意。

追涨杀跌的投资陷阱

如果缺乏对"均值回归"的理解，那么投资者就有可能坠入追涨杀跌的投资陷阱。看到过去3—5年某个基金的投资表现不错，投资者受不了诱惑也跟风买进。但是如果有太多的投资者都购买同一个资产，不管是房子还是股票，或者风险因子，该资产的价格很可能会被推高，造成潜在的泡沫。防止自己被卷入泡沫的方法之一就是注重多元分散，通过多因子策略投资，不要用资金集中购买同一种资产或者风险因子。

基于投资者喜欢追涨杀跌的投资习惯，我提到了许仲翔和其他作者之前写的一篇专门分析该问题的学术论文[1]。

如图10-2所示，许仲翔他们发现在过去22年（1991—2013年）中，美国基金投资者的实际投资回报率（资金加权回报）仅为每年6.87%左右。而同期所有基金的时间加权回报率为每年8.81%左右，同期标准普尔500指数的年回报率为

---

[1] HSU J, MYERS B, WHITBY R, MACK J B. Timing poorly: a guide to generating poor returns while investing in successful strategies [J/OL]. The journal of portfolio management , 2016, 42 (2): 90-98 [2019-04-05]. https://jpm.pm-research.com/content/42/2/90.

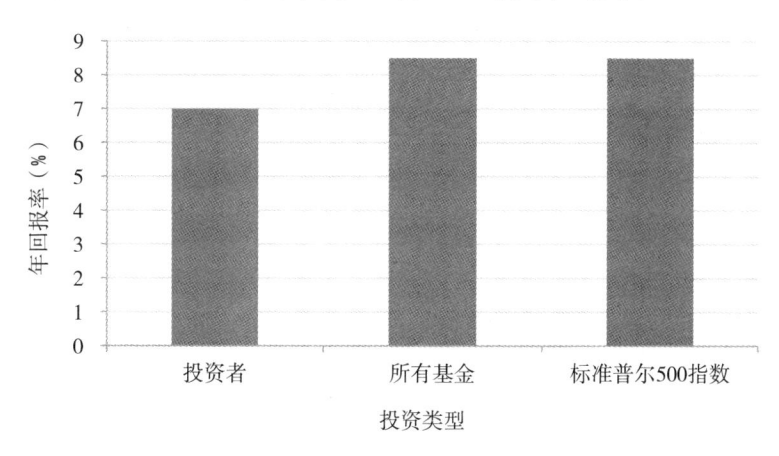

8.97%。投资者因为追涨杀跌每年损失了接近2%的投资回报率。

图10-2　美国投资者年回报率对比（1991—2013年）

也就是说，如果投资者每次都挑选过去3年表现优异的基金买入，并且每年轮换（卖出排名低的基金，以排名好的基金替换），那么其投资回报就会让人非常失望。投资者使用这种策略无法获得好的投资回报有很多原因，其中一条便是均值回归。

主动投资是零和博弈

在我和许仲翔的对话中，他特别强调投资者需要明白一个重要道理，即主动投资是一场零和博弈。如果有人获得了超额回报，那么就一定有人会蒙受超额损失。让我们假设市场平均回报率为10%，在这种情况下如果投资者战胜市场，获得了30%的投资回报率，也就是获得了20%的超额回报，那么就一定有人损失了20%的超额回报，即净回报为-10%。

许仲翔提到的这一点和第6章中威廉·伯恩斯坦的投资哲学高度一致。我们需要时刻扪心自问：我有什么优势可以从其他投资者的口袋抢得超额回报？我比对方更聪明还是有更快的消息，或者更准确的判断？仔细想想就不难得出结论：如果自己没有任何优势，那么很可能会沦为被割的"韭菜"。获得最多超额回报的聪明人，一定是资金实力最强大、信息优势最明显、知识储备最雄厚、科技手段最先进的机构投资者（比如优秀的对冲基金经理）。普通投资者和这些机构对弈，胜算是非常渺茫的。

问题在于，那些拥有信息、数据、知识和科技优势的"聪明钱"，其智商也很高，不太可能把自己的投资能力无偿转让，因此他们在出租自己的投资能力时会收租金。如果投资者选择购买主动型基金，那么投资者最后拿到手的净回报就需要扣除基金经理的收费。根据晨星公司的研究显示，预测某一只主动型基金未来的投资回报，最管用的指标就是该基金的收费。基金的收费越高，投资者获得的回报就越差。这个指标的准确度甚至比晨星公司自己的星级评分系统都更管用。因此，控制成本是所有投资者应该牢记的最重要的投资原则之一。

投资者在涉足资本市场进行投资前，需要先问自己："我到底有什么优势？我有没有受到过度自信的影响，高估了自己的投资能力？"如果你觉得自己是"巴菲特或者索罗斯第二"，那么最大的可能性是你确实高估自己了。

如果没有证据显示自己有战胜市场的能力，投资者就应该放弃挑选个股，选择购买基金。投资者可以选择购买低成本的指数基金，或者有选择地购买主动型基金。

如果想要挑选主动型基金，投资者就更应该加强自己的知识储备。在中国的证券交易二级市场中的主动型公募基金，比在证券市场上市的公司数量还多，因此挑选主动型基金的难度丝毫不比选股低。充分理解运气和技能的差别，理解基金经理获得超额回报的方法，基金投资策略带有的风险，严格控制自己的投资成本，这些都是投资者想要通过购买主动型基金获得超额回报的基本条件。如果这些知识都不具备，就贸然投资主动型基金，投资者就坠入了过度自信的行为陷阱。

第11章　清楚自己的真实回报

在上一章中，我为大家解释了均值回归的概念，并且分析了为什么投资者会坠入追涨杀跌的投资陷阱。事实上，正是由于这个原因，众多投资者的投资回报受到了极大的拖累。

为了更好地讨论这个问题，我采访了这方面的行业专家，美国埃默里大学商学院的伊利亚·迪切夫（Ilia Dichev）教授。迪切夫教授是研究公司财报、资本市场和金融市场有效性的行业专家。他曾在多家顶级研究期刊发表过多篇学术论文，这些期刊包括：《会计评论》（*The Accounting Review*）、《会计与经济学杂志》（*Journal of Accounting and Economics*）、《金融学杂志》（*The Journal of Finance*）、《商学杂志》（*Journal of Business*）和《美国经济评论》（*American Economic Review*）。

投资对冲基金的真实回报

在访谈中，我们一开始聊到了迪切夫教授写过的一篇学术论文：《高风险、低回报：对冲基金投资者获得的真实回报》（*Higher risk lower returns: what hedge fund investors really earn*）[1]，然后讨论了投资者在投资基金时最容易犯的各种错误，以及基金行业的一些"忽悠"大法。最后，我们探讨了普通投资者应该如何做出更聪明的投资决策。

迪切夫教授的研究显示，在1980—2008年间，全世界对冲基金投资者的资金加权收益率为每年6%左右。同期标准普尔500指数的收益率为每年10.9%，购买美国30天短期国债（无风险利率）的收益率为每年5.6%，这些统计结果如图11-1所示。

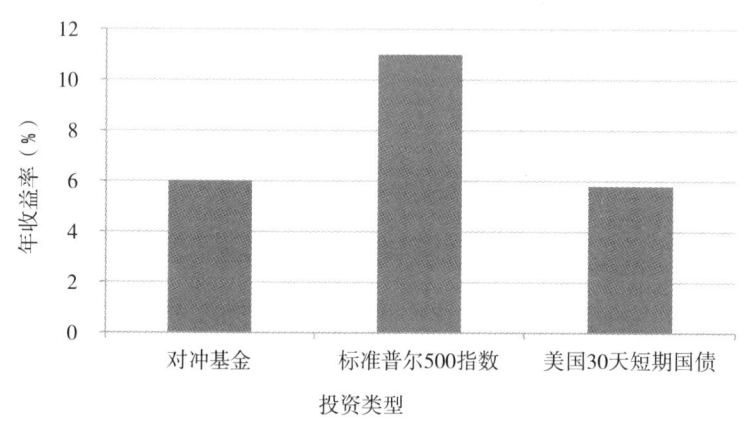

图11-1 不同投资的年收益率（1980—2008年）

这个研究告诉我们，花那么多时间反复研究复杂的对冲基金的"高大上"投资者，和一个只会购买国库券的"投资傻瓜"获得的投资回报差不多。在1980—2008年的28年间，如果这些"高大上"投资者放弃研究对冲基金，而是老老实实地购买一只低成本指数基金，比如标准普尔500指数基金并且长期持有，那么他们获得的投资回报要比购买对冲基金高83%。

我质疑道："投资对冲基金的大都是专业的养老基金、大学基金会、国家主

---

[1] DICHEV D I, YU G. Higher risk, lower returns: what hedge fund investors really earn [J]. Journal of financial economics, 2011, 100 (2): 248-263 [2019-05-20].

权基金，以及一些有钱人。他们都是'聪明人'，掌握着大量资金，为什么投资回报会这么差？很多对冲基金的销售人员也经常用这个理由说服投资者：'你看，某某养老基金、某某国家主权基金都购买了我们的基金，他们会是笨蛋吗？如果我们的投资策略不优秀，这么多"聪明钱"怎么会投资我们？'"

迪切夫教授笑了笑回答道："我的研究结果已经写在那篇论文中了。我的研究显示，对冲基金投资者的真实回报就是那么多。"

我进一步追问："那么造成这个结果，到底是什么原因？这些大型机构雇用了成百上千的专业人士，他们中的很多人还都毕业于常春藤大学，有博士学位，难道这些专业人士没有创造任何价值吗？"

迪切夫教授解释道："早年间，投资对冲基金的回报是非常好的。但是随着对冲基金管理的资金规模越来越大，投资对冲基金的投资者越来越多，其投资回报也每况愈下。毫不夸张地说，对冲基金经历了一个大众化的过程。如果一种投资产品趋向大众化，进入门槛一降再降，那么其投资回报不佳似乎也不那么让人意外了。"

如何正确计算投资回报

在迪切夫教授的论文中，他提出用资金加权收益率，而不是时间加权收益率衡量投资者的回报。

这是一个非常重要的概念。对于非金融背景出身的读者，我会在这里先为大家解释一下。

绝大多数基金发放的宣传材料中列出的投资回报数据都是时间加权收益率。

举例来说，假设某只基金的初始投资金额（第0年）为100万元，接下来3年的投资回报率分别为10%、-5%和7%，那么该基金的净值在第3年年末就为111.815万元。

基于这些数据，我们可以算出该基金在前3年的时间加权收益率约为每年3.79%左右，[1]如表11-1所示。

表11-1 基金的时间加权收益率

项目时间	第1年	第2年	第3年
回报率（%）	10	-5	7
净值（万元）	110	104.5	111.815
时间加权收益率（%）	3.79		

我们平时看到的绝大部分基金的宣传材料，其计算投资回报时使用的都是这种方法。这种计算方法有一个非常重要的基本假定，即从第一天开始投资额就稳定不变，投资过程中没有发生过追加投资或者赎回的情况。

但我们知道，现实生活中投资者在基金成立的第一天就把所有钱投入基金，然后一直持有的情况非常少见。绝大部分情况下，投资者会先看该基金的历史业绩，然后等到第4年、第5年或者更久以后才投资该基金。在决定投资该基金的资金量时，投资者一般会视情况而定。如果该基金连续一两年表现良好，那么投资者可能会追加投资；而如果该基金连续一两年表现比较差，投资者可能会赎回一部分资金，甚至全盘卖出。

在这种现实情况下，投资者的真实回报就不是宣传材料所显示的"时间加权收益率"那么简单了。事实上，要衡量投资者的真实回报，还需要用到另一个概念，即资金加权收益率。资金加权收益率是考虑了投资者的现金流之后，计算出来的投资者实际拿到手的真实回报率。

这里有一个简单的案例。假设该基金在2年中回报率分别为10%（第1年）

---

[1] （111.815/100）^（1/3）-1≈3.79%。

和-5%（第2年），那么该基金的时间加权收益率为每年2.22%左右。[1]

如表11-2和表11-3所示，假设投资者在第1年花了10000元购买该基金。由于该基金回报不错，赚了10%（1000元），投资者非常高兴，于是在第2年追加投资100000元。

但是很可惜，投资者运气不佳，该基金在第2年亏了5%。

如果算总账，那么投资者在第1年赚了1000元，在第2年亏了5550元，因此2年净亏4550元，所以投资者的投资回报应该是负的。但是投资者的时间加权收益率为2.22%，无法反映投资者亏钱的事实。

而投资者的资金加权收益率为-3.85%[2]，完全可以反映投资者亏钱的事实。

表11-2 投资者2年的投资对比

项目	数据	项目	数据
第1年投资（元）	10000	第2年追加投资（元）	100000
第1年净值（元）	10000	第2年净值（元）	111000
第1年投资回报率（%）	10	第2年投资回报率（%）	-5
第1年年底净值（元）	11000	第2年年底净值（元）	105450
第1年净回报（元）	1000	第2年净回报（元）	-5500

表11-3 投资者的时间加权收益率和资金加权收益率

项目时间	第1年	第2年
年收益率（%）	10	-5
净值（元）	11000	105450
时间加权收益率（%）	2.22	

[1] （104.5/100）^（1/2）-1≈2.22%。
[2] 由于资金加权收益率的计算公式过于复杂，本书不做过多展示。读者可以把投资者每年的现金流输入电子表格（Excel），使用Excel中的IRR公式计算资金加权收益率。

(续表)

项目时间	第1年	第2年
资金加权收益率（%）	\-3.85	

这个例子告诉，时间加权收益率和资金加权收益率是两个完全不同的概念。对于投资者来说，其真实的投资回报应该是资金加权收益率。根据迪切夫教授的计算，基金投资者的实际回报，也就是他们的资金加权收益率，比基金行业披露的时间加权收益率要差很多。

如图11-2所示，无论是对冲基金、母基金，还是商品交易顾问，投资者获得的实际投资回报（资金加权收益率）都明显落后于基金的时间加权收益率。

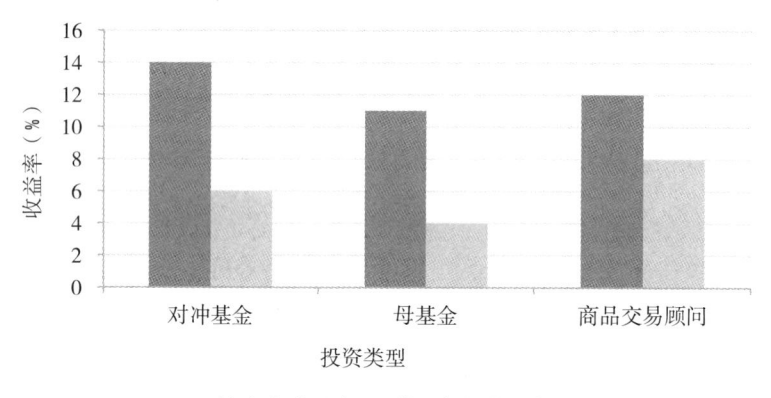

图11-2　不同投资类型的实际加权收益率和时间加权收益率对比

那么造成投资者时间加权收益率落后的原因是什么？迪切夫教授指出，这主要是源于投资者追涨杀跌的投资习惯。

投资者喜欢追涨杀跌

目前，全世界的对冲基金数以万计，再加上各种公募基金、私募股权基金，投资者面临的选择可以说五花八门。一般来说，一只基金会受到投资者的关注，往往是在它取得了非常夺目的业绩回报以后。

以做空次级抵押贷款一战成名的对冲基金经理约翰·保尔森（John Paulson）为例。2007年，保尔森管理的对冲基金由于做空次级抵押贷款获得了丰厚的回报，其基金回报业绩达到150%，保尔森一下就成为各大媒体争相报道的对象，他的故事被写进各种书籍，被拍成电影。

从那以后，保尔森的基金受到了众多投资者的追捧。因此他管理的资金规模迅速上涨，从2007年的50亿美元左右一路上升到2011年的350亿美元左右。

遗憾的是，2011年保尔森管理的约翰·保尔森优势加基金基金亏损50%。2012年该基金再度亏损20%，如图11-3所示。

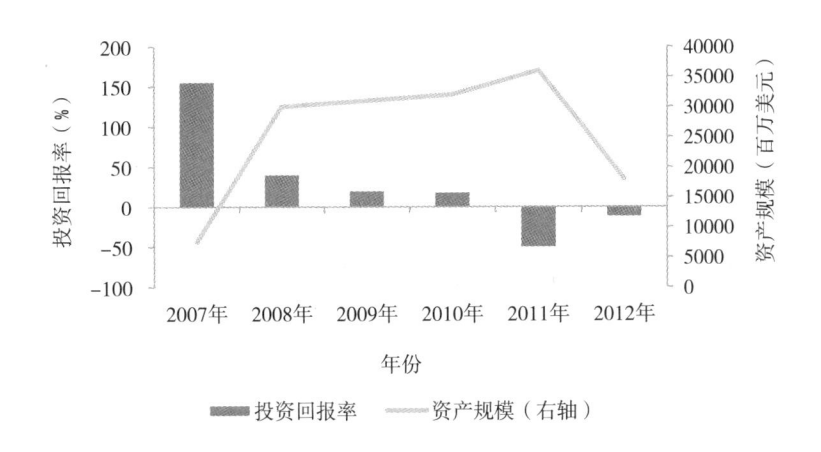

数据来源：《华尔街日报》

图11-3 约翰·保尔森优势加基金的资产规模及投资回报率

如果我们只观察约翰·保尔森优势加基金的时间加权收益率，那么其投资回报还算可以。因为即使在2011年和2012年连续亏损50%和20%，但是由于2007年的高额回报（150%），总体上说该基金的业绩回报还是正数。

但是如果我们计算该基金的资金加权收益率，就会得出完全不同的结论。主要原因在于，保尔森管理的资金绝大部分都是在2008年和2009年之后进来的，这些资金并没有享受到2007年的丰厚回报，但却遭受了2011年和2012年的巨大损失。所以以资金加权的方法计算，约翰·保尔森优势加基金的投资者亏多赢少。

这样的例子还有很多，拙作《投资常识》中有专门章节进行了详细分析，有兴趣的读者可以翻阅。

追涨杀跌是人类的天性。当你面临一大堆不同的基金时，会选择过去几年赚钱的基金，还是亏钱的基金投资？绝大部分投资者可能很难抵挡某只基金在过去几年取得的高额回报的诱惑。

我对迪切夫教授说道："您的研究显示，基金投资者拿到手的实际投资回报不及时间加权收益率，这看上去好像并不是基金经理的错，而是投资者自己的错。基金经理可能会说：'我是能够获得超额回报的，但是投资者自己不争气，非要追涨杀跌，非要在错误的时间买进卖出，因此他们是咎由自取，得不到好的回报只能怪自己。'"

对于这种说法，迪切夫教授的看法是："首先，像我做的学术研究，由于其高度专业，需要一定时间才能被大众关注、理解并且消化。到目前为止，在很多人的印象中，对冲基金依然能够给他们带来梦幻般的投资回报。但是我想通过我的研究成果提醒大家，在投资任何一只对冲基金前，都需要理解自己购买的基金到底是怎么回事，附带哪些风险。这是投资者需要做的第一件重要的事情。

"其次，不光是我的研究，还有其他研究都显示，对冲基金经理的收入非常优厚，但是对冲基金的投资者却未必如此，这是一个被很多人忽略了的事实。西蒙·拉克对对冲基金投资者回报的研究也得出了类似的结论（本书第8章）。"

我向迪切夫教授提问道:"有些基金经理会告诉投资者,根据研究显示,投资者通过择时投资基金基本没有什么好结果。投资者往往会在高点买入,低点卖出。所以为了改善你的投资回报,我会要求你将资金在我的基金里锁定×年。在这×年的锁定期里,你不能追加投资,否则就不能把钱要回去,并且一定要等到锁定期满后才可以赎回资金。您觉得这样的方法是在帮投资者,还是在害他们?"

迪切夫教授的意见是:"如果投资者对投资项目有着充分的认识,那么锁定期确实可以帮助投资者纠正行为偏见,并取得更好的投资回报。"

行为偏见源于人类的本能反应,因此要想消除是非常困难的。几乎每个人都会受到贪婪(市场上涨时)和恐惧(市场下跌时)的影响,这也是为什么会有这么多人在错误的时间买进卖出。

迪切夫教授提到了电影《大空头》中的一个桥段。电影中的对冲基金经理麦克·贝瑞(Michael Burry)做出了正确的判断,做空次级抵押贷款。但是他的投资者投资周期比较短,无法容忍基金在短期内有所亏损,因此要求撤出资金。到最后,即使麦克·贝瑞做出了正确的判断,那些撤出资金的投资者也没能从中赚钱。在这个例子中,被强行锁住的投资者反而可以获得更好的投资回报。

当然,锁定期并不适合所有投资者。毕竟,像使麦克·贝瑞这样到最后被证明是正确的基金经理凤毛麟角,还有很多对冲基金在2008年金融危机时蒙受了巨额损失。对于那些对冲基金的投资者来说,资金被锁定就成了一个噩梦。

因此,在购买任何有锁定期的基金前,投资者需要先做足功课,充分了解基金经理的投资方法、涉及的投资风险等。如果没有了解清楚就贸然投资,那么到时候想要赎回资金却拿不到钱,这样的处境是非常让人痛苦的。

给投资者的建议

在访谈的最后，我请迪切夫教授向中国读者分享了一些他的投资建议。

迪切夫教授给出了以下建议：

（1）控制投资成本，选择购买那些费用率最低的投资品种。

（2）注重长期坚持，要有耐心。

（3）只购买那些简单易懂的金融产品。尽量避免购买带有衍生品（比如期权）或者杠杆的复杂理财产品。

（4）通过多元分散的投资方式降低投资风险。必须牢记，只购买那些能让自己晚上睡个安稳觉的金融产品。

迪切夫教授特别强调，作为投资者，我们很难控制投资回报，我们能够控制的是投资成本。所以我们应该选择低成本的指数基金，然后耐心地长期持有。很多研究都指出，只要投资者坚持、耐心地持有低成本指数基金，多年以后就可以得到比大多数人更好的投资回报。从投资类别来讲，对冲基金是收费比较昂贵的投资品种，并不适合每个投资者。

第12章 投资界的"造神运动"

从美国的乔治·索罗斯，到中国的张磊，投资界从来都不缺明星。不管是华尔街的大型金融机构，还是各路新闻媒体，都对投资界的"造神运动"乐此不疲。

这种现象的背后有2个主要原因。首先，投资者喜欢崇拜"股神"。这些英雄人物头顶耀眼的光环，让人感觉他们可以点石成金，因此把自己的积蓄交给这些"股神"打理总没错。

其次，新闻媒体需要吸引眼球的故事。大家喜欢看那些有过人胆识的投资奇才"众人皆醉我独醒"，凭借一己之力提前预判将要出现的风口，并且从中赚取高倍投资回报的传奇故事。

因此，我们经常会在媒体上看到各种关于投资大咖"神乎其神"的报道。但是这些"股神"究竟是真有拿得出手的绝活，还是徒有虚名，只是被炮制出来忽悠金融"小白"而已？这一章就来帮助大家分析这个问题。

最神秘的明星：詹姆斯·西蒙斯

文艺复兴科技公司是世界上名气最响的对冲基金公司之一，其创始人詹姆斯·西蒙斯堪称传奇人物。他有很多外号，比如"华尔街最赚钱的数学家""全球最赚钱的基金经理""量化交易之父"等。根据彭博亿万富翁指数显示，西蒙斯在2023年身家大约为280亿美元，能够排进世界百大富豪榜。

文艺复兴科技公司的旗舰产品是一只叫作大奖章（Medallion）的对冲基金。该基金成立于1988年，是一只典型的量化"黑盒子"基金。大奖章基金的交易策略都是基于复杂的电脑程序和算法，外人无从知道它的交易规则。大奖章基金（在向外部投资者关闭之前）也是世界上收费最贵的对冲基金之一，其年管理费为5%，基金经理的业绩提成44%。

根据彭博社的报道，从1988年到2015年，大奖章基金每年的平均净投资回报高达40%。因此，即使该基金收费再贵，想要投资大奖章基金的投资者也排成长队。问题在于，从1993年开始，大奖章基金不再对外部投资者开放，只有文艺复兴科技公司的现任和前任员工才有资格购买。2005年，大奖章基金最后一位外部投资者的股份被买断，从此以后，没有外人再见过大奖章基金的真实业绩。现在媒体和网络上流传的大奖章基金业绩，都是文艺复兴科技公司自己披露的。

文艺复兴科技公司除了管理大奖章基金，还管理着3只小奖章基金，分别是：

（1）文艺复兴机构股票型基金，成立于2005年。

（2）文艺复兴机构期货基金，成立于2007年，2015年被关闭。文艺复兴科技公司对关闭该基金的解释是"投资者兴趣不高"[1]。

（3）文艺复兴机构多元阿尔法基金，成立于2012年。

---

[1] HERBST B S. Renaissance technologies to shut small hedge fund: sources [EB/OL]. (2015-10-14) [2019-06-04]. http://www.reuters.com/article/us-hedgefunds-renaissance-idUSKCN0S72SG20151013.

这3只基金都是外部投资者可以投资的，因此有时候也被称为小奖章基金。

有些读者可能会问："为什么文艺复兴科技公司会选择关闭主基金（大奖章基金），而选择开放销售其他基金（小奖章基金）？"

主要原因有2个。首先，任何一个好的交易策略，如果确实能够产生超额回报，那么它一定有容量限制。大致来讲，一个投资策略管理的资金量越大，其产生超额回报的难度就越高。因此任何一个好的投资策略，不管是在证券交易一级市场还是二级市场，都会在到达一定规模后关闭，不再接受追加投资。

其次，肥水不流外人田。假设你家里有一台印钞机，你愿意和其他人一起分享吗？文艺复兴科技公司的基金经理那么聪明，自然不会不明白这么简单的道理。

下面为读者朋友具体分析一下小奖章基金中的RIEF基金。

投资者需要明白的第一件事是，这只所谓的小奖章基金和文艺复兴科技公司的大奖章基金完全是两个概念。大奖章基金是多策略的量化基金，其投资的资产类别、市场、策略、算法都是完全保密的。除了文艺复兴科技公司内部的高管，没有人知道关于该基金的任何内部信息（甚至投资回报也只有他们自己知道）。

RIEF基金则不一样，该基金的投资标的是在证券交易二级市场上流动的股票（以美国股票为主）。也就是说，这是一只量化选股基金。为了提高投资回报，该基金会采用做空和杠杆的方式。根据其宣传材料显示，该基金的投资目标是长期获得比标准普尔500指数高4%~6%的投资回报。

文艺复兴科技公司的销售策略值得我在这里专门提一下。事实上，大众和媒体所知道的关于文艺复兴科技公司以及大奖章基金的信息非常少，就连其投资回报都是文艺复兴科技公司自己披露的。各大媒体的报道集中于文艺复兴科技公司极富传奇色彩的创始人、充满神秘色彩的"量化黑盒子"，以及年收入超十几亿美元的基金经理上。在其"伟大的基金经理"的光环之下，文艺复兴科技公司想要销售这些和大奖章基金完全无关的小奖章基金就容易多了。

很多投资者可能都不知道大奖章基金和小奖章基金到底有什么区别。曾经有一位读者在跟我通电话时，兴奋地告诉我他买到了大奖章基金。我当时非常惊讶，因为我知道该基金从1993年开始就对外部投资者关闭了。后来我让这位读者再仔细检查一下，确认他买到的到底是哪只基金，谨防受骗。检查之后，他告诉我，原来他购买的是RIEF基金，而非真正的大奖章基金。

现在我们回到RIEF基金上。从投资策略来看，RIEF基金是一款以击败指数基准为目标的投资产品，有点类似于国内的"指数增强"基金。其核心投资目标是"战胜指数"，而不是获得"绝对回报"。战胜指数的意思是不管市场涨跌，只要基金回报超过指数基准就可以了。在熊市市场下跌时，基金的目标就是跌得少一些；在牛市市场上涨时，基金的目标就是涨得更多一些。对于投资者来说，这样的基金提供的是相对回报。

如果想要购买这样一只基金，投资者需要支付多少费用？下面我通过表12-1和大家分析一下。这是国内某第三方理财机构在2017年向其投资者销售的RIEF基金的费用率明细。

表12-1　RIEF基金费用率

费用明细	费用率（%）	收取方法
申购费	1	一次性
第三方理财机构管理费	1	每年
平台基金管理费	0.55	每年
底层基金管理费	0.5	每年
底层基金业绩报酬	10	每年

数据来源：某第三方理财机构

大家可以看到，投资者需要先支付1%的一次性申购费。然后，投资者需要每年支付给文艺复兴科技公司0.5%的管理费和10%的业绩分成，以及第三方理财机构1.55%的管理费（1%的第三方理财机构管理费+0.55%平台基金管理费）。把这些费用加起来，就是1%的一次性申购费、每年2.05%的管理费和10%的业绩分成。

付出了这些费用后，投资者可以得到多少回报？

如图12-1所示，根据基金宣传材料中披露的RIEF基金的历史业绩，我们可以看到该基金自成立以来，其投资回报确实战胜了标准普尔500指数。从2005年8月到2017年2月，RIEF基金的历史回报为每年10.35%左右，而同期标准普尔500指数的回报率为8.03%左右，如图12-1和表12-2所示。

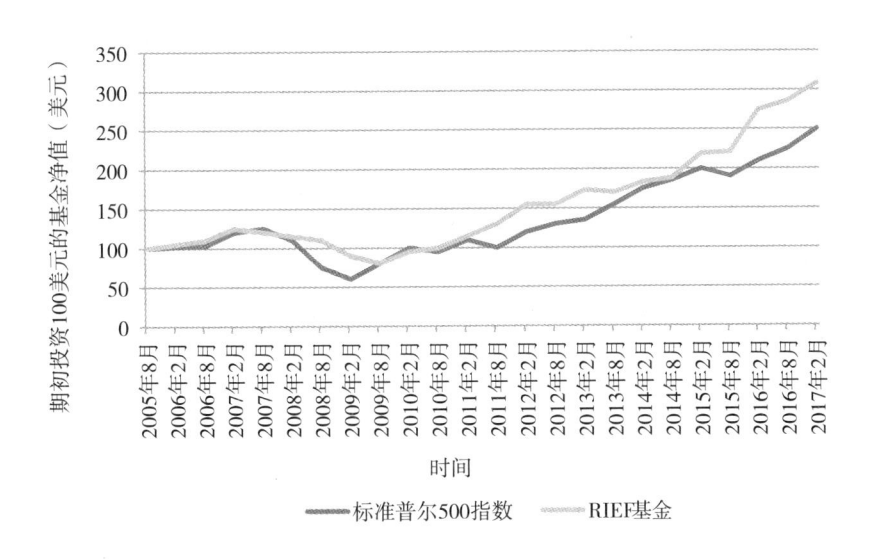

数据来源：某第三方理财机构

图12-1　RIEF基金与标准普尔500指数投资回报（2005年8月—2017年2月）

表12-2　RIEF基金与标准普尔500指数历史年回报率（2005年8月—2017年2月）

项目	标准普尔500指数	RIEF 基金
历史年回报率（%）	8.03	10.35

一只基金在扣除基金经理的管理费和业绩分成之后，能够在10多年的时间里战胜市场基准，是一件非常不容易的事情。特别是期间还经历了2008年的金融危机，这样的主动型基金非常稀少。

当然，该基金一开始设定的目标是投资回报率每年超过标准普尔500指数4%~6%。截至2017年4月，该基金达到的业绩为每年超过标准普尔500指数2.3%，仅仅是目标的一半。因此，从这个角度来讲，可能有些投资者会感到失望。但不管怎么说，能够在长达10多年的时间内战胜市场，这样的主动型基金确实属于少数。

但是我们不要忘记，在RIEF基金的基础上，投资者还需要支付第三方理财机构的管理费。如果把这些费用（1%的一次性申购费，以及每年1.55%的管理费）扣除，那么投资者能够获得的净回报率如表12-3和图12-2所示。

表12-3　RIEF基金与标准普尔500指数历史净回报率（2005年8月—2017年2月）

项目	标准普尔500指数	RIEF基金扣除第三方理财机构费用后
历史净回报率（%）	8.03	8.57

扣除第三方理财机构的费用后，在这10多年的时间里，RIEF基金还是能够战胜市场基准（每年平均超额回报0.5%），只是其战胜市场的超额回报非常有限，和基金一开始宣传的4%~6%的超额回报相差甚远，和文艺复兴科技公司的旗舰产品大奖章基金更是有天壤之别。

从RIEF基金的案例中投资者可以学到哪些教训？

（1）善于推销的基金公司都有一套自己的市场推广方法。文艺复兴科技公司依靠其非常神秘的大奖章基金，赢得了很多投资者的青睐。但到最后，投资者买到的是和大奖章基金没关系的小奖章基金。

图12-2 扣除第三方理财机构费用后RIEF基金与标准普尔500指数投资回报（2005年8月—2017年2月）

数据来源：某第三方理财机构

（2）在分析任何一个投资产品时，我们要时刻牢记"投资成本"4个字。越复杂的投资产品，其涉及的法律架构以及金融衍生品越难让人理解，因此也更可能蕴藏各种各样看不见的费用。将这些费用逐一扣除后，投资者拿到手的投资回报和一开始看到的费前回报可能相差很远。一个聪明的投资者需要严格控制自己的投资成本，最大限度地保护自己的投资回报。

次贷危机造就的明星：约翰·保尔森

约翰·保尔森声名鹊起源于2008年的次贷危机。约翰·保尔森毕业于哈佛大学，但是其在华尔街的职业投资之路一直波澜不惊，鲜有出彩，直到次贷危机的发生。

由于做空美国的次级抵押贷款，约翰·保尔森的基金在2007年取得了超过150%的超级回报，是该基金历史上最好的业绩。一夜之间，约翰·保尔森的名号传遍华尔街的大街小巷，要把钱交给约翰·保尔森管理的投资人纷至沓来，他的门槛都要被踏破了。

约翰·保尔森管理的基金规模从2007年的50亿美元左右一路上升到2011年的350亿美元，约翰·保尔森管理的基金也成为美国最大的对冲基金之一。

但是好景不长。2011年，约翰·保尔森管理的基金亏损50%。2012年，其基金再度亏损20%。也就是说，在他管理350亿美元时，仅2年时间就亏了70%，约合210亿美元。2007年，在他管理50亿美元资金时，其投资回报率为150%，为投资者赚了75亿美元。也就是说，约翰·保尔森在2011年和2012年连续2年亏的钱，可能比他这辈子为投资者赚的钱都多。由于回报不佳，约翰·保尔森管理的基金规模在2019年下跌到90亿美元左右，其中绝大部分是他自己的资金。

2020年7月，约翰·保尔森宣布退出对冲基金管理行业，不再接受外部投资者的资金，只继续管理自己的资金。

高学历明星：约翰·赫斯曼

1992年，约翰·赫斯曼（John Hussman）获得斯坦福大学博士学位，在创建自己的基金公司之前，他曾经是美国密西根大学国际贸易和金融系的教授（1992—1999年）。

2000年，约翰·赫斯曼弃学从商，开始管理并销售自己的基金赫斯曼策略增长基金。在该基金发起的头10年，他创造了一个让很多人钦佩的成功故事。

从图12-3中可以看到，在2001—2008年间，HSGFX多数年份战胜了标准普尔500指数。在2008年的金融危机中，美国股市下跌了40%，而该基金仅下跌10%左右，堪称业界翘楚。

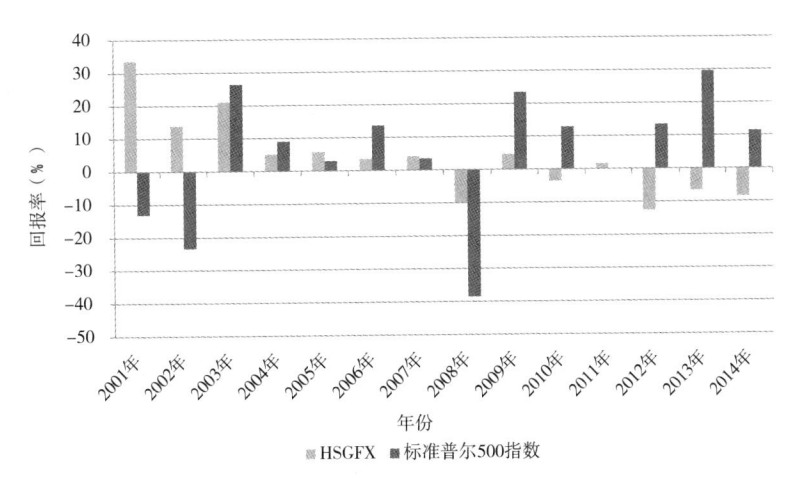

数据来源：《华尔街日报》、晨星公司

图12-3 HSGFX的历史投资回报率

受到如此优异业绩的鼓舞，HSGFX管理的资金规模迅速上升，在2010年和2011年达到了60多亿美元。

但是从2009年开始，HSGFX的业绩出现反转。在2009—2014年间，该基金每年的业绩大多数不如标准普尔500指数。

从图12-4中我们可以看到，深色线代表的HSGFX从2009年开始呈现向下的趋势，而浅色线代表的标准普尔500指数则连续上涨。HSGFX在一开始跑赢的标准普尔500指数超额回报，在2012年就全部还了回去，并且在接下来的几年继续表现不佳。

在该基金连续亏损多年的同时，其管理的资金规模也一路下降。根据晨星公司提供的信息，截至2016年12月8日，HSGFX管理的资金规模下降到4.8亿美元左右，和2010年的鼎盛时期已经不可同日而语。

管理基金的还是约翰·赫斯曼本人，那么这只基金到底发生了什么？为什么前8年和后面的业绩相差这么大？

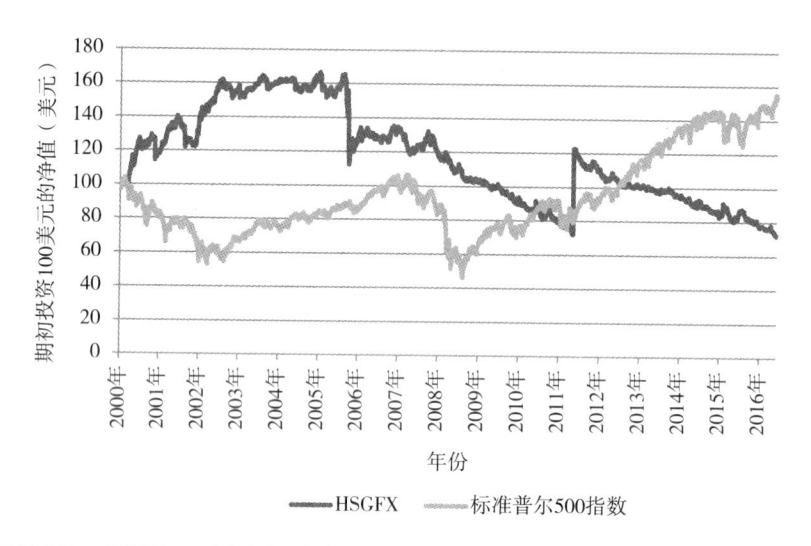

图12-4 HSGFX和标准普尔500指数历史投资回报对比

数据来源：谷歌财经、《华尔街日报》

根据赫斯曼策略增长基金披露的材料，该基金表现不好的最主要原因，就是基金经理在2009年以后采取的对冲策略。如果基金经理没有做出对冲的决定，那么该基金很可能还会继续战胜标准普尔500指数，为投资者带来好的投资回报。当然，这个世界上没有如果，否则所有投资者肯定都会赶到2008年以前卖空股票，然后在2009年再把这些股票买回来。

从2009年开始，美国股市经历了一轮大牛行情。从2009年3月的谷底开始算起，截至2016年12月，标准普尔500指数上涨了228%，每年涨30%左右。同期约翰·赫斯曼在对冲他管理的股票型基金（一般会通过卖空股票指数期货或者购买看空期权等方法实现），其基金回报不佳也就情有可原了。

媒体和讲座明星：拉里·威廉姆斯

拉里·威廉姆斯（Larry Williams）在严格意义上算不上基金经理，因为他的主业是卖书和演讲。但是他在中国特别受欢迎，因此我觉得在这里有必要提及他。

威廉姆斯的出名起源于1987年。那年他赢得了美国罗宾斯交易公司的世界杯期货交易竞赛冠军，在1年内将1万美元炒到了100万美元。同时他也是技术指标威廉指标（William's %R）的创始人，很多期货交易员在进行技术分析时都会使用该指标。

威廉姆斯在期货交易上的成功，远远比不上他在卖书和出席活动挣演讲费上获得的成功。这里简单举几个例子。

1987年，美国全国期货协会发布的公开报告显示，威廉姆斯当年参与期货大赛的账户赚了很多钱，但是现实生活中他为客户操盘的账户却蒙受巨大亏损（亏损了620多万美元），该行为构成欺诈。

那么在1987年的期货大赛中，威廉姆斯是怎么赢得冠军的？根据威廉姆斯自己的说法，当时他的投资组合从200多万美元跌到75万美元（亏了62.5%），然后又回到了100万美元。幸亏这只是个竞赛。如果在现实生活中发生这样的情况，结局可能就大不同了。很多时候，如果基金经理亏了60%，很可能早就被投资者要求强行平仓，关闭基金了。

1988年，威廉姆斯成立了拉里·威廉姆斯金融策略基金（The Larry Williams Financial Strategy Fund）。该基金在1988年（仅1年）亏损超过50%。

1989年，威廉姆斯与其合伙人杰克·伯恩斯坦（Jake Bernstein）发起成立了世界杯冠军基金。到1990年5月（也就是1年左右的时间），该基金亏损超过50%。

2006年，威廉姆斯被美国联邦税务局指控偷税漏税。当时威廉姆斯正在澳大利亚宣传他的书籍，美国政府允许以他以100万美元保释。

上文提到，威廉姆斯有个合伙人叫杰克·伯恩斯坦。他的投资记录更让人大跌眼镜。根据美国全国期货协会公告显示，杰克·伯恩斯坦由于涉嫌欺诈，被判罚款20万美元，终身取消美国全国期货协会成员资格，此前他曾经以每年895美元的价格售卖其期货指南。任何一个投资者，如果顺着其指南中的策略交易期货，那么在1988—1992年就会连续亏钱。

投资者教训

在本章中，我和大家分享了几个投资界明星的真实案例。从这些案例中，我们能够学到什么？在接下来的章节中，就来谈谈这个问题。

光环效应

光环效应指的是人们很容易受到名人光环的影响，对他们产生莫名的崇拜。比如一些创业成功的商业人士被媒体吹捧一下，就会有不少粉丝追随，让他们从"会赚钱的商人"摇身变为"人生导师"和"创业传奇"，甚至他们说过的话都变成了金科玉律。

很多私募股权基金经理，其投资业绩几乎没人知道（一般都不会向公众公布），但是名气却很响。他们在各大媒体频频露面，受到不少投资者的膜拜。可见吃这一套的投资者还真不在少数。

中国投资者对海外市场不甚熟悉，因此更容易受到光环效应的影响。在判断某个理财产品是否值得购买时，很多人的依据是有没有听说过基金或者基金经理的名字，是否经常在电视和报纸上看到关于对方的报道，该基金或者基金经理是否是传说中的"大牛"。

顺着这种光环效应选购理财产品，投资者很可能会吃大亏，这样的例子不胜枚举。和大家分享上面这些案例，就是想提醒读者时刻牢记以证据主义为基础，客观分析理财产品。不要轻易被光环效应所影响，忘记了基本的价值判断，甚至跌入理财机构的销售陷阱。

投资大神确实存在

很多第三方理财机构或者基金公司在推销他们的产品时，总是会向投资者反复强调：这个世界存在很多投资达人。他们会举出巴菲特和索罗斯的例子告诉投资者："你没看到吗？这些投资'大神'厉不厉害？他们可以轻松战胜市场，并且持续很多年。"

这个世界上确实存在一些投资"大神"。但问题在于，投资者要想通过这些投资"大神"为自己获得更好的投资回报却要复杂得多。其背后主要有如下几个原因：

首先，在事前确定谁是投资"大神"，要比事后诸葛亮难得多。对于投资者来说，重要的是在事前找到"投资大神"，买入他管理的基金，然后从中获利。但很遗憾的是，这种赚钱方法远比很多人想象的困难。

其次，天下没有免费的午餐。一般来说，投资"大神"都是要收费的。对于投资者来说，重要的是扣除各种费用后自己拿到手的净回报有多少。这也是为什么我会在多个场合反复强调要控制投资成本。很多研究显示，一些在费前能够提供超额回报的投资策略，在扣除了基金经理收取的费用之后，就不再那么吸引人了。

最后，如果真的有一些特别好的投资策略，投资"大神"没有理由拿出来和其他人分享。就像本章举的大奖章基金的例子，他们会选择对外关闭基金申购，独享投资回报。

一个聪明的投资者需要理解这个道理：即使这个世界上真的有投资"大神"，也不代表自己能够轻松找到他们，并且在扣除费用后还能拿到令人满意的投资净回报。

严格控制投资费用

我曾在多篇文章中反复提醒读者，在选择理财产品之前要严格分析投资费用。从上面的案例中我们可以看到，很多基金的费前回报还是相当不错的，但是扣除了基金经理的收费和第三方理财机构的收费后，基金的回报就从还不错降到了勉强及格，甚至不合格。

因此，一个聪明的投资者需要严格控制自己的投资费用。在选择理财产品的时候，需要货比三家，能省则省，这才是对自己和家人最负责的投资态度。

挑选基金的挑战

挑选基金是一件非常困难的事情。假设时间回到了2009年，如果我们看到类似于HSGFX或者约翰·保尔森优势加基金的介绍材料，很难不被这样的基金打动。这些基金由非常聪明的密西根大学教授和哈佛大学毕业生管理。2009年以前，约翰·赫斯曼和约翰·保尔森的基金都有着非常好的回报数据。

这也是为什么这些基金经理管理的资金规模在接下来几年中可以迅速扩大。但很可惜的是，这些例子再次向我们证明了我反复强调的一个重要道理：根据过往业绩选择基金是最不靠谱的购买基金方式。上文提到的几只基金，绝大多数投资者都是在2008年和2009年之后买入的，而这些基金的表现恰恰在接下来的几年中开始发生逆转，因此这些基金投资者的实际回报并不好。

美国学者乔纳森·伯克（Jonathan Berk）和理查德·格林（Richard Green）在

一篇学术论文中指出，投资者对于过去几年业绩好的基金经理的追逐，恰恰是这些基金难以在未来继续保持好的投资回报的原因。[1]当某位基金经理在过去几年取得辉煌的投资业绩后，他和他管理的基金会成为投资者眼中的香饽饽，因此投资者之间会产生一场"扔钱大赛"，大家竞相把自己的钱交给这些"股神"管理。

从资金供给的角度来讲，这些明星基金经理可以获得的投资资金过剩。由于基金经理的收入和所管理的资金规模直接挂钩，因此他们没有理由拒绝送上门的"肥肉"，资金自然是多多益善。

问题在于，很多投资策略都有规模限制。资金量大过一定程度之后，基金经理要想获得和以前类似的投资回报，难度会越来越高。这样的例子在很多基金经理，比如彼得·林奇（Peter Lynch）、比尔·米勒（Bill Miller）等身上都发生过。当这些明星基金经理管理的基金规模达到一定程度后，其回报反而不如前期基金规模比较小的时候。这也让追随这些"股神"的投资者大失所望。

事实上，用排名和过去几年的投资业绩让投资者选择基金，恰恰是投资者最容易坠入的投资陷阱之一。在接下来的第13章，我会具体讲述这个陷阱的坏处，以及避免坠入陷阱的方法。

---

[1] BERK B J, GREEN C R. Mutual fund flows and performance in rational markets [J/OL]. Journal of political economy, 2004, 112 (6): 1269-1295 [2019-07-09]. https://www.jstor.org/stable/10.1086/424739.

第13章　英雄榜的背后

我们人类天生喜欢排名。在体育界，足球队和篮球队会进行联赛并形成排名，最终基于排名决定冠亚军和升降级；在娱乐界，我们会给音乐和电影打分，并根据分值为它们排序。

在投资界，类似的排名也同样泛滥。比如每年年初，各大金融媒体会纷纷推出各种"基金排行榜"，宣传上一年金融投资界的各路英雄好汉。举例来说，东方财富网公布的榜单上就有"权益类基金经理50强""债券型基金经理赚钱30强""3年期基金经理40强"等各种排名。

在这一章中，我会告诉大家：这些媒体和机构为什么要给基金经理排名；排名对于投资者选择更好的基金经理有没有帮助；到底谁会从这样的排名中获得最大的好处。

基金英雄榜靠谱吗

首先和大家分享一篇专门研究该问题的学术论文。在这篇论文中，作者安德鲁·克莱尔（Andrew Clare）教授从晨星公司数据库中选取了357位美国公募基金经理进行分析。这些基金经理的工作就是战胜市场，这也是他们所在的公司向投资者宣传时的标语和口号。[1]

这些基金经理管理基金的时间都超过10年（截至2014年12月），因此他们都是最强的"幸存者"。通过研究这些最强基金经理的历史数据，克莱尔教授得出了一些非常有趣的结论。

克莱尔教授对这些基金经理管理的基金扣除税费后的回报进行仔细研究之后发现，他们每年的平均超额回报仅为0.04%。也就是说，即使投资者非常幸运地选到了这些最强基金经理，他能获得的投资回报也只是比市场基准（比如标准普尔500指数）好上0.04%而已，基本和买一只股票指数基金ETF的回报差不多。当然，如果投资者不幸买到了表现不好、短短几年就关门大吉的基金，那么其投资回报一定会差很多。

那么有没有一些好的基金经理特质，能够帮助我们去粗取精、沙里淘金，从成千上万名基金经理中提前找出那些表现比较好的基金经理？毕竟对于投资者来说，过去的业绩没有什么意义，关键是在买入该基金以后，基金经理未来的业绩表现如何。

克莱尔教授首先找出了一些对基金未来业绩无关紧要的影响因素，如表13-1所示。

表13-1 与基金未来业绩关系不大的因素

因素	超额年回报率（%）
金融专业	0.04
常春藤院校	0.04

---

[1] ANDREW C. The performance of long-serving fund managers [J/OL]. International review of financial analysis, 2017, 52 (C): 152-159 [2020-19-06]. https://www.sciencedirect.com/science/article/abs/pii/S1057521917300741.

（续表）

因素	超额年回报率（%）
硕士学位	0.01
工商管理硕士	0.06
特许金融分析师	0.10

从表13-1中我们可以看到，基金经理的学历对其业绩没有太大影响。基金经理是否从金融专业毕业，是否从常春藤院校毕业，是否有硕士学位，是否是工商管理硕士，这些都不重要。那些有特许金融分析师资质的基金经理，其管理的基金平均回报只比市场基准好0.1%，也算不上特别显著。

那么有哪些因素对基金未来的业绩有着至关重要的影响？见表13-2。

表13-2 与基金未来业绩关系显著的因素

因素	影响效果
基金费用	费用越少，业绩越好
基金规模	规模越大，业绩越好
基金投资策略	价值策略和小股票策略业绩更好

克莱尔教授发现，对基金未来的业绩预测能力最强的3个因素是：

（1）基金费用。费用越少的基金，其业绩越好。这个发现和晨星公司做过的一项研究得出的结论类似，甚至基金费用对基金业绩的预测作用比晨星公司自己的星级系统都要准。

（2）基金规模。基金的规模越大，其业绩越好。这个发现有点争议性，因为有些研究发现恰恰相反，即基金规模和基金业绩呈负相关关系。该研究发现基金规模越大业绩越好，可能受到幸存者偏差的影响。

（3）基金投资策略。如果专注于价值策略或者小股票策略，那么基金的业绩会更好。这个发现与尤金·法马和肯尼思·弗伦奇教授提出的三因子模型理论吻合。

该研究另外一个比较有趣的发现是，要想通过排名预测基金经理接下来的业绩基本不可能。

举例来说，图13-1显示的是2005年排名最靠前的10%的基金经理（图中深色线）和排名最靠后的10%的基金经理（图中浅色线）在接下来9年的投资业绩。

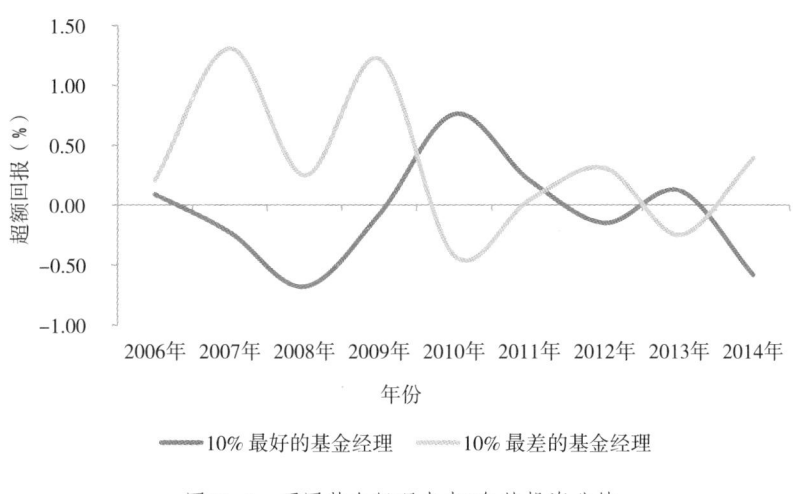

图13-1 不同基金经理未来9年的投资业绩

我们可以看到，2005年排名最靠前的基金经理在接下来的9年中表现非常一般。除了2010年他们获得了0.5%左右的超额回报，在其他年份中基本大多落后于市场基准。而2005年排名最靠后的10%的基金经理（2005年他们可能都在惴惴不安，害怕自己被炒鱿鱼），却在接下来的几年中比上榜的"英雄"们表现更为出色。

当然，这并不是让投资者以后只挑选那些表现最差的基金购买。因为如果把时间维度拉长到9年，无论是深色线还是浅色线，表现都很一般。这个例子告诉我们：依靠基金排名或者基金经理排行榜选择基金非常不靠谱。

在选择基金时，很多投资者最容易坠入的陷阱之一就是根据基金经理过去的短期业绩（比如过去3年）来选基金。但很多证据显示，如此追涨杀跌的选择基金的方法恰恰是错误的。

比如图13-2显示的是美国投资者按照追涨杀跌的方式选基金得到的历史回报。图中浅色柱子代表的是投资者每年选取过去3年表现最好的基金得到的投资回报，而深色柱子代表的是傻瓜型投资者购买并持有该类别的指数基金可以得到的回报。我们可以看到，在各个投资类别里（比如大型混合股票基金、中型增长股票基金、小型价值股票基金等），那些追逐"过去的赢家"购买基金的投资者的回报，都比不上一只最简单的指数基金的回报。

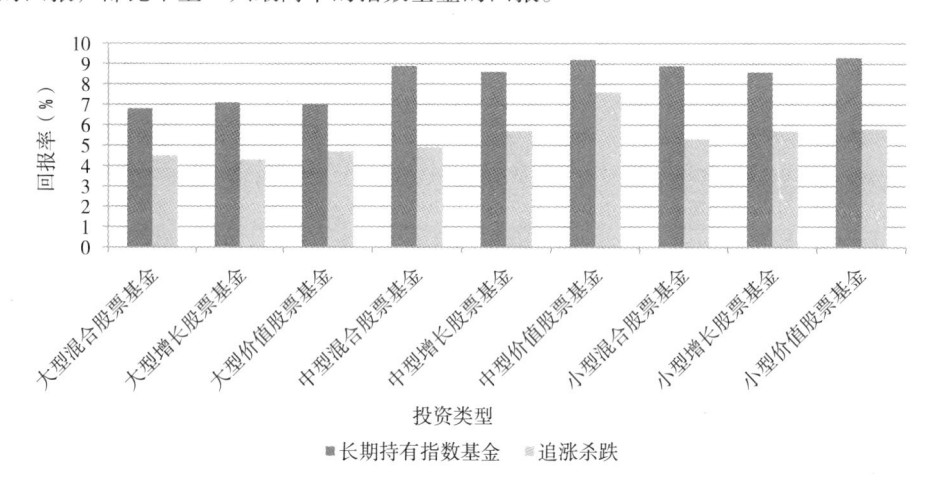

数据来源：先锋领航集团

图13-2　长期持有指数基金的投资回报好于追涨杀跌

有些读者可能会说，你举的都是美国的例子，在中国靠基金排名选择基金是否能得到更好的投资回报？下面我将通过一个简单的例子分析这个问题。

如图13-3所示，我选了A股里4只历史比较长的基金。事实上，从2004年开始就有历史业绩的基金本就不多，因此这4只基金算得上业界翘楚。图13-3中的

第 4 部分　运气和技能

条形代表的是该基金当年在同类型基金中的百分比排名，排名越低越好。

图13-3　4只基金的历史排名

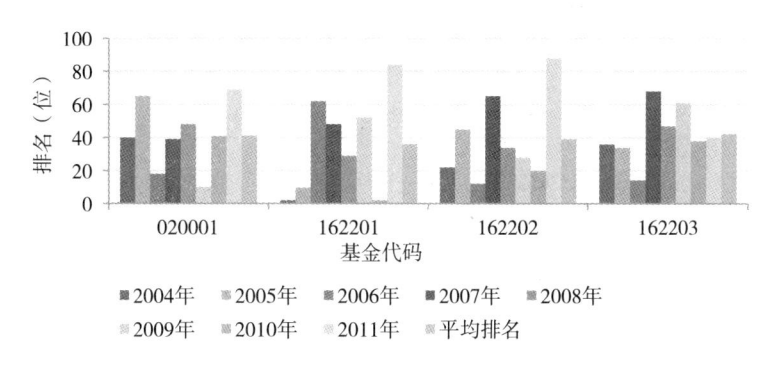

数据来源：万得信息

比如2004年第一只基金020001（国泰金鹰增长混合型证券投资基金）的百分比排名是40，代表其业绩排在所有基金40%的位置。也就是说，它比业内60%的基金业绩都要好。如果一只基金的排名长期高于50%，那就说明其业绩长期低于平均水平。

从图13-3中我们可以看到，这4只基金的历史排名对其未来的业绩基本没有任何预测作用。

比如在2004年，第二只基金162201（泰达宏利价值优化型成长类行业混合型证券投资基金）的业绩极佳，排在所有基金的前1%。但如果投资者根据该排名买进该基金，到了2006年其业绩（60%）就落后于平均水平了。其7年（2004—2011年）的平均业绩在40%，虽然高于平均水平，但离所谓的前几强可差远了。

2009年，020001的表现非常不错，排名在前10%。但如果在2010年年初买入该基金，投资者在接下来2年（2010—2012年）得到的就是40%、60%和40%的排名，也就是一个平均水平。

事实上，经常发生的情况是，某1年或2年业绩表现特别好的基金，在接下来的1~2年业绩会特别差,在统计学上这种现象叫作均值回归。因此,挑选那些明星榜上的基金最大的风险就是,该基金在接下来1~2年的业绩会回归均值,其回报会大大落后于投资者的期望。

让我们再看一个例子,如表13-3所示。

表13-3 2004年基金回报"十大状元"及其2014年排名

基金	2004年排名	排名百分比(%)	2014年排名	排名百分比(%)
国泰金鹰增长混合型证券投资基金	1/160	0.63	397/600	66.2
招商安泰偏股混合型证券投资基金	2/160	1.25	133/600	22.2
南方稳健成长基金	3/160	1.88	111/600	18.5
湘财合丰价值优化型周期类行业证券投资基金	4/160	2.5	437/600	72.8
大成价值增长证券投资基金	5/160	3.13	53/600	8.8
银华优势企业证券投资基金	6/160	3.75	115/600	19.2
湘财合丰价值优化型成长类行业证券投资基金	7/160	4.38	526/600	87.7
华夏成长证券投资基金	8/160	5	151/600	25.2
博时价值增长证券投资基金	9/160	5.63	73/600	12.2
湘财合丰价值优化型稳定类行业证券投资基金	10/160	6.25	214/600	35.7
平均	5.5/160	3.44	221/600	36.8

数据来源:万得信息

表13-3中列的是2004年基金回报"十大状元",以及这些基金在2014年的排名。在2004年大约160只基金中,这10只基金的收益名列前十,可谓大家眼中的明星。那么10年以后,即2014年,它们的业绩如何呢?在第4列和第5列中可以看

到，2014年大约有600只基金，而这十大基金的业绩平均排名在221位，有几只基金甚至落到了平均线之下（即排名超过300位）。

这样的发现其实道出了基金界中一个大家都不愿过多谈及的现象，即基金的业绩带有很大的随意性。用外行人的话来说，就是基金的业绩中运气成分很高。就好比每年的流行歌曲排行榜，上榜的歌曲风水轮流转，这几年可能是乡村音乐，而过几年又是说唱。但如果让你预测下一年流行什么（即投资者面临的选择问题），大部分人是猜不到的。

金融媒体热衷于评选各种排行榜，营造"投资天才"，因为这是最能够吸引眼球的宣传方法。聪明的投资者需要多读多学，以证据主义为基础，用金融知识武装自己，擦亮眼睛，防止自己掉入"瞎选"基金的陷阱中。如果没有证据表明自己有能力和优势挑选基金，那么更好的办法就是做一只踏实的小乌龟，购买并长期持有低成本指数基金，满足于获得市场平均回报。大智若愚才是真正的智慧。

市场很难战胜

在和投资者交流的时候，我经常说，没有证据表明投资者能够在基金经理的帮助下战胜市场。这并不仅仅是因为有些基金经理水平不够高，还有很多其他重要原因，比如基金经理的收费太高、激励机制不对、没有做到利益绑定等。

很多投资者表示不相信。毕竟很多基金经理毕业于常春藤大学，在大型金融机构有着多年投资经验，如果连他们都无法战胜市场，那么谁可以？

作为证据主义者，今天就让我们来研究一下这个问题：到底有多少基金经理可以战胜市场？

客观评价基金业绩并不容易

想要比较科学地研究基金经理能否战胜市场并不简单，因为我们需要考虑一些专业问题。首先，欧美的基金行业普遍存在幸存者偏差现象，也就是说，表现差或者不受投资者追捧的基金会被陆续关闭，留下来的基金都属于"幸存者"。它们能留下来，有的是因为基金经理水平高，有的则是因为运气好。受幸存者偏差影响的基金数据库会给投资者一种基金业绩非常好的错觉，无法客观反映投资者投资基金获得的真实回报。

一个好的基金数据库，需要有非常大而全的基金历史数据，包括那些已经被关闭的基金的历史业绩和其他一些重要指标。

其次，很多基金数据库汇报的基金业绩采用的是等权重（equal weight）编排方法。等权重的意思是，无论一家基金公司管理的资金规模有多大，都会被同等对待。假设一个数据库中有2家基金公司，一家管理1000亿美元的资金，另一家管理1亿美元的资金。其中一家的投资回报率为10%，另一家则亏了10%，那么按照等权重方法算出来的基金行业业绩回报率就是0。等权重计算方法有可能会高估基金回报，因为从基金行业的历史规律来看，小规模基金往往业绩更好。而这些小规模基金往往不为人所知，或者采取了一些非常激进的投资方法。

为了修正等权重计算方法产生的偏差，一个更好的处理方法是用资产权重（asset weight）计算基金行业的回报。还是用上面的例子，在由2家基金公司（资金规模为1000亿美元和1亿美元）组成的基金行业中，管理1000亿美元的基金公司对整个行业回报的影响是管理1亿美元基金的1000倍，这样的计算方法更加合理。

就像上文提到的那样，采用等权重方法计算出来的基金行业回报率为0，而采用资产权重方法计算出来的回报率约为-9.98%（见表13-4）。[1]后者更能体现投资基金行业获得的实际回报。

表13-4 不同计算方式得到的基金行业投资回报率

项目	管理资金（亿美元）	回报率（%）
基金1	1	10
基金2	1000	-10
等权重回报率（%）	0	
资产权重回报率（%）	-9.98	

第三，随着金融系统越来越复杂，各种基金的结构也越来越复杂。因此，要讲清楚一只基金的回报并不简单。举例来说，一只大基金很可能有不同的投资级别。不同的投资级别对投资者的收费不同，因此他们的业绩也会不同。同时，有些基金还会提供杠杆级别（leverage class），这样该基金的业绩回报就更复杂了。

一个好的基金数据库需要把这些复杂的数据都清理一遍，只挑选该基金管理资金最多的投资级别，并以此代表其业绩。同时任何杠杆级别的回报都应该被排除在外，因为杠杆只是一个放大器，并不能提高基金经理的投资水平。

在做好了上面提到的工作以后，我们才可能对基金的回报做出比较客观的评价。

SPIVA 统计结果

接下来，和大家分享一个标准普尔道琼斯指数发布的季度性研究报告：

---

[1] [（1×10%）+（1000×-10%）]/（1+1000）≈-9.98%。

SPIVA。

SPIVA是S&P Indices Versus Active Funds的简称，意为标准普尔指数对比主动型基金。SPIVA的工作就是遵从一套严谨的科学方法，对比主动型基金的回报和市场回报（标准普尔指数）之间的差别。SPIVA运用统计学方法对上面提到的问题都做了系统化处理，因此是行业内比较权威的研究报告。

SPIVA的研究始于2002年，到目前为止该研究覆盖的国家和地区包括美国、加拿大、印度、日本、澳大利亚、拉丁美洲和南非。

以下来自2022年SPIVA年中报告的摘要。

图13-4显示的是截至2022年6月，美国公募基金经理在过去1年、3年、5年、10年和15年中无法战胜市场的数量比例。平均来讲，只要观察时间超过10年，就能发现超过90%的公募基金经理无法战胜市场。这个结论不仅限于像标准普尔500指数这样的大型股票型基金，在中型股票型基金和小型股票型基金中，基金经理也一样无法战胜市场。

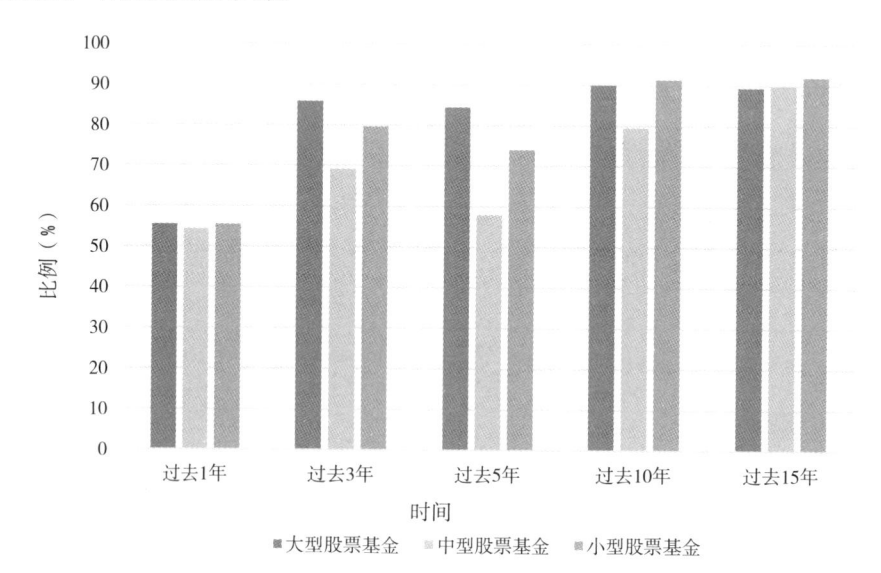

数据来源：SPIVA

图13-4 美国公募基金经理无法战胜市场的数量比例

有些读者可能会说，美国股市是强有效市场，发现这样的结果并不让人意外。其他一些弱有效市场是否也会是这样的结果？

图13-5对比了2022年6月投资欧元区、法国、德国、巴西、印度和日本股市的公募基金业绩和市场基准的对比。

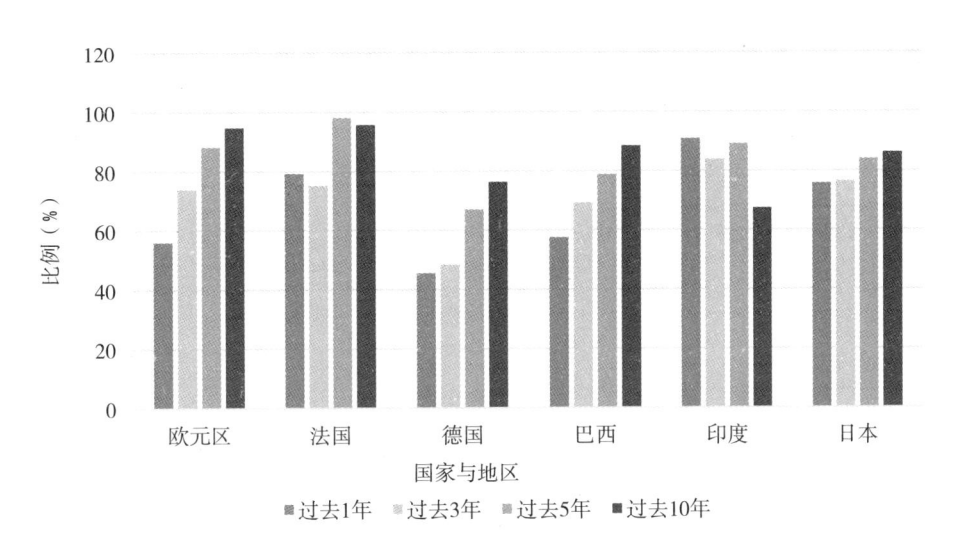

数据来源：SPIVA

图13-5 其他国家和地区无法战胜市场的公募基金

从图13-5中我们可以看到，把时间维度拉长到10年，绝大部分（80%~90%）主动型公募基金都无法战胜市场。这个结论不管是在发达国家还是发展中国家股市，都是一致的。所以说不管在哪个国家，能够在扣除费用后还保持多年战胜市场的基金都非常稀少，这也为广大投资者带来了诸多挑战。

基金经理的借口

基金经理经常被诟病收费太高，无法为投资者创造价值，可以想见他们一定非常沮丧和愤怒。因此，也有不少基金经理愤而反击，提出了一些理由为自己辩护。

下面我会挑选几个基金经理最常用的辩护理由与读者一起分享：

（1）股票间的相关系数增加了，因此挑选股票变得更难了。

这个借口经常被股票型基金经理使用，其逻辑是："我的工作是从一堆烂股票中挑出好股票。但是如果股票间的相关系数上升了，这就意味着好股票和烂股票会同升同跌。在这种情况下，纵使我挑出了好股票，也很难战胜市场。"

问题在于，这样的说法毫无事实根据。图13-6显示的是标准普尔500指数中股票间的相关系数指数。该指数数值越高，说明股票间的相关性越强。

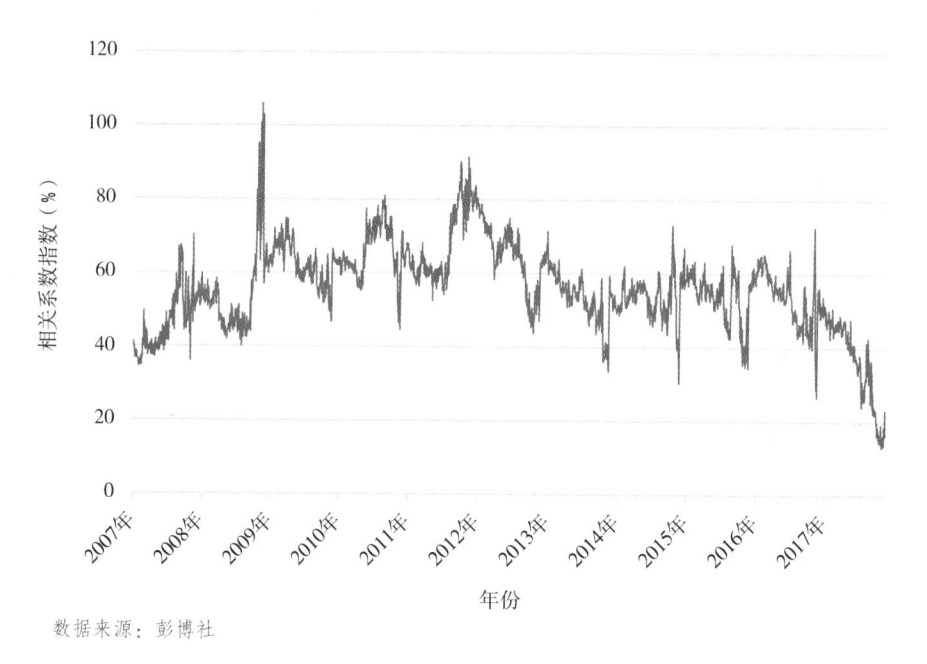

数据来源：彭博社

图13-6 标准普尔500指数中股票间的相关系数指数

我们可以看到，标准普尔500指数中股票间的相关性在2008年金融危机期间达到顶点。因为那时候所有股票不管好坏都在下跌。

但是从2012年以来，标准普尔500指数中股票间的相关性基本在逐年降低，而不是升高。可见所谓的"相关系数升高"导致基金经理业绩不佳的说法纯粹是空穴来风，根本经不起证据主义的推敲。

（2）标准普尔500指数不是一个公平的基准。

这是另一个被很多基金经理使用的借口。目前在美国，标准普尔500指数是一个行业内标杆，被很多大型机构和银行作为衡量基金经理专业能力的基准。但是严格意义上说，标准普尔500指数并不是一个纯市值加权指数。

很多人以为标准普尔500指数中的成分股就是美国市值最大的500家公司的股票，这是一个非常普遍的误解。

事实上，标准普尔500指数中的成分股组成是基于一套比较复杂的指数编排规则。其成分股（截至2017年12月，成分股数量为460个左右）的增加和剔除取决于很多因素，包括市值、流动性、公司总部、公司盈利情况等。在这些规则之上，标准普尔500指数包括的成分股最后会由一个专门的委员会拍板决定，而有时该委员会的决定完全基于主观判断。

举例来说，2008年金融危机，雷曼兄弟（Lehman Brothers）宣告破产的时候，另一家大型公司也在破产的边缘苟延残喘，那就是美国国际集团。但是后来美国政府宣布出手救助美国国际集团，并且美国国会紧急通过了不良资产救助计划，购买并持有美国国际集团大约90%的股份。标准普尔500指数的编排规则规定，指数中的每一只股票都需要有至少50%的股份在市场上流动。美国政府出手救助美国国际集团，导致该公司在市场上流动的股份只剩下10%，根据编排规则，美国国际集团应该被剔除出标准普尔500指数。

当时的标准普尔500指数委员会基于人为判断，认为如果在那个时候将美国国际集团剔除出标准普尔500指数，会导致更大的市场动荡，因此决定不顾编排规则要求，将美国国际集团继续保留在指数内。几年后，美国政府将美国国际集团的股份卖给公司本身，这样美国国际集团的流通股再次回升到50%以上，又符合了标准普尔500指数的编排规则。但是在这几年内，美国国际集团一直是标准普尔500指数的成员，并没有被剔除。

因此，从严格意义上说，标准普尔500指数也是一个主动型选股基金，该基金的经理就是决定哪些公司有资格被编入标准普尔500指数的委员会。因此，那些无法战胜标准普尔500指数的基金经理，往往用这个理由证明自己输的不是市场，而是委员会里的人。

问题在于，这样的借口很难经得起证据主义的检验。

如表13-5所示，比较的是1957—2016年标准普尔500指数和证券价格研究中心（the Center for Research in Security Prices，CRSP）指数的年回报率。CRSP指数由芝加哥的CRSP数据库编排，完全基于市值等量化指标，没有任何人为干扰因素。我们可以看到，2个指数在过去60年的历史回报几乎一模一样，都是每年10%左右。也就是说，有没有委员会的干预几乎没有差别。

表13-5 标准普尔500指数与CRSP指数的年回报率（1957—2016年）

指数	年回报率（%）
标准普尔500指数	10
CRSP指数	10

数据来源：彭博社

事实上，根据美国教授杰里米J.西格尔（Jeremy J. Siegl）等人的研究显示[1]，标准普尔500指数委员会的设立完全是画蛇添足。委员会成员做出的人为决定对于指数回报没有任何价值贡献，只有拖累。

西格尔教授等人用不同的方法计算了从1957年到2003年标准普尔500指数的

---

[1] SIEGEL J J , SCHWARTZ D J. The long-term returns on the original S&P 500 firms [R/OL]. (2005-12-05) [2019-08-07]. https://rodneywhitecenter.wharton.upenn.edu/wp-content/uploads/2014/04/0429.pdf.

历史回报，发现如果没有委员会的人为干预，标准普尔500指数的回报率为每年11.30%~11.40%（取决于指数如何编排），而增加了人为干预的指数回报率仅为每年10.85%（见表13-6）。也就是说，标准普尔500指数委员会的设立反而降低了标准普尔500指数的回报，真是白白浪费了公司的资源。

表13-6　有无委员会的标准普尔500指数历史回报率（1957—2003年）

有无干预	年回报率（%）
有人为干预的标准普尔500指数	10.85
没有人为干预的标准普尔500指数	11.30~11.40

这一研究结果进一步证明了市场的有效性，以及想要战胜市场有多么困难。标准普尔500指数委员会的成员都是德高望重和经验丰富的投资专家，而即使是这些专家，也被证明无法进一步提高一个市值加权指数的投资回报。对于那些向投资者夸下海口，承诺自己可以轻松战胜市场的主动型基金经理来说，这应该是一记最响亮的"证据主义式"耳光吧。

中国的基金经理能否战胜市场

上文提到的SPIVA，主要针对的是国外的基金经理。那么中国的基金经理业绩如何？中国的基金经理是否比国外的同行更厉害，能够持续战胜市场？这是一个很多人都很感兴趣的问题。

关于这个话题，很多网络上的讨论和媒体报道都仅限于"个人意见"，或者大致印象，缺乏科学和系统的数据支持，因此说服力并不强。在本节，我会以证据主义的标准来分析这个问题。

中国基金业概况

1997年11月，国务院证券委员会批准并发布了《证券投资基金管理暂行办法》，开启了中国的基金时代（后来该法令被2012年颁布的《证券投资基金管理公司管理办法》代替）。1998年3月，首批封闭式基金（基金金泰和基金开元）开始发行。2001年9月，中国首只开放式基金华安创新混合基金正式发行。

从此以后，中国的基金行业经历了飞速增长。截至2022年12月，中国共有公募基金管理公司150多家，发行的公募基金的总数量超过10000只，管理资金规模达到26万亿人民币左右。

如图13-7示，在所有公募基金中，大约有40%的资金量集中在货币市场基金，剩下60%的资金分布在混合型基金、债券基金、股票型基金和封闭式基金中。

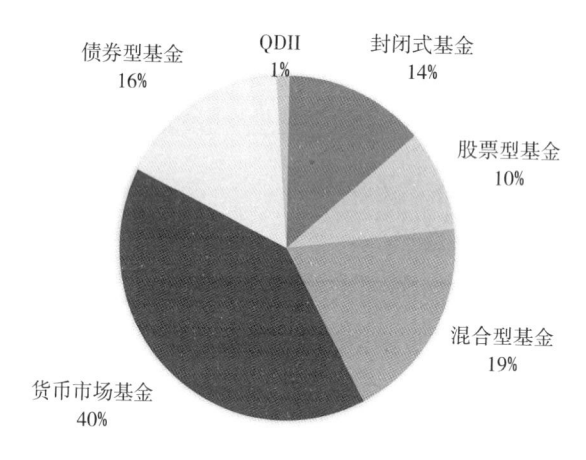

数据来源：万得信息，2022年12月数据。

图13-7 不同类型公募基金占比（净值）

中国的基金行业相对来说非常年轻，至今总共也就20多年。因此要对这些基金的历史业绩做出比较客观的评价，能够找到的历史数据不多。在接下来的分析中，我们的研究对象以公募基金为主，因为公募基金披露的信息数据比较全，更能够帮助我们得到比较客观公正的结论。

基金经理业绩分析

在这里先和大家分享几个关于中国公募基金经理业绩的相关研究：

（1）《共同基金回报的坚持：来自中国的证据》（Persistence in Mutual Fund Returns: Evidence from China）[1]

在2012年发表的这篇学术论文中，作者统计了2002—2009年42只公募基金的业绩回报。作者发现，每一年都有不同的基金会战胜或者不如市场基准（沪深300指数），但是没有证据显示这些基金的回报有持续性。

如图13-8所示，在一些年份，有超过一半的基金可以战胜市场（图中深色部分）；而在另外一些年份，则有超过一半的基金表现不如市场（图中浅色部分）。总体上看，基金的表现似乎比较随机，没有一个稳定、清晰的规律，也没有证据表明这些基金能够持续战胜市场。

（2）《中国主动型股票共同基金业绩评估》（Performance Evaluation of Chinese Actively Managed Stock Mutual Funds）[2]

在这篇学术论文中，作者统计了1998—2012年共342只股票型公募基金的历史回报。这些基金的历史需要至少达到15个月。

---

[1] ROGER S, ZHAO Y, YI R H, DUTTA A. Persistence in mutual fund returns: evidence from China [J/OL]. International journal of business and social science, 2012, 3 (13): 88-94. http://ijbssnet.com/journals/Vol_3_No_13_July_2012/10.pdf.
[2] CHI Y. Performance evaluation of Chinese actively managed stock mutual funds [J/OL]. Chicago Booth research paper, 2013: 13-55 [2019-09-07]. https://papers.ssrn.com/sol3/papers.cfm?abstract_id=2268773.

投资真相

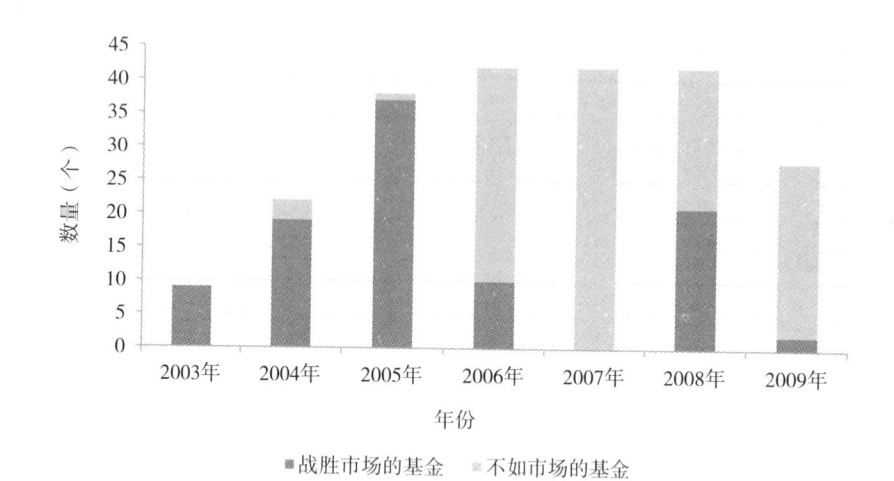

图13-8 战胜市场和不如市场的基金数量

这篇论文的作者得出了几个非常有趣的结论,在这里和大家分享一下:

第一,在样本期内,这些股票型公募基金的回报显著高于市场基准。这些基金在14年内创造了每年5%左右的超额回报,这些超额回报主要来自公募基金经理挑选股票的能力。

第二,中国股票市场存在明显的信息不对称。在股票型公募基金取得的超额回报中,有很大一部分来自基金经理和掌握内部信息的关键人员(比如上市公司高管和最大股东)进行同步股票操作。

第三,在中国股市中,机构投资者的投资回报显著高于散户投资者。基金经理在和散户投资者的博弈中占有明显优势。

第四,机构投资者在A股中的占股比例越高,公募基金的投资回报就越差。随着机构投资者在股市中占有的份额越来越大,要想获得超额回报难度也越来越高。

（3）《中国共同基金业绩实证研究》[1]

该论文的作者统计了2004—2010年149只股票型公募基金的历史业绩。

研究发现，大约73%的股票型公募基金业绩回报战胜了市场基准。平均来讲，所有股票型公募基金产生的超额回报为每月0.48%，即每年5.76%左右（见表13-7）。

表13-7　149只股票型公募基金的历史业绩

项目	数据
取得超额回报的股票型公募基金（个）	109
未取得超额回报股票型公募基金（个）	40
平均超额回报（%）	0.48

同时该研究显示，中国公募基金经理创造的超额回报几乎全都来自其挑选股票的技能，而非择时技能。没有证据表明中国公募基金经理有能力通过择时创造超额回报。

（4）《中国共同基金的业绩评估》[2]

该论文的作者统计了2000—2013年1037只公募基金的历史业绩。研究显示，该样本期内的公募基金能够为其投资者创造超额回报。超额回报在激进型基金中最为明显，在QDII中没有发现超额回报。

同时作者发现，中国的公募基金表现缺乏稳定性，不同年份的基金业绩表现相差很大。这个发现意味着投资者如果靠基金过去的历史业绩选择购买基金，那么很可能会失望而归。

---

[1] CHEN D, GAN C, HU B. An empirical study of mutual funds performance in China [R/OL]. (2013-02-18) [2018-08-19]. https://papers.ssrn.com/sol3/papers.cfm?abstract_id=2220323.

[2] KIYMAZ H, A performance evaluation of Chinese mutual funds [J/OL]. International journal of emerging markets, 2015, 10 (4): 820-836 [2018-08-20]. https://www.emerald.com/insight/content/doi/10.1108/IJoEM-09-2014-0136/full/html.

（5）《中国共同基金业绩评估》[1]

该论文的作者统计了2002—2004年65只公募基金的历史业绩，统计样本量包括48只封闭式基金和17只开放式基金。

研究显示，公募基金总体上会产生超额回报，这些超额回报主要来自开放式基金。在封闭式基金中，大约46%的基金没有创造超额回报。基金经理创造的超额回报主要来自他们挑选股票的能力，而非择时能力。

（6）基于招商银行研究部门的统计，他们发现A股的公募基金在过去十几年获得了高于市场基准的超额回报。[2]

如图13-9所示，如果回顾过去10年（截至2019年年底），公募基金的平均年回报率为5.6%，超过同期沪深300指数平均年回报率（2.7%）。但是，公募基金的回报优势在最近几年大幅度缩小。比如在2017—2019年这3年里，公募基金的平均年回报率仅比同期沪深300指数高出1.6%。这说明A股市场正在变得越来越有效，想获得超额回报越来越难。这个研究结果和上面提到的第2个研究结果不谋而合。

同时值得指出的是，公募基金的年化波动率稍高于同期沪深300指数。也就是说，公募基金并没有减少投资回报的波动性。投资者如果选择购买基金，那就要准备好经历和股市大盘指数类似的上下波动。

---

[1] WANG S Y, LEE Y T, LEE C G. The evaluation of Chinese mutual funds performance [J/OL]. The Korean journal of financial studies, 2007, 13 (1): 133-160 [2021-06-04]. https://koreascience.kr/article/JAKO200733337682395.do.

[2] 转载自招商定量任瞳团队微信公众号. 招商证券基金评价：我国市场主动权益基金业绩分析 [EB/OL]. （2020-01-20）[2021-05-06]. https://www.amac.org.cn/industrydynamics/hangYeXuanChuang/202001/t20200121_6526.html.

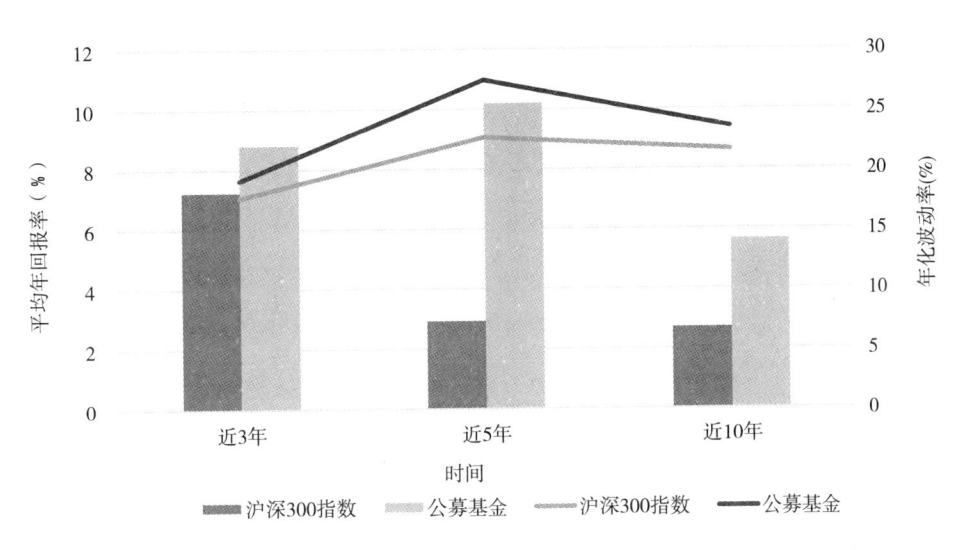

图13-9 过去3年、5年、10年公募基金与沪深300指数对比（截至2019年年底）

总结过去

从时间来看，中国股市是一个非常年轻的市场。从市值规模来看，中国的股市仅次于美国，是一个体量巨大的市场。

从交易量来看，中国股市中散户投资者的交易量占到了市场总交易量的80%左右，而机构和法人投资者的交易量加起来只占到20%左右。所以中国股市的特点就是：占有股份不多的小股东，以非常高的交易频率在股市里买进卖出。

这种特点导致股市中存在很多"噪声"，即脱离股票基本面的无意义价格波动。比如2016年11月，在媒体报道特朗普逐渐取得大选领先优势时，"川大智胜"逆市大涨6%；2014年，演员文章出轨，导致伊利股份大跌4%；2012年，奥巴马连任美国总统，"澳柯玛"涨停……这样的例子还有很多。

在这样的市场中，有信息、数据和知识优势的基金确实能够获得超额回报。

上文的研究表明，在过去15年里，中国的公募基金经理总体上做到了战胜市场。

同时研究表明，这些超额回报主要来自以下途径：

首先，信息不对称。如果能够更快地得到关于上市公司的内幕消息，并且在第一时间做出交易决策，那么就有可能领先一步获得更好的回报。

2017年1月，中国私募股权基金某投资管理公司创始人徐某被判处有期徒刑五年六个月，并处罚金。据媒体报道，经法院审理查明，2010年至2015年间，被告人徐某单独或伙同他人，先后与13家上市公司董事长或实际控制人合谋控制上市公司，择机发布"高送转"方案、引入热点题材等利好消息。徐某等人基于上述信息优势，使用基金产品及其控制的证券账户，在证券交易二级市场上进行涉案公司股票连续买卖，拉抬股价。徐某组织实施了全部13起证券交易操纵行为，从中非法获得巨额利益。

该案件说明，内幕交易是能够获得超额回报的稳妥策略。当然，从事非法内幕交易的风险是巨大的，这样的基金经理早晚会受到法律的制裁。

其次，基金经理提供的超额回报主要来自他们挑选股票的能力，而非择时能力。这一点对于很多投资者来说非常重要。我经常收到投资者提出的如下问题：我在基金定投时，是否应该在低点加仓买入，在高点减仓或者卖出？现在的市场价格看起来很高，我是不是该等一个月再进场？择时对于很多投资者来说有着巨大的诱惑。但是研究显示，即使是以炒股为业的基金经理也没有可靠的择时能力，更何况普通的散户投资者？投资者要清醒地认识到自己是否有通过择时获取投资回报的能力。

展望未来

展望未来，主动型基金经理要想继续获得超过市场平均水平的超额回报，其面临的挑战将越来越大。其中有如下几个主要原因。

首先，随着中国证券监督管理委员会对资本市场的监管越来越严格，想要通过非法内幕信息获取超额回报会越来越难。当然，即使是海外的成熟市场也无法完全杜绝内幕交易。但是从趋势来讲，这将变得越来越难，基金经理敢以身试法的比例也会越来越低。

其次，中国股市中的投资者结构正在悄悄发生变化。图13-10显示的是上海证券交易所中投资者的结构变化。我们可以看到，2007年上海证券交易所中上市公司的流通股主要在个人和机构投资者手中。但是到了2021年，法人投资者拥有的股票占到所有流通股的50%左右。其主要原因在于上海证券交易所中的上市公司以国有企业为主，原限售股占比高。随着限售股解禁，法人投资者的持股占比就迅速上升，超过了个人和机构投资者。

投资者结构变化带来的影响之一，就是能够让金融机构"割韭菜"的散户投资者将越来越少。同时，散户投资者的投资水平将不断提高，瞎买瞎卖的投资者会日益减少。

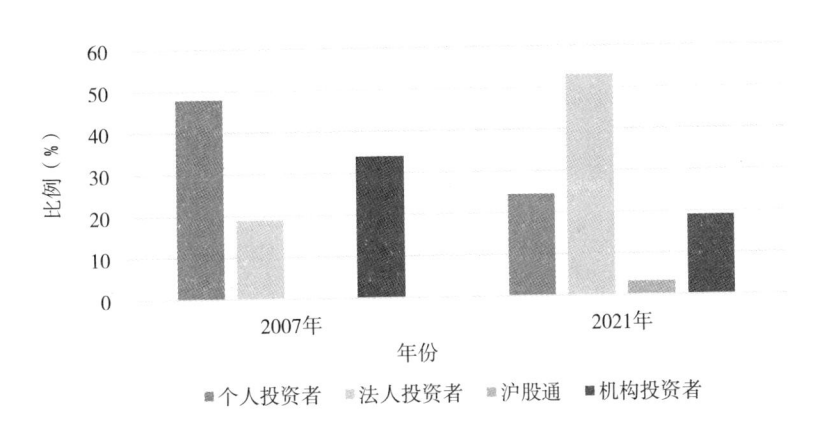

数据来源：《上海证券交易所统计年鉴》

图13-10 上海证券交易所投资者结构

最后，中国的基金数量经历了快速增长。目前在证券交易二级市场上的公募基金有1万多只，外加8万多只投资证券市场的私募股权基金。同行之间的竞争大大提高了市场的有效程度，也让每一只基金战胜市场变得更加困难。像上文提到的跟着公司内部人员买卖股票的策略，已经被越来越多的投资者获知。如果有足够多的投资者通过这种方法投资股票，那么该方法可以提供的超额回报就会渐渐消失。

投资者需要明白的是，如此众多的基金必定鱼龙混杂，好的和差的基金所承担的风险和提供的回报可能相差几十倍，甚至更多。因此，如何沙里淘金，选出优秀靠谱的基金经理，是主动型投资者面临的最大挑战之一。

一个聪明的投资者应该根据自己的实际情况选择最合适的投资方法。如果有证据表明自己有能力挑选股票或者基金，那么投资者就应该继续坚持主动型投资策略，通过挑选优秀的基金经理提高自己的投资回报。如果没有证据显示自己有这方面的能力，那么更好的策略是选择一揽子指数基金，秉承多元分散、控制成本的原则，通过长期持有获得投资回报。

我们应该怎么办

诸多研究表明，基金经理的业绩排行榜就好似"铁打的营盘流水的兵"。虽然看上去热闹非凡，但是如果投资者真的依靠这些排名选择基金，很难获得自己期望的投资回报。

金融机构和媒体深谙"排名"这种形式对投资者的诱惑。在这么多排名前，投资者就好比参加一场跑马大赛，可以享受选马的乐趣，但在享乐的同时也失去了自己本应获得的更好的投资回报。

在任何一个基金的宣传材料上，我们基本都能看到这么一段风险提示：基金投资有风险，基金过往业绩不代表未来表现，基金管理人管理的其他基金的过往投资业绩不预示本基金的未来表现。

那么我们就来好好分析一下：基金过去的历史业绩是否和其未来投资回报真的一点关系都没有。

从行业整体情况来说，答案是肯定的。甚至有研究表明，过去表现好的基金接下来的表现不光不一定好，甚至会更差。

比如有美国学者做了这样一个有趣的测试：在所有资金规模超过10亿美元的公募基金样本中，挑选并买入过去3年中10%回报最好的基金，然后3年后做一次调仓，卖出那些回报不好的基金，并再次买入最新的表现最好的10%的基金，如此每3年重复操作。其实这就是在模拟很多投资者购买最近上涨、排名靠前基金的习惯性操作，我们暂且称之为"赢家策略"。为了便于对比，研究人员同时也统计了"中庸策略"的投资回报，即每3年买入排名在中间10%的基金；以及"输家策略"的投资回报，即每3年买入排名在最末端10%的基金。[1]

结果显示，在1994到2015年的21年间，"赢家策略"的投资回报最差，"中庸策略"的投资回报居中，而"输家策略"的投资回报最好，比"赢家策略"的回报每年好2.28%。如果把调仓频率增加到每2年1次，并且把基金样本扩大到规模低于10亿美元的其他基金，得到的结果也很类似，即"输家策略"的投资回报明显优于"赢家策略"。

事实上，金融界有大量统计研究得出过类似的结论：购买近期表现出色的基金，接下来的投资回报很可能不尽如人意。比如研究人员统计了1994—2003年美国养老基金的投资回报后得出结论：那些被养老基金撤换掉的基金，在撤换前3年的平均业绩是每年-1.28%，而在撤换后3年的平均业绩是每年0.78%。而那些被养老基金选中的基金，其在被选中之前的平均业绩为每年4.59%，而在被选中

---

[1] CORNELL B, HSU J, NANIGIAN D. Does past performance matter in investment manager selection? [J/OL]. The journal of portfolio management, 2017, 43 (4): 33-43 [2018-10-14]. https://jpm.pm-research.com/content/43/4/33.

后的平均业绩为每年-0.17%。[1]也就是说，哪怕是养老基金这样的专业机构投资者，也有和散户投资者类似的追涨杀跌的投资习惯，并因此遭受了投资损失。卖掉的基金接下来的回报反而更好，而买入的基金则在买入后回报不佳。

现在我们把这些统计结果和上文提到的基金风险提示结合起来看，就不难得出结论：基金宣传材料上的风险提示并不是废话，而是有真真切切证据支持的大实话。它的主要目的就是提醒广大投资者：不要顺着基金过去的历史业绩追涨杀跌。

然而，这样一段如此重要的风险提示往往会被投资者忽略。有研究人员对比了投资者对于有风险提示和没有风险提示的基金的反应，得出结论：基金宣传材料上是否印有风险提示，对于投资者的投资决策没有任何影响。[2]也就是说，投资者在决定是否购买某一只基金时，和该基金宣传材料上是否印有风险提示完全没关系，影响投资者决定买或者不买的是其他因素。

那么问题来了：为什么如此多的投资者，不管是散户投资者还是专业的机构投资者，都选择忽略风险提示，并遵从追涨杀跌的习惯选购基金？大致来说，有这么几个原因：

首先，追涨杀跌更符合投资以外的生活规律。

日常生活中积累的经验告诉我们：过去表现好的，未来更有可能持续表现好。比如学生的成绩，更普遍的情况是"学霸"的成绩从小学到初中再到高中，一路都很好。从小是"学渣"，到了高中阶段忽然奋起直追考入"985大学"的例子，即使有也非常稀少。假设你现在要挑一位学生参加数学竞赛，你会挑过去

---

[1] GOYAL A, WAHAL S. The selection and termination of investment management firms by plan sponsors [J/OL]. The Journal of Finance, 2008, 63 (4): 1805-1847 [2018-10-26]. https://onlinelibrary.wiley.com/doi/abs/10.1111/j.1540-6261.2008.01375.x.

[2] MERCER M, PALMITER R A, TAHA E A. Worthless warnings? testing the effectiveness of disclaimers in mutual Fund advertisements [J/OL]. Journal of empirical legal studies, 2010, 7 (3): 429-459. https://onlinelibrary.wiley.com/doi/10.1111/j.1740-1461.2010.01184.x.

2年每次都考100分的学生，还是过去偶尔考到80分的学生？答案显而易见。

问题在于，这样的生活经验在投资中并不管用，因为投资回报和学习成绩之间最大的差别在于运气的作用。如果一个"学渣"平时从来都不认真听讲，不复习功课，那么他在一次考试中撞大运考到100分的可能性很小，连续好几次都撞大运考到满分的概率几乎为0。但是在投资中，哪怕是刚开户炒股的投资者，如果运气好恰好买到一只"妖股"，也有可能获得非常高的投资回报。

运气对投资回报有很大影响，这就意味着我们不能把基金经理最近3年的业绩等同于他的投资能力。如果要客观评价一位基金经理的投资能力，更好的办法是拉长时间轴，看他过去10年、20年甚至更长时间的真实投资业绩，比如"股神"巴菲特公开的投资业绩就长达40多年。时间轴拉得越长，其历史投资回报就越可靠，也越能够体现基金经理真实的投资能力。

运气对于投资回报的影响，同时也意味着基金的投资回报遵从均值回归的规律。中国有句古话叫风水轮流转。如果某一位基金经理在最近几年的业绩非常好，而其中有一定的运气成分。那么接下来几年，他更有可能不再被运气女神的眷顾，他的投资回报会趋向其长期业绩均值，明显不如过去几年的"高光"时刻。反过来，过去几年投资回报比较差的基金经理，背后也有一定运气差的原因。然而他总有一天会时来运转，其投资回报也会趋向其投资业绩长期均值，比过去几年更好。均值回归可以解释上文提到的"赢家策略"投资回报不如"输家策略"的现象。

理解了运气和投资回报之间的关系，我们就可以对症下药，改善散户投资者习惯忽略风险提示这一问题。目前的风险提示用词，即"过往业绩不代表未来"显然太弱了，对于投资者的警示作用还不够。我们可以把风险提示改成：基金过往业绩有很大的运气成分，即使过往业绩很好未来也很难持续。这样一改，效果应该会更好。

其次，像养老基金这样的机构投资者在决定投资某个基金时，考虑的问题比较多。除了基金经理的业绩，做出投资决策的人还需要考虑到自己的职业风险。

我们可以对比想象一下这2种情况：第1种情况，养老基金投资了一个过去几年表现出色的基金，但是该基金在接下来几年表现不佳；第2种情况，养老基金投资了一个过去几年表现很差劲的基金，该基金在接下来几年同样表现不佳。对于做出投资决策的人来说，在第2种情况下，他面临的质疑和压力要大得多。这是因为在第1种情况下，他只是犯了一个大多数人都会犯的错误。当面临上级的质问时，他可以解释该基金过去几年表现非常好，没想到我们买入以后会表现这么差，确实出人意料。但是在第2种情况下，当上级问他："你明明看到该基金过去几年表现那么差，为什么还决定买入？你是'瞎眼瞎'吗？"做出投资决策的人很难应对这样的质疑，甚至有被解雇的风险。出于对职业风险的考虑，养老基金的投资经理可能会做出更加保守的投资决策，即选择随大流追涨杀跌。

如何解决这样的问题？关键是要改变"唯结果论"的评判标准。要科学地评判一个基金经理的投资能力需要拉长时间维度，并且从风险因子的角度分析该基金经理获得投资回报的来源，尽量把运气因素从其投资回报中隔离出来，这样才能更加合理地对基金经理和投资经理的能力做出科学的评价。

对于普通投资者来说，我们需要明白基金宣传材料上的风险提示有着重要的警示作用。运气对于投资回报的影响会导致投资中更容易出现均值回归现象，而非"强者恒强"。我们应该纠正追涨杀跌的习惯，提高自己的知识储备，努力做一名聪明、理性的投资者。

同时，上面的研究结果也显示，绝大多数主动型基金经理在扣除费用后无法战胜市场，同时每年的基金排名对于投资者来说也没有多大价值。因此，投资者只要参加"选基金"的游戏，还没有开始就已经输了。

当然，这并不代表主动型基金经理没有存在的意义。事实上，市场的有效性恰恰有赖于这些主动型基金经理和主动型投资者的贡献。正是因为世界上有这么多的主动型基金经理和投资者，他们每天不停地分析股票，寻找低价洼地，弥补价差漏洞，市场才会变得更加有效。

上文提到，不管是美国还是中国，都存在很多基金公司，他们管理着数以万计的基金，所以这个世界上不缺主动型基金经理。如此多的主动型基金经理，除了让市场变得更加有效，还给投资者带来了一个大难题：如何去粗取精，选出真正有水平的基金经理？

即使投资者精挑细选，找到了一个优秀的基金经理，但是离获得他所期望的投资回报还有很远的距离，主要原因在于基金经理都要收费。主动型基金经理再优秀，如果收费太高，投资者还是无法从投资其管理的基金中获利，因为基金经理创造的超额价值都被作为费用收走了。这也是为什么我们会看到很多基金经理赚得盆满钵满，而投资者却"哑巴吃黄连，有苦说不出"。

对于投资者来说，选到一个好的基金经理只是第1步，更重要的工作是通过付出合理的价格获取该基金经理的技能。当然，如果投资者无法和基金经理讨价还价，那么他能做的就是捂住自己的口袋，去投资费用更加低廉的其他基金或者指数基金。

美国加利福尼亚州教师退休基金的CEO杰克·艾恩斯（Jack Ehnes）曾经说过："最好的提高投资回报的方法，是降低投资费用率，而不是寻找更为出色的基金经理。"这句话真是说中了要害，向投资者揭示了真正的投资"秘籍"。

第14章 "算命先生"

2013年诺贝尔经济学奖得主，美国芝加哥大学教授尤金·法马说过："在我看来，那些挑股票的基金经理就好像算命先生，但我不想说算命先生的坏话。"

法马教授为什么会这么说？因为在投资行业，各大金融机构和新闻媒体最热衷的就是制造各种"算命先生"。从媒体角度来讲，某位算命先生如果在什么时候准确预测了房价的崩溃，或者股票市场的转折点，那么这个故事就具有非常大的新闻价值，会被各大媒体大肆报道。

很多人阅读经济评论，观看投资节目的目的就是获取一些"短平快"的投资"秘籍"和小道消息。记得有一次，我跟某电视台的工作人员就一档节目合作进行讨论。该工作人员直言不讳："现在的电视观众就希望你在投资类节目中报股票代码。别浪费时间说虚的，直接说哪只股票明天可以上涨20%就行。"

从金融机构的角度来讲，他们旗下有一位算命先生，就是公司最好的宣传品牌，能够帮助他们把金融产品推销给更多的投资者。

大部分读者应该都不相信号称能够预测未来的算命先生。那么在金融行业是否存在那些能够预测股市、房市和宏观经济的算命先生？他们的预测记录如何？作为投资者，我们应该如何理性地看待这个问题？本章就来重点分析这些问题。

高盛的投资建议

记得几年前的一天，一位朋友忽然打电话给我，神秘兮兮地跟我说："伍老师，你收到我的邮件了吗？可以帮我看看邮件中的投资建议吗？"

我查了邮件，原来这位朋友发给我的是美国投资银行高盛集团给出的2017年投资建议。我打电话告诉这位朋友："您发给我的就是一个券商的投资建议而已，这种所谓的投资建议看看就好，不能太当真。聪明的投资者要为自己着想，不要被这些金融机构欺骗了。"

为什么这么说？原因在于金融行业里有一些写手，他们会专门炮制一些市场分析和预测报告，给出各种投资建议，比如某某股票会下跌、某某基金会上涨。投资者很容易相信他们并因此受到欺骗。

1999年，美国《福布斯》杂志刊登了一篇非常有名的文章，叫作《一个公募基金记者的忏悔》（Confession of a Former Mutual Fund Reporter）。在这篇文章中，作者说道："我曾经是一个专门报道公募基金的记者。在白天，我们狂写那些类似于'最好的6只基金'的报道。而在晚上，我们自己偷偷购买那些费用率低廉的指数基金。"[1]

也就是说，写手们为了商业利益会不断炮制没用的分析报告，引诱投资者投资，这样那些相关利益团体（比如券商、基金经理、金融报刊等）就能从中获利，但他们自己绝不会购买自己写的"好基金""好股票"。

有些读者可能会问："高盛集团是世界上最有名的投资银行之一，他们的员工都是百里挑一、非常优秀的天之骄子。这么优秀的一家公司怎么可能生产这种'金融垃圾'？"这是一个非常好的问题，值得我们花时间仔细研究。

首先，券商的分析员为了自己的利益向投资者提供糟糕的投资建议，这样的

---

[1] Anon. Confessions of a former mutual funds [EB/OL]. (1999-04-26) [2019-07-08]. http://archive.fortune.com/magazines/fortune/fortune_archive/1999/04/26/258745/index.htm.

例子数不胜数。2001年，在美国安然公司（Enron Corporation）宣布破产的前6个星期，在17位跟踪安然公司的分析员中，有15位依然向投资者建议买入该公司股票[1]。于是，听从这些建议的投资者遭受了灭顶之灾。

2002年，美国的美林证券爆出丑闻，该公司的分析员经常向投资者推荐他们私底下觉得烂得一塌糊涂的股票。美林证券被爆出的内部邮件显示，这些年收入超过几百万美元的分析员在报纸和电视上夸夸其谈，向投资者推荐各种估价高得离谱的股票。私底下，他们却互相调侃"只有笨蛋和傻瓜才会购买这样的股票"。因为这些令人作呕的做法，美林证券后来同意向美国证券交易委员会上缴1亿美元罚款。但是被这些分析员忽悠了的投资者，他们损失的真金白银永远都追不回来了。[2]

券商给出的投资建议对投资者来说价值不大，主要有两个原因。首先，正确预测市场是一件非常困难的事。如果这些分析员真的有持续准确预测市场的"神力"，那么他们应该自己去投资，这样赚钱岂不是更直接？

其次，券商的利益和投资者的利益之间有直接冲突。投资者需要的是能够带来好的回报的投资建议，而券商作为一个金融市场中介，他们的核心利益在于收取佣金。只要能够刺激投资者增加交易量，他们就能挣得更多的佣金，对于券商来说这就是一笔好买卖。

根据美国彭博社的报道，在2015年年底，作为对2016年的展望，高盛集团向他们的客户推荐了6个投资建议（2016年最佳投资策略）。这些建议包括：卖空

---

[1] CRAIG S, WEIL J. Despite losses, complex deals analysts remain high on enron [EB/OL]. (2001-10-26) [2019-08-09]. https://www.wsj.com/articles/SB1004043182760447500.

[2] GASPARINO C. Merrill will pay $100 million fine to settle New York's analyst probe [EB/OL]. (2002-05-22) [2019-05-07]. https://www.wsj.com/articles/SB1021984263586757080.

欧元和日元，看多通货膨胀，购买墨西哥等新兴经济体的货币等。[1]

到了2016年2月初，也就是不到2个月的时间，高盛集团宣布收回这6个建议中的5个，因为它们全都错得离谱。如果投资者按照高盛集团的建议真的做了这些投资，那么就会遭受巨大损失。

英语里有句话叫作"Fool me once, shame on you. Fool me twice, shame on me."意思是："骗我一次，你真无耻。骗我两次，是我活该！"所以我建议大家，为自己着想，看好自己的钱包。指望券商的投资建议发家致富，实现财务自由，是非常幼稚的想法。

在这里，我向大家推荐一本经典书籍：《客户的游艇在哪里》（Where Are the Customers' Yachts?）[2]，这本书也是巴菲特向广大投资者推荐的必读书目之一。书名的由来是假如你和一位非常成功的券商或者投资银行家出去吃饭，他可能会告诉你他很成功。他穿着几万美元一套的西装，吃着高档饭店的大龙虾，进出必坐头等舱，非五星级酒店不住。

这位成功的券商或者投资银行家可能还会向你展示他那价值好几百万美元的游艇。很多人可能没有意识到的是，游艇的主人好像都是券商和投资银行家。那么问题来了：客户的游艇在哪里？

很遗憾的是，在这场令人炫目的金融游戏中，最后占尽便宜的似乎总是这些券商和投资银行里的"成功人士"，而不是他们的客户，即投资者。事实上，券商和投资银行家能够买得起昂贵游艇的主要原因之一，就是有很多"人傻，钱多，速来"的投资者在不知不觉之中为他们的奢侈买了单。

---

[1] EVANS R, WONG A. Goldman sachs abandons five of six 'top trade' calls for 2016 [EB/OL]. (2016-02-10) [2019-07-08]. https://www.bloomberg.com/news/articles/2016-02-09/goldman-sachs-abandons-five-of-six-top-trade-calls-for-2016?leadSource=uverify%20wall.

[2] 施韦德. 客户的游艇在哪里[M]. 孙健, 译. 北京：机械工业出版社. 2007.

预测很困难

上一小节和大家分享了高盛集团做出的糟糕的投资建议。有些朋友可能会说，这只是个例，不一定有代表性。因此在这一节，我们就来重点说说"预测"。

我们首先需要意识到的是，持续对未来做出正确的预测是一件非常困难的事。

举例来说，美国的穆迪公司（Moody's）有一套非常复杂的分析模型，专门用来预测谁会赢得美国总统大选的胜利[1]。该模型综合了很多数据，比如美国各州的经济指标、房价、汽油价格、个人收入等一大串数据。

自1980年以来，穆迪公司的该模型连续9次做出了正确的预测。要知道，1992年来自阿肯色州的无名小辈威廉·克林顿（William Clinton）战胜乔治·布什（George Bush，老布什）出乎很多人的意料，2008年奥巴马成功当选美国历史上第一任黑人总统又让很多人大呼意外。而穆迪公司的这套神奇的总统选举预测模型竟然全都猜对了。

然而，在2016年的美国总统大选中，穆迪公司的模型预测希拉里·克林顿（Hillary Clinton）将以绝对优势赢得总统宝座。这着"臭棋"终结了这个神奇的模型长达30多年连续预测准确的骄人纪录（见表14-1）。

表14-1 穆迪公司模型预测与真实选举获胜者对比

年份	穆迪公司模型预测	选举获胜者
1980年	罗纳德·里根（Ronald Reagan）	罗纳德·里根
1984年	罗纳德·里根	罗纳德·里根

---

[1] Anon. Moody's analytics election model predicts Clinton win [EB/OL]. (2016-11-02) [2018-10-19]. https://www.reuters.com/article/us-usa-election-research-moody-s-idUSKBN12W56J.

（续表）

年份	穆迪公司模型预测	选举获胜者
1988年	老布什	老布什
1992年	威廉·克林顿	威廉·克林顿
1996年	威廉·克林顿	威廉·克林顿
2000年	小布什（George W. Bush）	小布什
2004年	小布什	小布什
2008年	奥巴马	奥巴马
2012年	奥巴马	奥巴马
2016年	希拉里·克林顿	特朗普

数据来源：穆迪公司

要想对诸如总统大选这样的事件做出正确预测，本就是一件难度相当高的事情。2006年，美国宾夕法尼亚大学教授菲利普·泰特洛克（Philip Tetlock）出版了一本畅销书，叫作《狐狸与刺猬：专家的政治判断》（*Expert Political Judgement: How Good Is It? How Can We Know?*）[1]。在书中，泰特洛克援引了一个非常有趣的研究实验。

泰特洛克和他的团队收集了1984—2003年间284位专家做过的28000个预测。这些预测来自各行各业的专家，包括记者、教授、分析员等，覆盖了那个时代主要的政治和宏观预测。

在对这些预测做了详细检验后，他们得出结论：这些专家的预测准确率只比靠运气投硬币猜测稍微好一点而已。并不是说这些专家都是白痴，他们的预测准确度确实比门外汉（控制组是一群大学生）稍微准确一些，但是准确的幅度非

---

[1] 菲利普·泰特洛克.狐狸与刺猬：专家的政治判断[M].季乃礼等，译.北京：中国人民大学出版社，2013.

常小。

同时，泰特洛克和他的团队发现：一旦有了一定的基本知识，那么更深的行业知识对于提高预测准确度并没有任何帮助。举例来说，一位加拿大专家和一位俄罗斯专家对于俄罗斯问题的预测准确度基本一致，没有实质性区别。

1982年，来自美国麦肯锡咨询公司（McKinsey & Company）的汤姆·彼得斯（Thomas Peters）和罗伯特·沃特曼（Robert Waterman）合作出版了一本畅销书，叫作《追求卓越》（in Search of Excellence）[1]。在书中，作者列举了6个标准，并依据这6个标准挑选了30家左右最伟大的公司。

这6个标准是：资产增速、股本增速、总资本回报、股本回报率、销售利润率和市净率。

基于以上6个标准，作者选出了如表14-2所示的一组伟大的公司。其中有很多名头很响的公司，比如波音公司、国际商业机器公司、英特尔、麦当劳等。

表14-2 符合6个标准的公司

阿莫科公司	美国数据通用公司	美国福陆公司	凯马特	英特尔	美国3M公司
雅芳	达美航空	卡特彼勒公司	迪士尼	强生	默克
波音公司	陶氏化学	德纳	柯达	美泰克	美国国家半导体公司
百时美施贵宝	杜邦	惠普	IBM	麦当劳	宝洁
瑞侃	施伦贝格	德州仪器	沃尔玛	王安电脑	

---

[1] 汤姆·彼得斯,罗伯特·沃特曼.追求卓越[M].胡玮珊,译.北京：中信出版社,2012.

这样的选择过程看起来非常有逻辑和系统性，这也是为什么作者能够基于这些理论写一本书。但问题是，通过这种方法选出来的公司真的伟大吗？

美国学者克莱曼（Clayman）在1987年和1994年写了2篇学术论文，对这个问题进行了细致的研究。根据《追求卓越》中提到的6个标准，克莱曼将美国的公司分为"伟大"和"渺小"2大类。渺小的公司是根据书中的6大标准排名最末的一些公司。然后克莱曼将2类公司的股价表现进行了对比，发现那些渺小的公司股价业绩远远高于伟大的公司。也就是说，看似伟大的公司，其股东回报并不伟大（见表14-3）。[1]

表14-3　2类公司的股价表现对比

项目	伟大的公司	渺小的公司
年回报率（%）	12.7	24.4
相对于标准普尔500指数的年回报率（%）	1.1	12.4

2016年1月，美国《华盛顿时报》上刊登了一篇经济预测文章。作者指出，由于中央银行错误的货币政策以及石油价格的波动，美国和世界其他国家将在2016年经历一场经济衰退。同年2月，美国摩根大通集团（J. P. Morgan Chase & Co）的经济研究部门作出预测，2016年美国有81%的可能性会发生经济衰退。

如今2016年已经过去了，即使经历了像"英国脱欧"这样的"黑天鹅"事件，但全球主要经济体并没有发生耸人听闻的经济衰退。这让我想起了经济学界的一句玩笑话：在过去的5次经济危机中，经济学家预测到了15次。

这样的预测"乌龙"事件不光限于美国。

2016年1月1日，中国股市正式实施熔断机制。对于该机制的推出，海通证券曾发布过一则报告称，熔断机制是成熟市场的必备机制，有助于稳定市场过激情

---

[1] CLAYMAN M. In search of excellence: the investor's viewpoint [J/OL]. Financial analysts journal, 1987, 43 (3): 54-63 [2019-10-29]. https://www.jstor.org/stable/4479032.

绪。熔断机制可以应对突发情况，缓和市场情绪，有效改善交易氛围。中国国际金融股份有限公司发布报告表示，熔断机制的引入会起到部分稳定市场的作用。由于市场波动加大时，交易将被强制性中断，因此熔断机制能够起到一定的稳定市场作用。

结果熔断机制刚开始实施，就创下多个历史纪录（比如最短开盘时间）。在熔断机制实施了一个星期后，上海证券交易所、深圳证券交易所、中国金融期货交易所于2016年1月8日宣布暂停施行熔断机制。

上面例子告诉我们：

（1）要想持续准确地预测未来是一件非常困难的事情。如果轻易地听信专家对未来的预测，并基于这些预测做出自己的投资决策，投资者很可能就要承担巨大的风险。

（2）有时候，某些专家因为做出过一两次正确的预测名声大噪。但是我们很难断定这是因为他确实有独到的见解，还是只是运气特别好。如果没有证据显示该专家有长期预测准确的能力，那么盲信他的投资建议就非常危险。

（3）这么多专家的预测都错得离谱，是不是代表专家都是在忽悠大众？产生这样的想法虽然可以理解，但也未免过于极端。专家的知识水平和判断力确实高于门外汉，但是由于这个世界高度的复杂性，因此指望专家给出精准的预测是不现实的。

专家可能比普通人做得稍微好一些，但也仅此而已。像苏联解体、柏林墙倒塌、2008年金融危机、欧元债务危机等"黑天鹅"事件都是在时间、地点、人为等多重因素的综合作用下发生的。如果这些事件可以被预测，那么它们从一开始就不会发生了。如果大家都能预料到2008年金融危机的到来，那么各国政府和其中央银行就会提前做出反应，而金融危机也就不会发生了。

要想做出准确的预测是非常困难的，要想持续做出准确的预测更是难上加难。一个理性的投资者需要理解这个重要的道理。

我们能靠预测赚钱吗

上一节我和大家分享了一些案例,证明要想做出正确的预测是一件非常困难的事。本节我将帮助大家分析能不能通过预测获得投资成功。在下面的内容中,我将以时间为序,从早到晚回顾一些历史上针对金融预测做过的实证研究以及它们的研究结果。

在美国耶鲁大学,有一个经济研究机构叫作考尔斯经济学研究基金会(the Cowles Foundation for Research in Economics),该机构是以美国经济学家和商人阿尔弗雷德·考尔斯(Alfred Cowles)命名的。

1932年,考尔斯在《经济计量学》(Econometrica)上发表了一篇学术论文,名为《"股神"能预测股价吗?》(Can Stock Market Forecasters Forecast?)。在该论文中,考尔斯仔细研究了45家股评机构在5年中给出的7500只股票推荐。

在对这些推荐做出研究分析后,他得出结论:这些专家荐股的准确度很难说是由于他们真正有水平,还是只是运气好。也就是说,这些专家的推荐有时候正确,有时候错误。在统计学上,他们预测的准确度和通过扔硬币猜正反面选股的准确度没有显著区别,因此无从得知这些专家到底有没有预测能力。在金融历史上,这可能是对专家的"预测术"第一次比较系统的"打脸"。

1996年,美国有位学者约翰·格雷厄姆(John Graham)收集了数百本投资期刊,并对它们对于股票市场的预测做了统计分析,得出的结果并不让人乐观。

比如图14-1中的横轴显示的是投资期刊建议读者增加购买股票的比例(0%~70%),而纵轴显示的是在给出推荐之后的下一个月美国股市的回报率(-30%~20%)。

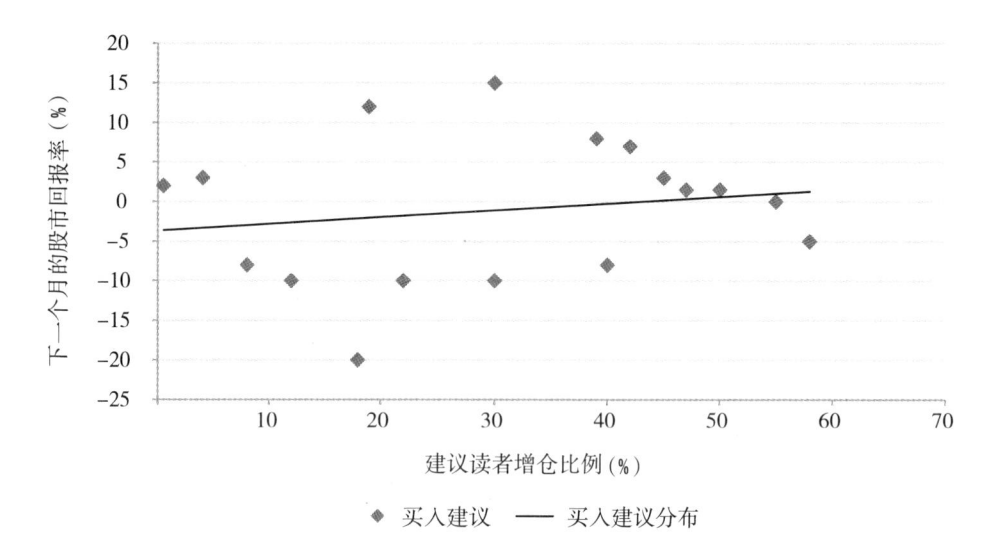

图14-1 投资期刊买入股票建议的准确性

我们可以看到,这些投资期刊做出的购买股票的预测,和股市的走向基本没有什么相关性。在很多时候,投资期刊做出了增加购买20%~40%股票的建议,而下一个月股市就下跌了10%,甚至在个别月份会下跌20%。

这些投资期刊做出看跌预测,建议投资者卖出手上股票的正确率也很差劲。如图14-2所示,在这些投资期刊建议卖出股票后的一个月,美国股市大约有一半时间是上涨的。也就是说,那些所谓的"专家建议"和投硬币然后根据正反面买卖股票差不多。

1999年,美国学者贾飞(Jaffe)和马奥尼(Mahoney)在《金融经济学杂志》(Journal of Financial Economics)上发表了一篇学术论文,名为《投资简报的预测准确性》(the Performance of Investment Newsletters)。通过对1980—1996年间近100份投资期刊中的荐股预测进行系统性分析,他们得出结论:投资期刊中推荐的股票回报不及它们对应的比较基准。也就是说,这些专家提供的荐股服务价值为0。

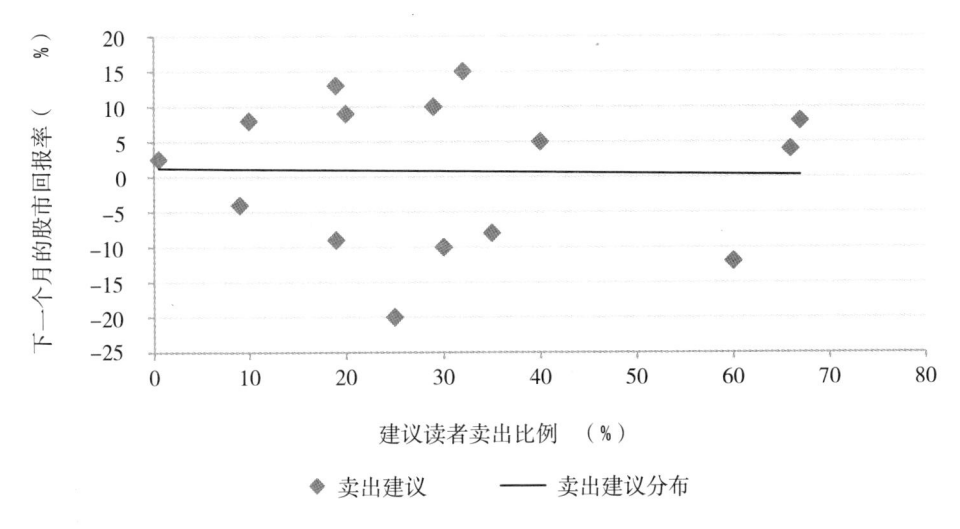

图14-2 投资期刊卖出股票建议的准确性

美国智库科众公关顾问（CXO Advisory）曾经对市场上关于美国股市的择时预测做过一个综合性研究统计。在1998—2011年间，他们收集了多达7000个关于美国股市（标准普尔500指数）的预测，然后在事后对比验证这些预测的准确性。

研究发现，这些预测的准确率基本都在50%以下。也就是说，听这些专家的建议，还不如靠丢硬币决定是否购买股票。

2012年，英国《观察家报》（the Observer）就选股专家是否有专业能力举办了一场选股大赛。他们邀请了3支队伍参赛：一只名叫奥兰多（Orlando）的小猫，一群金融专业人士（来自基金公司和券商）和一批中学生。

2012年1月1日，每队被给予5000英镑，让他们选5只股票，每3个月可以换一次。奥兰多被给予一只塑料小老鼠。工作人员让奥兰多把小老鼠扔到一张金融报纸上，小老鼠停在哪只股票上就帮奥兰多买入哪只股票。

到了2012年12月31日，小猫奥兰多选择的股票组合回报最高，战胜了金融专业人士团队和中学生团队。专家的预测连一只小猫都不如，这个实验结果让很多华尔街的金融专业人士感到非常尴尬。

事实上，即使对一些重大政治事件做出了正确预测，投资者也未必能从中获得投资回报。

2016年6月，英国关于是否脱欧的公投中出现了令人意外的结果：超过50%的选民投票支持脱欧。该"黑天鹅"事件直接导致时任英国首相戴维·卡梅伦（David Cameron）辞职。

但是更令人意外的是，在英国脱欧公投结果公布以后，英国股市并没有像绝大部分经济学家和智库预测的那样崩溃。相反，从2016年6月23日公投结果公布到2016年年底，英国股市上涨了12%左右，是同期全球所有主要股市表现最好的国家之一，如图14-3所示为英国富时100指数，可以看到，从英国脱欧公投之后它基本保持着上涨趋势。那些正确预测了英国公投结果做空股市的对冲基金，反而蒙受了损失。

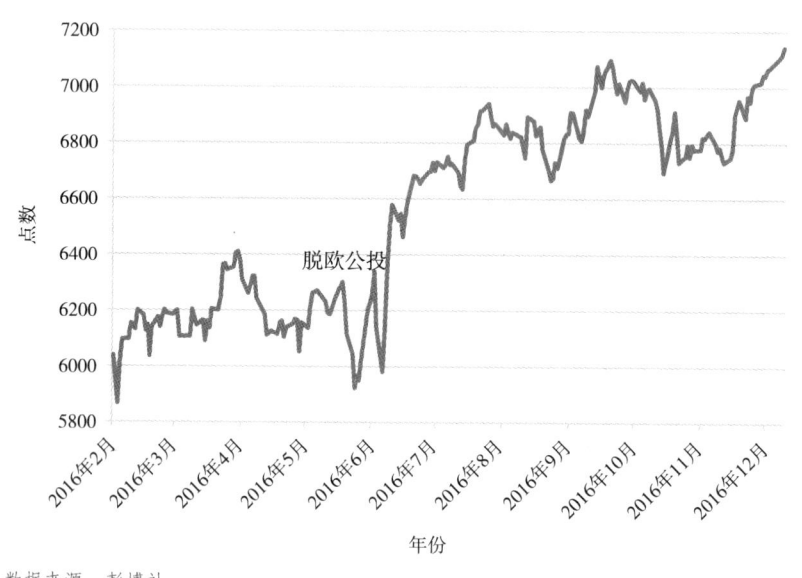

数据来源：彭博社

图14-3 英国富时100指数趋势

类似的情况在美国再度上演。2016年11月8日，特朗普出乎意料地击败希拉里当选美国总统。当时美国智库宏观经济咨询公司做出预测：如果特朗普当选美国总统，美国股市（标准普尔500指数）会大跌7%。

之前的2016年9月，美国密西根大学经济学教授贾斯汀·沃尔弗斯（Justin Wolfers）在《纽约时报》上撰文指出，如果特朗普赢得美国总统大选，美国股市会下跌10%~12%，美国经济可能会开始走下坡路。

事实上，从2016年11月8日特朗普赢得总统大选截至2017年1月31日，标准普尔500指数不跌反升，上涨了6.6%，如图14-4所示。同期，道琼斯指数离历史新高20000点咫尺之遥。

像宏观经济咨询公司和密西根大学教授这样的专家被打脸的情况远非个例。在赖瑞·斯威德罗（Larry Swedroe）写的《2016年的经验教训》（*Lessons From 2016*）一文中，他提到了下面这些预测"乌龙"事件：[1]

预测1：2016年1月，苏格兰皇家银行在一份研究报告中警告投资者，2016年将是充满风险的一年，股票可能会下跌20%，石油价格可能会跌到每桶16美元。

事实1：标准普尔500指数在2016年上涨了8.6%。西德州中间基原油价格从2016年年初的38美元上涨到年末的53美元，涨幅39.4%。

预测2：2016年5月，美林证券的美国股票策略部门主管萨维塔·萨布拉马尼安（Savita Subramanian）宣称，美国股市受到"大选年"的影响，很可能会发生暴跌，标准普尔500指数会下跌到1850点低位。

事实2：标准普尔500指数从2016年5月到2016年年末上涨了8.4%。2016年12月29日标准普尔500指数收于2249点。

预测3：2016年8月，瑞银集团（UBS）向投资者发出警告，指出标准普尔500指数将面临大跌的压力。

---

[1] SWEDROE L. Lessons from 2016 [EB/OL]. (2017-01-23) [2020-02-03]. https://www.etf.com/sections/index-investor-corner/swedroe-lessons-2016-part-1?nopaging=1.

投资真相

图14-4 标准普尔500指数趋势

数据来源：彭博社

事实3：从2016年8月初到2016年年末，标准普尔500指数上涨了3.1%。

这样的例子举不胜举。2009年，美国联邦储备系统后文简称美联储）基准利率为0.14%。当时《华尔街日报》采访了一批经济学家，让他们预测下一年（也就是2010年）的基准利率。这些经济学家的共识是：美联储会升息，一年后基准利率会上涨到1.04%左右。事实上，一年后的2010年，美联储基准利率几乎纹丝不动，维持在0.17%左右。

2014年，在相同的问卷调查中，经济学家们预测基准利率会在一年后上涨到0.96%。事实上，一年后的基准利率为0.34%。2018年，经济学家们预测2019年的基准利率会上涨到2.89%，事实上一年后的基准利率为1.55%。2019年，经济学家们预测下一年的基准利率为1.48%，但实际结果为0.09%。

通过这些案例，我主要想说明，在金融市场里做任何预测都是很难的。我们需要理解并且敬畏市场的有效性。如果大家都很容易就猜到了接下来会发生的情况，那么往往这个时候市场早已充分消化了这样的预期，并且将其反映到了股票和债券的价格里。

投资中最珍贵的四个字：我不知道

2020年，美国标准普尔500指数全回报率（含红利）为18.3%，MSCI世界股票指数全回报率为16.09%。如果你问我是否预见了2020年会是如此一个大牛市，我可以老实告诉你：完全没有。

让我们回想一下2020年经历的事情：病毒流行，航空、酒店、电影等行业大裁员，中央银行降息，政府连续推出多轮救助政策。真的有人能预测到2020年美国股市会有双位数的增长？不管你信不信，反正我不信。

面对充满未知的未来，我们最诚实的回答其实就是这4个字：我不知道。然而，这4个字恰恰也是金融行业中最被看不起的4个字。

回顾过去十几年的投资生涯，我至少参加过几百场大大小小的投资峰会和研讨会。到目前为止，我几乎没有听到有哪位演讲者在面对投资者提问时主动承认"我不知道"。

投资者的问题五花八门，比如：目前股市的估值太高了吗？会不会下跌？你认为科技行业存在泡沫吗？病毒大流行对全球信贷流动有何影响？我应该买黄金吗？特斯拉的估值合理吗，可以买入吗？

事实上，不管是基金经理还是分析员，或者经济学家，他们绝无可能精通上面所有问题。极少数人可能对其中某一个问题有着比较深入的研究，但也仅此而已。即使有所研究，让他们预测接下来的短期价格变化也是强人所难，其实和问算命先生没多大区别。

这倒不是因为基金经理、分析员或者经济学家不够聪明，而是我们生活的这个世界实在太复杂了，导致要准确预测未来简直是难上加难，几乎不可能。然而在现实中，很少有人会主动承认自己没有能力预测未来，或者老实地告诉别人我不知道。背后有这么几个原因：

首先，市场对于预测有很大的需求，有很多人都希望被告知接下来哪个股票会大涨，哪个行业会成为下一个风口等等。假设你去参加一个投资峰会，有机会向台上的专家提问，你会问他什么？你难道不会抓住这个珍贵的机会，听听他对未来充满智慧的思考吗？

问题在于，这些饱含智慧的见解是不是真的灵验就是另一回事了。

2017年5月，被誉为"债券之王"的双线资本创始人杰夫·冈拉克（Jeff Gundluch）在美国一场投资峰会上抛出了极度看空标准普尔500指数的观点，并建议投资者做空标准普尔500指数，做多新兴市场股市。冈拉克谈道："以市销率和市盈率来看，新兴市场的估值仅为标准普尔500指数的一半。"

在接下来3年多时间里，截至2020年12月底，标准普尔500指数上涨了约68.7%，而MSCI新兴市场指数上涨约40%，仅为标准普尔500指数涨幅的60%左右。

当然，我可能对冈拉克过分苛刻了，因为当他说新兴市场估值比标准普尔500指数便宜时并没有错，这是一个很合理的观察，问题在于该观察和后面的建议没有必然的因果联系。如果投资者跟随他的建议做空以标准普尔500指数为代表的美股，买入新兴市场股票，那他们将蒙受严重的投资损失。

其次，如果投资专业人士承认自己不知道很多东西，那他的价值何在？他还有什么脸面向客户收费？我们不妨想象一下，一位高净值客户打算把几百万美元交给一位私人银行家打理。这位客户问银行家："你怎么看美股，接下来会跌吗？"银行家如果说"我不知道"，恐怕就要丢掉这笔生意了。

第三，市场对于预测家是非常宽容的。即使他错误百出，也不一定会受到惩罚。但如果他偶尔对了一次，则可能被冠以专家的称号。所以对于预测家来说，潜在的回报和损失是不对称的：回报远远高于惩罚。这种不对称性鼓励了更多人热衷于预测活动。

事实上，从2012年开始，上文提到的冈拉克就一直看空美股。与此同时，从2012年到2020年年底，标准普尔500指数累计上涨了250%以上。如果投资者从2012年开始就听从冈拉克的建议做空美股，很可能亏得底裤都不剩了。但这并没有妨碍冈拉克年复一年成为媒体报道的热点人物，并且年复一年传播他的看空观点。

有一点是可以肯定的：市场迟早会发生像2000或者2008年那样的大跌。到时候，冈拉克很可能就可以大言不惭地说："你看，我早就告诉你了，市场会跌！"英语里有句老话叫作"一只坏的钟每天也会准两次"。这就是说，如果你不断地做出大量预测，总会遇到一两次对的时候。

这也是为什么冈拉克远不是特例，而是一种更普遍的现象。

在一份研究报告中，作者回顾并统计了一些被媒体大肆报道的"末日专家团"。"末日专家团"成员的共同特点是他们都对股市看衰，多次在公开场合预测股市的"世界末日"即将到来。"末日专家团"阵容非常豪华，包括"末日博士"努里尔·鲁比尼（Nouriel Roubini）、诺贝尔经济学奖得主保罗·克鲁格曼（Paul Krugman）、基金经理卡尔·伊坎（Carl Icahn）和乔治·索罗斯等。作者假设投资者听从这些专家的意见卖出股票，买入债券，然后统计了由此带来的投资回报。得出的结论让人沮丧：平均来说，投资者会蒙受30%~60%左右的投资损失。越早开始听他们的话，蒙受的损失越大。[1]

从上面这些分析我们可以得出哪些教训？

第一，世界非常复杂。如果你觉得未来很容易被预测，那么多半是你跌入了过度自信的陷阱。

2019年年底，10年期美国国债收益率为1.92%。这是当时一些专业人士的

---

[1] CEMBALEST M. Thanksgiving eye on the market: "the thing" [R/OL]. (2021-11-05) [2020-03-04]. https://privatebank.jpmorgan.com/gl/en/insights/investing/eotm/the-thing.

预测：

（1）《华尔街日报》在2019年11月对一些经济学家发起问卷调查，让他们预测下一年的国债收益率。这些经济学家主要分成看多和看空两大阵营。看多的经济学家预测国债到期收益率将超过1%，看空的经济学家预测国债到期收益率超过3%。[1]

（2）路透社（Reuters）调查显示，华尔街的固定收益策略师预测到2020年年底，10年期美国国债收益率将为1.9%。

（3）东方汇理银行（Crédit Agricole Corporate and Investment Bank）的固定收益团队预测，10年期美国国债交易价格将与2019年相似，为1.46%~2.78%。

（4）新加坡华侨银行的经济学家预测，到2020年第4季度，10年期美国国债收益率将达到1.7%左右。

那么2020年12月月底的10年期美国国债收益率为多少呢？答案是0.92%。也就是说，即使是那些预测范围最低的专家，也完全错了。一年之前，几乎没有人会预测到10年期美国国债收益率会下降到1%以下。

第二，独立思考无法外包。

对于广大投资者来说，真正有价值的并不是专家做出的预测结论和投资建议，而是他们分析思考的逻辑。我们应该更关注他们列举的数据、思考的过程和逻辑，而不是他们最后的结论。如果我们不经大脑思考，就盲信专家的建议做出投资决定，那就注定会吃亏。在金融投资中，独立思考的过程无法外包。

第三，任何时候都不要忘记多元分散。

多元分散最重要价值之一就是帮助你应对"万一错了"的可能性。很多时候，我们会觉得某一个投资策略看上去板上钉钉，肯定会赚钱。比如日本的10年期国债收益率长期处于比较低的位置，任何时候你都可能觉得它已经低到不能再

---

[1] 债券的回报和到期收益率之间是相反的。即投资者购买债券以后，如果到期收益率下降，那么投资者会获利；反之，如果到期收益率上升，那么投资者会蒙受损失。

低了，接下来只会上升，不可能下降。但事实上日本10年期国债的收益率在过去20年一直在2%以下，从2016年开始的零收益和负收益已经持续了4年多。那些基于自己深信不疑的理由做空日本10年期国债的投资者，会为自己的盲目自信和集中投资付出代价。

看不清未来，不确定接下来会发生什么其实并不可怕，因为这才是生活的常态。我们需要警惕自己不要以井底之蛙的心态看世界，误以为自己看清了方向，其实只不过是"无知者无畏"。我们应该承认自己认知的边界，接受未来的不确定性，坚持以多元分散的原则应对和拥抱这些不确定性，努力让自己成为更聪明的投资者。

理性对待专家预测

金融市场中的众多投资者对于预测，特别是宏观预测，有着非常大的兴趣。举例来说，几乎所有投资者都高度关注美联储的升息或者降息节奏。因此经济学家对于美联储升息或者降息的预测总能吸引眼球。

问题在于，美联储的货币政策是关着门讨论的。在开完会的当天，美联储会发布一则简短的公告，3周以后会公布简要的会议纪要，而真正详细的会议纪要则要等到5年后才会公开。当然对比其他一些国家中央银行不公布会议纪要的做法，美联储的安排已经非常透明了。但在这种相对透明的安排下，局外人想要预测美联储的下一步升息或者降息决定，也几乎不可能。

事实上，哪怕美联储已经明确告诉大家他们接下来会怎么做，也未必代表投资者能猜到结局。举例来说，现在已经公布的1993年12月21日的美联储会议纪要显示，当时的美联储官员和联邦储备委员会主席艾伦·格林斯潘（Alan Greenspan）在开会讨论后决定不升息，并且在对外公开的新闻发布会上也是言之凿凿。但是从1994年年初开始，美联储连续升息，在之后的一年半内将基准利率从3%上升到6%，整个市场为之震惊。事实上，哪怕连美联储主席自己都未必知道6个月后是升息还是降息，在这种情况下预测能保证多大的准确性呢？

既然如此，为什么我们几乎每天都能从各种金融报刊和网络媒体上读到大量专家预测和分析报告？

事实上，我们仔细想想就不难发现，当代金融市场中对于未来做出预测的经济学家和分析师与古代的占卜师是很像的。占卜可以称得上人类社会中最古老的行业之一，占卜师往往不用自己劳动也能丰衣足食。比如远在春秋战国时期，每个国家在出征打仗前都要请占卜师先占一卦。古代的君主、将军和士兵在出征前最想知道这一仗能不能打赢？自己能不能活着回来？占卜极大地满足了人类的心理需求。

现在大部分读者都能明白占卜和瞎扯没多大区别。因为我们知道哪怕是常胜之师，也不可能保证每次战争都赢，士兵都能活着回来。但占卜师不可能在战前就告诉士兵，这场战争会输，他们再也回不来了。然而一些聪明人即使明知道占卜是瞎扯，他们也选择看破不说破，因为他们看到了预测对于人类心理的满足。第二次世界大战时期，诺贝尔经济学奖得主肯尼斯·阿罗（Kenneth Arrow）受雇于美国军方担任天气预报员。在做了大量尝试后，阿罗向上司汇报：天气是不可能预测的，他们所做的天气预报完全没有意义，建议取消。没想到上司回复：司令完全清楚天气不可预测，但他仍需要这些预测以做计划之用。这就是看破不说破。

那么投资者应该如何更加理性地对待专家预测呢？在我看来，我们可以做的有以下几点：

第一，现代社会的分工高度复杂，并且全球化使该复杂程度还延伸到了国际维度，因此各行各业的专家绝对是不可或缺的。

但是，我们也应该明白专家的局限性，不能迷信专家，更不能盲目听从专家给出的各种预测。我们应该为自己着想，用知识和信息武装自己，通过冷静和客观的分析帮助自己做出最理性的决策。特别在面对专家对未来的预测时，我们更要谨慎对待。

第二，任何时候都不要把所有希望赌在一两个专家身上，"兼听则明，偏信则暗"。我们应该多听、多读、多思考，并且比较不同专家不同的意见。在接受任何一个专家的意见之前，我们应该始终保持独立思考和质疑的习惯。

第三，我们需要理解，在各种政治和经济事件中，运气对于结果有很大的影响。用几个单独事件的结果倒推一个人的预测能力，并且将这个人奉若神明，那就犯了将运气和技能混淆的错误。在这种情况下盲目听信专家的预测，不太可能获得成功。

读者需要理解：我们需要接受未来的不可预测性。大量研究显示，在金融市场，哪怕是预测专家，其预测准确率也很难超过50%，这和投一枚硬币瞎猜的准确率没什么区别。当然，这并不代表他们的分析和预测毫无价值。至少他们可以给我们提供分析角度和数据，帮助我们独立思考。但是，如果投资者只是基于媒体宣传，而非严谨的数据考证，就盲目崇拜那些预测大师，甚至拿出真金白银为大师的信口开河买单，那就真做了"冤大头"。

同时需要指出的是，未来不可能预测并不代表投资者就束手无策了。从投资角度来讲，用最低的成本，实现最大范围的多元分散，是广大个人投资者应对充满未知的未来最有效的方法。经济运行有周期，中央银行在不同时期也可能推出扩张或者收缩的不同政策，这就决定了在不同阶段，像股票、国债、公司债、房地产信托等不同资产，其投资回报会有不同的反应。在股票市场，不同行业对于同一宏观环境和经济周期的反应也各不相同。想要在如此复杂的环境中通过择股、择行业或者择时来获得超额回报，是非常困难的，一不小心就会误入歧途，拖累自己的投资回报。更好的方法是在资产类别和国家层面实现多维度的广泛分散投资，这样才能以不变应万变，获得长期稳定的投资回报。

第 5 部分
克服信息不对称

英国著名散文家、哲学家弗朗西斯·培根（Francis Bacon）说过：知识就是力量。在金融投资领域，我们也可以把这句话理解为：信息就是力量。

我在金融投资行业工作多年，同时也坚持写了不少投资教育类的文章，对"信息就是力量"这句话感触颇深。很多时候，广大投资者吃的就是"信息不对称"的亏。如果他们可以早点看到一些投资教育类的文章，早点了解一些金融理财产品的风险和费用，那么也许他们就不会在不知不觉中成为某些金融机构"收割"的对象了。

那些非常聪明的金融机构也深谙这个道理。因此，他们会千方百计地施加影响，封锁那些对他们不利的信息，向投资者灌输对他们有利的"迷魂汤"。

从投资类别来说，越是透明度差的大类资产，信息不对称性越严重，投资者可能栽进去的陷阱也越多。比如我们对比证券交易一级市场里的私募股权和证券交易二级市场里的上市公司就不难发现，相对来说，证券交易一级市场的透明度低，流动性差，辨别真伪的难度更大。

因此在本部分，我会先和大家深入分析私募股权投资，为大家普及一些必要的投资知识，帮助大家提高"免疫力"。然后，我会通过一个具体案例为大家分析大型金融机构是如何制造信息不对称，从而提高自己相对于散户投资者的博弈优势的。最后，我会和大家分享一些建议，告诉大家如何在这个"信息大爆炸"的年代沙里淘金，选出高质量的信息，提高自己做出投资决策的质量。

第15章 寻找风口上的猪

如果要用一句话总结过去10多年广大中国投资者的心态,做"风口上的猪"可能是最恰当的候选标语之一。投资者花那么多时间,做出各种尽职调查,读尽各种分析研报,目的不就是为了找到下一个风口,做一回风口上的飞猪吗?

这也是私募股权投资受到很多投资者追捧的主要原因之一。只要能够找对行业,投中像阿里巴巴、希音(Shein)、京东这样的"独角兽"公司,那么所有付出的辛苦和承担的风险就都值了。

在这一章,我就来分析一下个人投资者能否通过这样的心态快速致富。我首先会介绍什么是私募股权,以及在私募股权投资中常见的一些坑。然后我会和大家分享一些著名的私募股权投资案例,包括贝恩资本(Bain Capital)和安德里森·霍罗威茨投资公司(Andressen Horowitz)的故事。最后,我会帮助大家做一些总结,讨论从这些案例中我们可以学到什么。

私募股权简介

任何公司的成长过程都不可能一帆风顺,而在公司成长过程中经常缺少的最大资源就是资金（有了资金就可以购买其他资源，比如设备、人才、科技等）。那些成功上市进入证券交易二级市场流通的大企业，可以通过股市和债市上的操作募集所需要的资金。但是也有很多公司处于初创和成长阶段，或者还没有上市。在这个阶段，私募股权投资就可以填补这个缺口，为这些公司提供需要的资金。

大致来讲，私募股权投资在公司发展的不同阶段有以下一些主要类型：

创业投资

创业投资，也叫风险投资，一般是在初创企业比较早期的时候，投资人以入股的方式为被投资企业提供资金。在创业投资阶段，很多公司刚刚成立不久，现金流为负，因此这个阶段的投资风险比较高，投资人血本无归是常有的事。

在创业投资之前还有一种更早阶段的投资方式，叫作天使投资。天使投资由于介入的阶段更早（比如在商业计划书阶段），因此风险比创业投资更高。

成长资本

一般来说，成长资本对应的阶段被投资公司已经形成一定规模，因此每一个投资项目的投资额都会比创业投资更高。相对来说，被投资公司倒闭的风险也会稍微低一些。

夹层融资

夹层融资比较特殊，不同于一般的股权融资或者商业贷款。通常，夹层融资会以可转换债券或夹层资本的形式融入被投资公司。

收购

收购一般针对的是相对比较成熟的公司，因此每一单收购所需要的投资额都会比较大。很多私募股权基金在收购后会对被收购公司做出很多改变，比如更换管理层、改变公司资本结构和运营策略等，以图在短时间内快速提高被收购公司的估值。

私募股权投资具有以下几个特点：

第一，不透明。顾名思义，私募股权投资的都是证券交易一级市场里的非上市公司。因此相对来说，被投资公司的信息更加隐秘，投资者需要做的尽职调查要求更高，被投资公司的估值也会更富有争议性。

第二，流动性差。由于私募股权的投资标的都是非上市公司，因此资金投进去以后要退出会比较难。如果是天使投资或者创业投资，那么要等到公司上市再退出，很可能就要等10年或者更长时间。当然，也有一些私募股权投资是通过中途转手退出的，但是中途转手要找到合适的买家并不是一件容易的事。

第三，风险高。私募股权投资的高风险来自公司小、流动性差、信息不透明、高杠杆（很多私募股权基金都会通过高杠杆实现收购）和高收费（一般私募股权基金经理的收费都为2%的管理费和20%的业绩分成，有些明星基金经理的收费更高）。

由于上面提到的这些特点，私募股权投资并不适合大众投资者，而更适合职业机构投资者。但是在中国，有很多个人投资者受到高回报的吸引，也加入了私募股权投资的行列。

根据中国证券投资基金业协会公布的数据显示（见图15–1），私募股权、创业投资基金管理人数量在2015—2017年井喷。2015年一年新增7000多家私募股权、创业投资基金管理人。

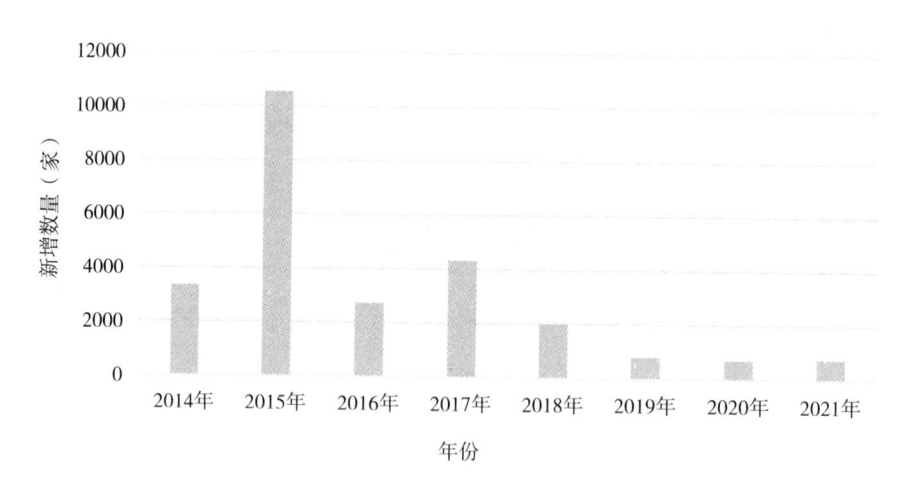

图15-1 私募股权、创业投资基金管理人新增数量（2014—2021年）

在此之后，受到疫情的影响，私募股权投资行业发展有所放缓。如图15-2所示，2021年全年私募股权投资基金备案规模为4500亿人民币左右，不到2017年的1/3。但是相信随着疫情的结束，经济增长开始复苏，私募股权行业也会触底反弹。

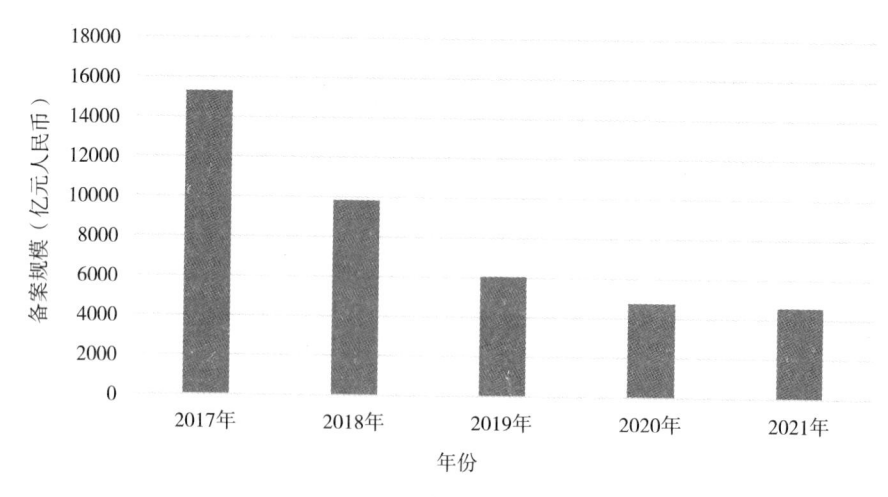

图15-2 私募股权投资基金备案规模（2017—2021年）

投资者投资证券交易一级市场的主要原因，就是那一个个类似京东、阿里巴巴、希音的"独角兽"公司。作为普通投资者，我们能不能从这些"独角兽"公司中获得投资回报？

接下来，我来帮助大家学习如何正确分析私募股权投资回报。

如何正确计算私募股权投资回报

在私募股权基金的宣传材料中，经常可以看到这样让人血脉偾张的广告语：软银投资阿里巴巴，7年回报71倍；今日资本投资京东商城，7年获利100倍！100倍是什么意思？就是你投进去1万元人民币，7年后会变成100万元人民币。如此惊人的投资回报对于任何人来说都充满了吸引力。

那么私募股权投资是不是就像表面上看到的那样"遍地是金矿"？读者应该都明白幸存者偏差这个概念，简而言之，上面提到的这些翻倍的投资案例，都是从成百上千个投资案例中脱颖而出的极少数的幸存者。用这些幸存者来评估私募股权投资，显然大大高估了投资回报，低估了投资风险。

这就好比看比尔·盖茨（Bill Gates）和马克·扎克伯格（Mark Zuckerberg）的例子，得出大学生辍学创业更能获得成功的荒唐结论。阿里巴巴的创始人马云说过："有人讲比尔盖茨大学没读完，还有杨致远，全世界也就一个比尔·盖茨和杨致远，我认为这种概率不能去学，大学不读出来创业，总有一天是要后悔的，是要付出代价的。"

那么我们应该如何客观地评估私募股权投资的成功率和风险？和公募基金相比，私募股权基金信息的透明度要差很多。同时，由于证券交易一级市场的投资周期都比较长（5年以上），因此很多私募股权基金投资者的回报率需要等好几年才可能看得清楚。这些因素导致目前国内对于私募股权投资行业的科学性评估比较稀缺，但是我们仍然可以基于一些有限的信息，大致了解这个行业。

根据搜狐报道[1]，截至2016年9月，由李开复创办的中国最早的天使投资机构创新工场管理资产规模达4亿元人民币和4.55亿美元，共投资150家企业，其中1家成功IPO、7家实现并购，退出率为5.33%。有着"VC之王"称号的红杉资本自2005年成立以来，共投资400家企业，其中33家成功IPO、50家被并购，退出率为20.75%。而"中国PE之王"昆吾九鼎投资管理有限公司自2007年成立以来，管理资产规模达300亿元人民币，共投资400家企业，其中37家实现IPO，25家被并购，退出率为15.5%。

下面我们以15%的退出率大致算一下一个私募股权基金投资者可能获得的回报。这是一个书面上的计算过程，因此会包括一些假设条件。

假设我们投资一只7年期的私募股权基金，在期初投入100万元。该基金有15%的项目成功退出（这个比例已经非常高了，堪称中国最出色的私募股权基金之一），退出的投资回报为10倍（一个非常成功的投资回报），那么该投资者投入的100万元中的15万元会变成150万元。

同时假设该基金有60%的项目不赚不赔，刚开始投进去60万元，7年后出来还是60万元。剩下25%的资金（25万元）"肉包子打狗，有去无回"。

根据这些假设，该投资者在7年后持有的基金份额净值为210万元，如表15-1所示。

表15-1　优秀私募股权基金投资者的资金变动

年份 现金流	初始年	第7年
现金流1 （15%退出）	-15	150

---

[1] 投黑马. 顶尖VC退出率不足20%?股权转让成无奈之举[EB/OL]. （2016-09-21）[2020-04-06]. http://www.sohu.com/a/114791401_114965.

（续表）

年份 现金流	初始年	第7年
现金流2 （25%损失）	-25	0
现金流3 （60%不变）	-60	60
总现金流	-100	210

根据以上数据我们可以算出，该基金费前的内部收益率（IRR）为每年11.18%。[1]如果扣除基金经理的收费（2%的管理费和20%的业绩分成），以及基金本身的运营费用（托管费、审计费等，假设为0.5%），那么投资者拿到手的净回报率为每年6.84%，基金经理拿到手的回报率为每年3.84%，如表15-2所示。

表15-2 优秀私募股权基金的各项投资回报

项目	数据
内部收益率（%）	11.18
基金运营费用（%）	0.5
基金经理回报率（%）	3.84
投资者回报率（%）	6.84

有些读者可能觉得基金经理拿到手的不多，每年"才"3.84%。要知道，这是基金经理每年可以拿到手的收入。假设该基金的规模为10亿元人民币，那么基金经理每年的收入就是3840万元（管理费每年都会收取，业绩分成要等到私募股权基金退出后一次性收取）。每年有3000多万元的收入，应该不赖吧。

那么，一个投资者从私募股权投资中获得每年6.84%的回报率，算好吗？

---

[1] 由于内部收益率的计算公式过于复杂，本书不做过多展示。读者可以把该基金每年的现金流输入Excel，使用Excel中的IRR公式计算内部收益率。

这就要看跟什么比了。以沪深300指数为例,从2004年12月底(指数1000点)开始算起,到2022年12月底指数3871点左右。在这18年间,指数的年均回报率为7.8%左右。再加上沪深300指数包含的公司平均每年2%左右的股息,扣除指数ETF平均费用率0.6%。也就是说,投资者只要购买一个沪深300指数ETF并长期持有,就可以获得大约每年9.2%左右的投资回报率。

证券交易二级市场和证券交易一级市场相比,投资风险要小得多,信息披露的透明度也要高很多,同时没有流动性限制(不需要锁定5~7年甚至更长的投资期)。因此,只有当证券交易一级市场有比较明显的投资回报优势时,才值得投资者冒更大的风险。

在过去的10年中,中国5年期国债收益率(无风险回报)介于每年2.5%~4.5%。以国债平均收益率3.5%计算,投资私募股权的超额回报为每年3.3%左右,实在算不上有多诱人。

上面提到的年回报6.84%只是比较理想的状况。中国有数以万计的私募股权基金,能够投到退出率为15%的顶级基金概率很小。现在我们再来看一种比较普通的情况:假设该基金有5%的项目退出,退出的投资回报也是10倍;该基金有60%的资金投资盈亏平衡,35%的投资血本无归,如表15-3所示。

表15-3 普通私募股权基金投资者的资金变动

年份 现金流	初始年	第7年
现金流1 (5%退出)	−5	50
现金流2 (35%损失)	−35	0
现金流3 (60%不变)	−60	60
总现金流	−100	110

从上面的数据我们可以得出，该基金投资项目的费前内部收益率为1.37%左右。如果扣除基金本身的费用（假设为0.5%），以及基金经理的收费（2%的管理费），那么投资者拿到手的净回报率为-1.13%，而基金经理的收入则为2%，如表15-4所示。

表15-4 普通私募股权基金的各项投资回报

项目	数据
内部收益率（%）	1.37
基金运营费用（%）	0.5
基金经理回报率（%）	2
投资者回报率（%）	-1.13

到这里，投资者承担投资风险，基金经理旱涝保收的性质就清晰地暴露了出来。假设该基金的募集规模为10亿元人民币，那么基金经理每年还是会有2000万元的收入，而投资者则只能"喝西北风"了。

有些读者可能会说，上文的假设太悲观了，我们投到的一些顶级私募股权基金，其退出率和投资成功的翻倍数都要更高。在一些极端个例中，这也是有可能的。我在这里举这些例子的主要原因，是想鼓励大家在做出投资决策之前先仔细算笔账。根据自己收集到的信息，对上面这些假设条件进行一定的调整，然后得出比较现实的期望值。

希望越来越多的投资者在进行私募股权投资之前，对这个行业做一些比较基本的尽职调查，对自己的投资风险有一个比较清晰的认识。当然，证券交易一级市场上有很多投资机会，我相信有不少投资者会从证券交易一级市场尝到甜头，获得很不错的投资回报。但是这当中有多少源于纯粹的运气，有多少源于科学判断后做出的理性投资决策，恐怕只有投资者自己心里最清楚。一个理性的投资者会选择性地承担风险，从而最大化自己在长期投资中的胜率，做一个成功的"马拉松"投资者。

私募股权基金的净值可信吗

上文提到，和证券交易二级市场相比，证券交易一级市场的投资透明度低很多，因此也可能存在更多的"投资之坑"。举例来说，如果想知道一家上市公司的估值，只要去查它的股价就知道了，公开透明，童叟无欺。但是私募股权基金投的都是未上市的公司，如何对这些公司进行估值是一个更复杂的问题。

在私募股权基金完成退出之前，行业中比较通行的做法，是由私募股权基金经理对自己投资的公司进行估值，计算基金的净值。这实在是不得已而为之。因为这些公司没有上市，本来就不存在一个能让所有人都认可的公允估值。因此只要基金经理对这些公司的估值不太过分，投资者也只能接受。然而这恰恰给了基金经理一定的操作空间，他们可以根据自己的需要对管理的基金中的公司进行估值管理。

为什么要进行估值管理？主要是因为基金经理有圈钱的需求。在这里我以一个典型的私募股权基金为例进行分析。一般来说，一个私募股权基金的生命周期会持续10~12年。开始的1~2年是圈钱期，基金经理会和各种投资者接洽，希望获得他们的认购。然后，基金会进入投资期，一般持续5年左右。在投资期，基金经理会寻找各种投资机会，把初始圈到的钱花出去。接下来在最后5年，基金就进入了退出期，基金经理会寄希望于通过IPO、出售等手段退出投资，拿到现金回报。稍有规模的基金公司都不会只发一只基金。一般在第一只基金进入五六年时，基金经理会选择发行第二只基金。上面提到的流程会周而复始，从圈钱期开始再走一遍。这个时候，基金经理就需要向潜在投资者展示自己之前管理的基金业绩。由于前面第一只基金刚刚进入退出期，还没有完全退出，因此其投资回报仅限于纸面，属于浮盈或浮亏。同时，由于基金投资的都是未上市的公司，因此一般都是基金经理给这些公司估值。为了能够让自己的下一只基金圈到更多的钱，基金经理有十足的动力提高对基金持有公司的估值，好让自己的历史业绩更好，增强下一只待发行基金的吸引力。

那么，基金经理有哪些方法可以人为提高被投资公司的估值？大致来说，可以从2个层面实现"估值管理"。第1个层面是基金层面，主要是通过估值倍数来调整基金净值。目前很多私募股权基金都在用税息折旧及摊销前利润倍数为公司估值。举例来说，假设一家公司去年的税息折旧及摊销前利润为5000万美元，乘以估值倍数8，就可以得出该公司的价值为4亿美元。如果估值倍数为10，那么该公司的价值就是5亿美元。从这个简单的例子就可以看出，一家公司的估值倍数对公司的估值有决定性影响。那么关键问题就是，应该用多少估值倍数为公司估值？这是一个没有标准答案的问题。比较普通的做法是参考同行业类似规模的上市公司，或者其他未上市公司最近一轮的融资估值倍数。但是现实中不可能找到一模一样的参考公司，有些公司估值高，有些公司估值低，如何取舍，按照哪个标准估值，主要由基金经理说了算。我们不妨想象一下，一个中等规模的私募股权基金投了10家公司，每家公司的估值都用上述方法计算。那么只要把所有公司的平均估值倍数稍微提高一些，就能轻松地把基金的净值刷上去。

第2个层面是被投资公司的层面。由于这些被投公司都是未上市公司，因此公司财务做账有一定的调整空间，比如对于应收账款和应付账款的处理没有一个绝对统一的标准。如果私募股权基金是被投公司的绝对大股东，那么就可以在公司账本上做文章，刻意提前计入应收账款或者推迟计入应付账款，以达到暂时提高被投公司利润的目的。这样的做法并非违法，但却可以在短期内拉高被投公司估值，以及持有该公司的基金的净值。

上面说的都是理论上的逻辑，那么现实中是否有证据证明，某些私募股权基金确实会这么做？我们来看看这方面的实证研究。有学者专门收集统计了2012—2020年间共410个私募股权基金的历史净值。这些私募股权基金分布于美国、英国、法国、荷兰等10多个国家，平均每只基金的规模为29亿美元，这些基金一共投资了1800多家分布于全球各地的公司。作者发现，其中有不少基金，特别是那些规模比较小、历史比较短的基金，在圈钱期使用的估值倍数显著高于圈钱期之前和之后几年。同时，这些基金持有的公司在圈钱期也呈现出明显的"净利管理"迹象，即公司财务报表上体现出了更高的应收账款和更低的一次性费用支出。该研究发现，上文提到的估值管理并非空穴来风，而是实际存在的常用手段。[1]

这种估值管理现象在业绩压力比较大，急于圈钱的私募股权基金中更为常见。有学者统计了1977—2017年间72家英国私募股权基金公司历史净值后发现，那些已经把募集到的资金大部分都投出去的基金，也就是接下来圈钱压力比较大的基金，有更强的倾向做估值管理，人为提高之前管理的基金净值，以提高接下来圈钱的成功率。[2]

事实上，估值管理不仅存在于私募股权基金行业，也常见于风投行业。有学者专门统计了美国2000—2019年间共15000多家风投基金公司，累计共58000多轮融资，被投23000多家公司的历史财报和基金净值信息，发现风投基金公司在发行新基金的圈钱期，往往会故意提高估值，追加投资一轮之前投资过的公司，这样就可以人为提高目前存续的基金净值，帮自己接下来发行的基金卖得更好。但是这些人为提高的估值往往不持久，在圈钱期结束后又会降下来，被打回

---

[1] BAIK K B. Private equity fund valuation management during fundraising [J/OL]. Harvard business working paper, 2022, 23-013: 1-70 [2019-09-12]. https://papers.ssrn.com/sol3/papers.cfm?abstract_id=4199605.
[2] JELIC, ZHOU D, AHMAD W. Do stressed PE firms misbehave? [J/OL]. Journal of corporate finance, 2021, 66 (C): 107-198 [2020-03-02]. https://www.sciencedirect.com/science/article/abs/pii/S092911992030242X#preview-section-introduction.

原形。[1]

作为个人投资者，在懂得了这些基金行业内部的操作手法后，我们应该如何提高警惕，保护自己的利益？大致来说，投资者可以从以下几个角度入手：

首先，投资者在收到任何基金发给我们的宣传材料时，需要仔细阅读。看清楚上面的回报业绩是历史真实业绩，还是基金经理自己估计或者预测的业绩，以及该业绩是否已经扣除各种费用。如果该业绩来自还没有退出的基金，主要靠基金经理自己估值计算，那就要搞懂基金经理是如何估测该基金净值的，并仔细检验其中的假设是否合理。

其次，在申购任何私募股权基金前，需要对基金经理做详尽的尽职调查。如果发现基金经理面临比较大的圈钱压力，或者之前有过估值管理的负面报道，那么投资者就应该格外小心。

最后，相对于证券交易二级市场，证券交易一级市场的透明度要低很多，一般来说基金经理的收费也要贵很多。投资者应该循序渐进，从证券交易二级市场学起，从简单的投资工具学起，等积累了丰富的投资经验和知识后，再逐步尝试更复杂、更昂贵的投资产品。同时，经验再丰富的投资者也不应该中断自己的学习，要抱着"活到老，学到老"的心态，时常更新自己的投资认知，努力做一个聪明的投资者。

私募股权基金案例

上文中我为大家主要介绍了私募股权投资的概况，以及应该如何正确计算私募股权投资回报。接下来的内容，我会和大家分享几个私募股权行业的真实案

---

[1] PHAM K P, TURNER N, ZEIN J. Does fundraising pressure incentivize strategic venture capital deal pricing? [J/OL]. Mutual funds, hedge funds, & investment industry ejournal (2021-05-21) [2020-03-04]. https://papers.ssrn.com/sol3/papers.cfm?abstract_id=3851819.

例，帮助大家更好地理解这种投资策略。

贝恩资本

第一个案例，来自私募股权行业中一家非常有名的公司——贝恩资本。

贝恩资本创建于1984年，其创始人是当时贝恩咨询公司（Bain & Company）的高级合伙人米特·罗姆尼（Mitt Romney）、托马斯·科尔曼·安德鲁斯（Thomas Coleman Andrews）和埃里克·克里斯（Eric Kriss）。贝恩咨询公司是由波士顿咨询公司（The Boston Consulting Group）的前合伙人比尔·贝恩（Bill Bain）在1973年创建的，创建后不断成长，成为美国三大咨询公司之一。

贝恩资本作为从咨询公司诞生的私募股权基金公司，其投资思路也充满了"咨询特色"。根据罗姆尼的说法，贝恩资本会从咨询公司的角度收购公司并且重组被收购公司。在确定收购对象之前，贝恩资本的咨询师往往会花几个月甚至几年的时间研究目标公司。在完成收购之后，贝恩资本内部的咨询师会给出改革建议，以提高被收购公司的运作效率和估值。

在罗姆尼执掌贝恩资本的16年中，公司取得了巨大的成功。根据贝恩资本自己公布的数据显示，在这段时间，他们为其投资者取得了240亿美元的投资回报。如果计算已经退出的投资项目，他们为投资者带来的年回报率为173%。如果算上还没有退出的投资项目，贝恩资本为投资者创造的年回报率为88%[1]。无论从哪个角度来看，这些业绩回报都非常出色。

贝恩资本有过不少被收编进商学院教材的经典收购案例。

举例来说，1997年贝恩资本以1700万美元投资意大利的黄页公司（Seat SPA），2000年他们将该公司以接近4亿美元的价格卖出，投资回报为23倍。

---

[1] ARENDS B. The Romney files: from Bain to Boston to the White House bid [M]. Carolina: Create Space, 2012.

1995年，贝恩资本以640万美元的价格购买美国眼力健公司（Wesley Jessen），到1997年该公司上市为止，贝恩资本获得的回报为3亿美元，差不多是初期投资的47倍。

在商业上取得巨大成功后，贝恩资本的创始人罗姆尼开始追求他的政治诉求。2012年，罗姆尼成功获得美国共和党代表提名，和民主党代表奥巴马一较高下，争夺美国总统之位。最后罗姆尼输给了奥巴马，离美国最高权力之位仅咫尺之遥。

那么贝恩资本是不是像自己宣传的那样，是能够为投资者带来超高回报的"摇钱树"呢？这个问题有点复杂，需要我们抽丝剥茧，慢慢分析。

贝恩资本在1994—1998年间共投资77家公司，其投资回报的70%来自其中最成功的10个"大满贯"。也就是说，贝恩资本13%的投资标的创造了70%的投资回报。但是在这10个最成功的投资案例中，有4个（40%）在贝恩资本退出以后申请破产[1]。

在这段时间内，贝恩资本做的所有投资中大约有10%的标的，最后不是破产就是血本无归，投资者在这些投资中的损失为100%。

贝恩资本最骄傲的是他们向投资者宣传的内部收益率，也就是上文提到的173%和88%这2个数字。但问题在于，计算内部收益率是一门技术活，并不像"1+1=2"这么简单。根据麦肯锡咨询公司[2]的一份研究显示，各大私募股权基金在计算内部收益率时采用的方法不尽相同，因此很难和其他投资进行比较。

举例来说，私募股权基金在使用资金时都有一个催缴资本日。如果投资者投资某私募股权基金，不需要在第一天就把钱交给私募股权基金经理，但是要随时

---

[1] FISHER D. The truth about Bain: inside the house that mitt built [EB/OL]. (2012-10-03) [2020-03-04]. https://www.forbes.com/sites/danielfisher/2012/10/03/the-truth-about-bain/?sh=be57c852515a.
[2] GOEDHART M, LEVY C, MORGAN P. A better way to understand internal rate of return. (2015-11-01) [2020-04-03]. https://www.mckinsey.com/capabilities/strategy-and-corporate-finance/our-insights/a-better-way-to-understand-internal-rate-of-return.

准备好这笔资金。当私募股权基金经理需要这笔钱投资时，他会向投资者发出"催款单"，而投资者则需要在一定时限内将资金转给私募股权基金经理。

在计算私募股权基金的内部收益率时，从签订投资协议书当天（承诺日）算，和从催缴资本日当天开始算，得到的结果相差非常大。绝大部分私募股权基金的算法是从催缴资本日开始算，理由是资金是从那天才开始被使用的。但是从投资者的角度看，由于这笔钱从签订投资协议书开始就已经对该基金做了承诺，因此无法用作其他用途，只能作为现金或者放在短期国债里。由于这个承诺，投资者损失了不少机会成本，这个机会成本也应该算入投资该基金的成本。

而且，大部分投资者在投资私募股权时付出的管理费是从承诺日开始算的。也就是说，钱还没有转过去，基金经理的收费就已经开始了。因此，从承诺日开始计算私募股权基金的内部收益率也有一定的道理。

根据美国学者布雷特·阿伦茨（Brett Arends）的分析，如果考虑以上这些因素，贝恩资本为其投资者带来的内部收益率是每年30%左右。[1]当然，每年30%的回报也还不错，但离他们自己宣传的173%和88%可就差得远了。如果考虑到投资该私募股权基金丧失的资金流动性（一般锁定期为5~7年，甚至更长的时间），那么其回报未必如看上去的那么诱人。

在1984—1998年间，贝恩资本管理的基金年回报率为30%左右，但是需要锁定5~7年。同期标准普尔500指数的年回报率为20%左右，没有任何锁定期，如表15-5所示。那么贝恩资本的基金投资者有没有得到10%的超额回报？

表15-5　贝恩资本与标准普尔500指数年回报率对比（1984—1998年）

项目	年回报率及锁定期
贝恩资本	年回报率为30%，锁定期为5~7年

---

[1] ARENDS B. The Romney files: from Bain to Boston to the White House bid [M]. Carolina: Create Space, 2012.

（续表）

项目	年回报率及锁定期
标准普尔500指数	年回报率为20%，没有任何锁定期

私募股权基金提供的内部收益率另一个问题在于杠杆率。像贝恩资本这样的私募股权基金公司，其参与的投资绝大多数都依赖高杠杆。问题在于，高杠杆本身就带有更高的风险。如果将高杠杆的投资回报和不带杠杆的标准普尔500指数回报进行对比，前者给予投资者的回报当然更高。一种更公平的比法是，先计算私募股权基金去掉杠杆以后的回报，然后再和其他投资回报进行对比。

贝恩资本的杠杆率平均为200%。假设使用相同的杠杆率投资标准普尔500指数基金，那么大约可以得到30%的年回报率（扣除拆借利息以后）。而这恰恰就是贝恩资本所做的事情：他们基于投资者提供的资金，使用杠杆收购公司，然后通过公司发行债券，再用这些借来的资金投资其他公司，并支付自己数额不菲的管理费和利润分成。如果他们用这些借来的资金直接投资标准普尔500指数基金，得到的回报是差不多的，但如果按照这种方法投资，估计就没有投资者愿意把钱交给他们管理了。

在罗姆尼于2000年从贝恩资本退休以后，该公司管理的私募股权基金呈现出如下特点。

首先，公司管理的私募股权基金规模越来越大。从图15-3中我们可以看到，贝恩资本发行的7号、8号、9号和10号基金的规模越来越大，10号基金甚至达到了100亿美元。从这方面来讲，贝恩资本在商业上是非常成功的。由于公司之前的光辉历史，因此很多投资者被吸引过来投资他们管理的私募股权基金。

其次，如果研究这些基金的内部收益率，就会发现它们好像"王小二过年，一年不如一年"。这些基金的内部收益率一只不如一只，7号基金差不多可以给予投资者30%的年回报，还算符合投资者的期望，但是后面几只基金的内部收益率则越来越差。

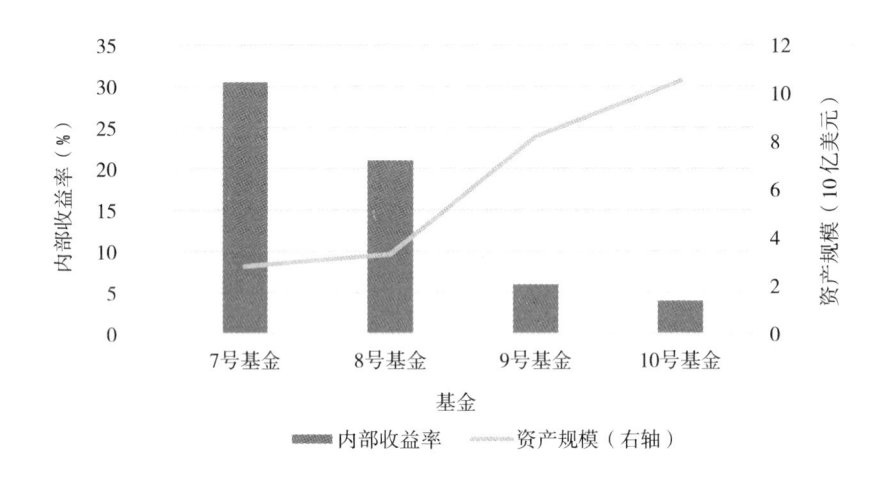

图15-3 贝恩资本私募股权基金规模和内部收益率（截至2012年）

数据来源：FISHER D. The truth about Bain: inside the house that mitt built [EB/OL]. (2012-10-03) [2020-03-04]. https://www.forbes.com/sites/danielfisher/2012/10/03/the-truth-about-bain/?sh=be57c852515a.

当然，有人可能会说这样比不公平，因为越是后面的基金，发行的时间就越晚，因此很多项目还没有退出。这样的说法也有一定的道理。当然，规模越大的私募股权基金，其内部收益率越差，这是一个普遍规律，也不仅限于贝恩资本一家。

那么从贝恩资本和罗姆尼的故事中，我们可以学到什么呢？

私募股权投资是一门技术活。投资者在投资私募股权基金之前，最好先学习一些基本知识，了解一些技术细节，提高自己的"武装程度"。比如该基金是如何计算内部收益率，是杠杆前还是杠杆后的收益率，融资成本有多少，在不同的情景下，基金经理和投资者的收入分配是如何计算的……这些都是值得投资者关注的重要细节。

投资者想要降低自己被忽悠的风险，唯一的途径就是提高自己的知识和技能，或者在收到完全可靠的信息之前坚决不投资。到最后，能够保护自己钱袋安全的，只有投资者自己。

投资者在做出任何投资决策之前，不要依靠直觉。比如大牌私募股权基金一定可以战胜市场赚大钱，这样的直觉往往不可靠，经不起证据的检验。一个聪明的投资者应该避免靠自己的直觉做出投资决策。凡事先搜集证据，在证据的基础上做出理性的判断，再决定投资方向也不迟。

安德里森·霍罗威茨投资公司

上面所举的贝恩资本的案例主要在私募股权领域，接下来再和大家分享一个风险投资领域的真实案例。

风险投资主要是指在公司初创阶段，通过股权或者夹层资本等形式进行的一种投资。那些专注于风险资本投资的基金被称为风险投资基金。风险投资基金选择的被投公司一般处在天使投资之后，私募股权投资之前。

如图15-4所示，2014—2022年，中国的风险投资行业经历了高速增长。比如创业投资基金的资金管理规模从2014年的1000亿左右上涨到了2022年的29000亿左右。同期，创业投资基金的数量从718只上升到了19000多只。

问题在于，这些基金和基金公司的投资业绩到底如何？有没有给投资人带来好的投资回报？这也是很多风险投资基金投资者遇到的难题之一：整个行业有数以万计的基金，但是由于投资周期长，信息不透明，绝大多数投资人能够得到的信息十分有限，因此如何评估和比较这些基金，去粗取精，就成为一个高难度的挑战。

在这种情况下，很多投资者只能顺着基金公司的名气进行投资。比如在中国的风险投资和私募股权投资行业，很多人一定都听说过IDG资本的熊晓鸽、红杉资本的沈南鹏、鼎晖投资的吴尚志和焦震这些经常出现在各大媒体上的名字。于是有些投资者管不了太多，认为把钱交给这些"大佬"管理就对了。至于这些基金公司推出的基金到底是什么策略，具体管理人是谁，在扣除费用后投资者过往的回报到底如何，能够搞清楚这些问题的精明投资者实在是少之又少。

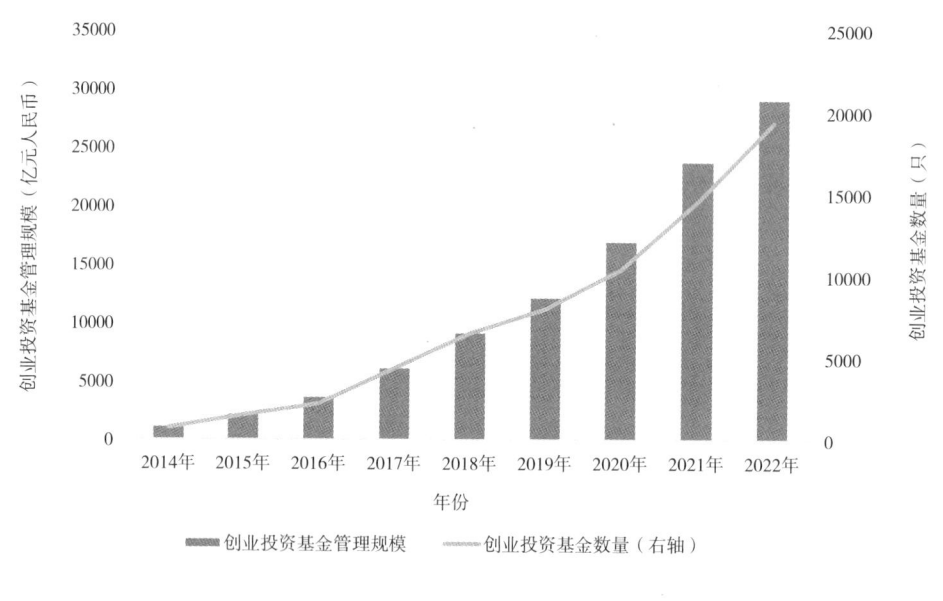

图15-4 中国创业投资基金历年增长（2014—2022年）

事实上，这不光是中国投资者面临的窘境。在风险投资领域，中外投资者都面临信息不透明、回报不清楚的问题。在这里给大家举一个安德里森-霍罗威茨投资公司的例子。

安德里森-霍罗威茨投资公司由美国2位非常知名的风险投资基金经理马克·安德里森（Marc Andreessen）和本·霍罗威茨（Ben Horowitz）在2009年联合创办。马克·安德里森是网景浏览器（Netscape）的创始人，曾经的成功投资案例包括脸书、推特、拼趣（Pinterest）等。本·霍罗威茨和马克·安德里森联合创办了Opsware[1]，并在2007年将该公司以16亿美元的价格卖给了惠普。之后两人联合创办了安德里森-霍罗威茨投资公司，专注于风险投资。

从马克·安德里森和本·霍罗威茨的简历来看，两人堪称美国硅谷风险投资"A咖"[2]级别的基金经理。在CB Insights[3]世界风险投资百强经理人榜单上都能找到他们的名字。

在表15-6中显示的是安德里森-霍罗威茨投资公司发起的三期安德里森风险投资基金（安德里森一期基金、安德里森二期基金、安德里森三期基金）的历史回报[4]。

表15-6 安德里森风险投资基金历史回报（截至2015年年底）

安德里森风险投资基金	募资额（亿美元）	已实现投资回报（亿美元）	内部收益率（%）	同期最好的1/4风投基金内部收益率（%）
安德里森一期基金	2.97	4.72	42.00	24.00
安德里森二期基金	6.11	4.39	25.00	33.00
安德里森三期基金	14.41	3.29	27.00	30.00

数据来源：《华尔街日报》

我们可以看到，最早的安德里森一期基金募集了2.97亿美元，回报最好（内部收益率为42%）。安德里森二期基金募集了6.11亿多美元，其内部收益率为25%，落后于最好的1/4的风险投资基金内部收益率的33%。安德里森三期基金规模最大，达到了14.41亿美元，内部收益率为27%。当然，由于样本量不够，基于

---

[1] Opsware是一家美国软件公司，总部设在加州森尼维尔市，其业务主要面向企业客户提供服务器和网络设备配置和管理。
[2] 即大腕儿、明星。
[3] CB Insights是全球领先的科技市场数据平台，2008年成立于纽约。
[4] WINKLER R. Andreessen Horowitz's returns trail venture-capital elite [EB/OL]. (2016-09-01) [2020-04-09]. https://www.wsj.com/articles/andreessen-horowitzs-returns-trail-venture-capital-elite-1472722381.

该数据对安德里森三期基金的回报盖棺定论还为时过早。

平心而论，三期安德里森风险投资基金的每一期内部收益率在扣除基金经理的费用之后，还能够达到25%以上，这是非常不错的成绩。当然，这同样也显示出投资界的残酷之处：美国有数以万计的风险投资基金经理，即使像马克·安德里森和本·霍罗威茨这样的"A咖"，也无法保证每一期基金的回报都在前1/4行列，更何况其他普罗大众？

事实上，风险投资基金的投资者遇到的挑战远不止上面提到的这些。

一般我们在计算风险投资基金的内部收益率时，需要估算该基金的两部分收益：已经退出的收益和还未退出的收益。在估算未退出投资部分的市场价值时，其中的猫腻就有不少。

由于风险投资基金投资的公司大多处于早期阶段，并且风险投资基金投的很多都是种子轮和A轮，因此在投资还没有退出的时候，如何计算被投公司的市场价值就成了一个大问题。而未退出部分的投资市值将直接影响风险投资基金的回报率，因此这是广大投资者必须关注的问题之一。

一般来说，对于未上市公司，大致有2种估值方法：

（1）内在价值法

这种方法主要基于被投资公司的财务报表数据，比如现金流、营业额、利润等。这种估值方法主要依靠会计数据加上一定的预测（未来的收入预测），然后基于设定的资金成本将未来期望折算到当下对公司进行估值。

（2）市场价值法

这种方法主要基于市场上类似企业完成的交易价格对被投公司进行估值。比如在过去一年或者两年中，有一个同行业的类似公司融到了一轮新投资，那么基金经理可能会基于这个信息，为自己在该公司中的投资进行估值。

绝大部分风险投资基金都会在未退出公司股份估值上做文章。大致来讲，有以下一些比较常见的"把戏"：

第一，同行业类似公司。什么叫同行业类似公司？这个定义带有很强的主观性。很多初创公司本来行业定位就不固定，商业模式也有很大的灵活性。举例来说，像知乎或者雪球这样的公司，应该用新媒体公司、互联网公司还是金融公司的标准估值？毕竟选择不同标准估值可能导致极大的差别。

第二，和上市公司相比，非上市公司能够提供公允价值的样本量太小，因此容易导致估值极端化。举例来说，截至2021年年底，光美国就有119家上市石油公司[1]。因此，如果要对一家上市石油公司进行估值，可以参考的公开数据样本量很大。而对于一家未上市的石油公司，能够找到10家靠谱的同行业企业的真实交易记录，已经相当不错了。很多时候，能够参考的样本可能只有几个而已。并且由于被投公司是未上市的小公司，自然不能直接采用上市公司的估值方法（至少需要打一个流动性折扣），这就为风险投资基金的估值带来了更大的困难。

第三，在很多风险投资中，对公司的投资并不是简单的股权购买。很多投资项目带有一些附加的看涨期权条件，或者对赌协议。因此，在估算这些投资的公允价值时，就比普通股权买卖更复杂。

第四，风险投资基金的投资标的是未上市公司。非公开市场中的公司不像上市公司，有一种公开价格发现机制，只要证券市场开盘，我们几乎每天都可以看到上市公司的市场价格。但是风险投资领域的交易发生的频率要低很多，因此价格也会相对滞后。很多时候市场情况可能已经大变，如果还用一年前的交易估值数据，可能导致巨大的错误。

第五，对未来的估算。这一条就更像是"画饼讲故事"了。即使像滴滴打车、京东这样的大型企业，要想合理估算其未来的现金流也是一件非常困难的事情，更何况那些规模小得多的早期公司。

---

[1] DEKEYSERLING A. 119 Publicly traded global oil and natural gas companies added proved reserves in 2021 [EB/OL]. (2022-06-13) [2022-06-04]. https://www.eia.gov/todayinenergy/detail.php?id=52738.

如图15-5所示，根据咨询公司康桥汇世（Cambridge Associate）的研究统计显示，美国的风险投资在过去25年（截至2022年9月30日）跑赢了纳斯达克指数，但是如果我们看过去20年（2002—2022年），风险投资的回报则不如同期纳斯达克指数。不管是证券交易一级市场还是二级市场，都会经历类似的经济周期和暴跌暴涨，其行业周期风险是相似的。

值得一提的是，风险投资基金的表现和私募股权基金行业类似，即内部分差非常大。最好的1/4的基金回报，要远远高于平均回报。而投资者如果不幸买到了最差的1/4的基金，那么很可能血本无归。这也是风险投资基金相对于证券交易二级市场的一个额外风险。

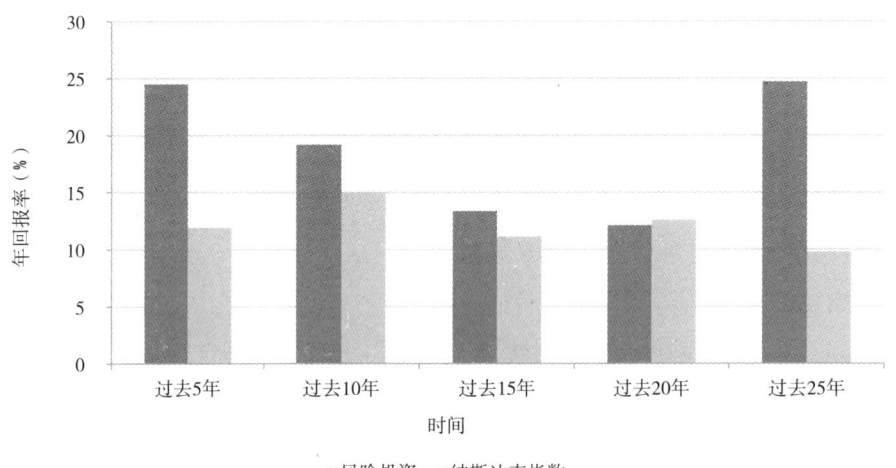

数据来源：康桥汇世

图15-5 风险投资和证券交易二级市场年回报率对比（截至2022年9月30日）

风险投资是一种高风险的投资活动。由于其信息不透明，估值空间大，因此投资者可能遇到的坑也比较多。一个聪明的投资者需要仔细研究自己感兴趣的风险投资基金的各种情况，做好尽职调查，搞清楚改基金衡量未退出项目的估值方法，尽量获得基金经理完整的过往投资真实记录，这才是对自己的资金最负责的投资态度。

私募股权投资的常见误解

在上文，我主要通过2个具体案例帮助大家更好地了解了私募股权投资的特点，以及它涉及的风险。在这一节，我会帮助大家整理一些普通投资者对私募股权投资最常见的误解。

私募股权投资回报更高

私募股权投资给很多人的感觉是回报奇高，就好像印钞机。投资者会产生这种感觉有几个原因，其中一个原因就是，如果有"独角兽"级别的公司上市或者被收购，并被赋予夺人眼球的估值，那么当年投资这些公司的私募股权基金经理一下子就会成为各大媒体争相报道的"宠儿"。

举例来说，2022年最热门的私募股权基金经理有：安德利森-霍洛维茨投资公司的克里斯·迪克松（Chris Dixon）和瑞彼资本（Ribbit Capital）的米基·马尔卡（Micky Malka，投了Coinbase[1]）、红杉资本中国基金的沈南鹏（投了字节跳动）、五源资本的刘芹（投了小米）、红杉资本的林君叡【投了爱彼迎（Airbnb）】等等。这些被投公司后来的估值都超过了100亿美元，大众和媒体对这些成功的投资案例津津乐道。

私募股权投资受到很多业余投资者追捧的另一个原因是"耶鲁模式"（the Yale Model）的成功。在大卫·斯文森的领导下，耶鲁大学捐赠基金取得了令人瞩目的投资成果。

---

[1] Coinbase成立于2012年，是一个美国比特币和其他数字货币交易平台。

如图15-6所示，在1973—2006年的33年间，耶鲁大学捐赠基金从美国创业投资基金中获得的回报率为每年35%左右，从美国收购私募股权基金中获得的回报率为每年22%左右，从所有的私募股权投资中获得的回报率为每年30%左右。

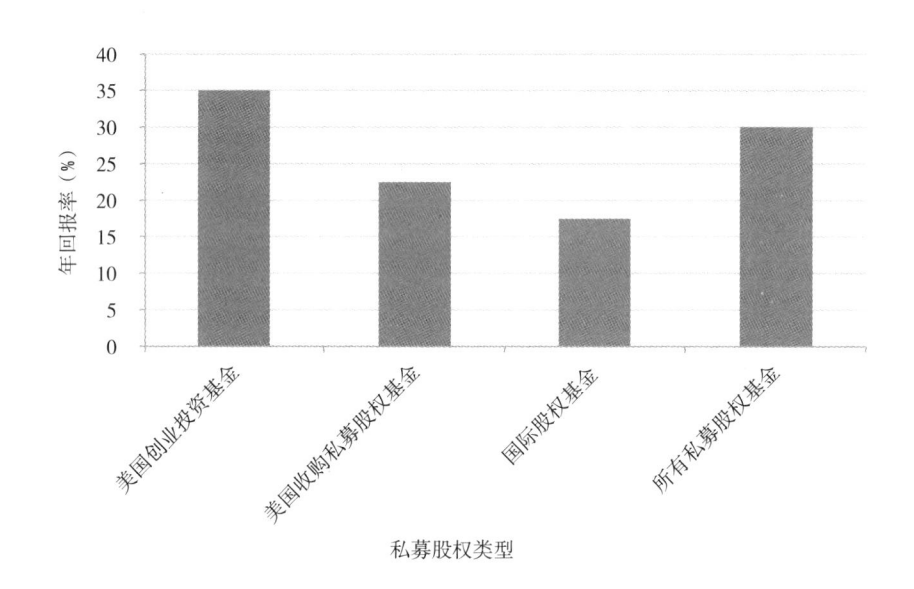

数据来源：耶鲁大学捐赠基金

图15-6　耶鲁大学捐赠基金私募股权投资年回报率（1973—2006年）

在美国所有大学的基金会中，耶鲁大学捐赠基金在过去40年的回报是最好的。而"耶鲁模式"的一个重要特点就是它比其他大学基金会投资了更多的私募股权基金，并且从这些私募股权投资中获得了非常好的回报。

但问题在于，耶鲁大学捐赠基金从私募股权投资中获得了极大的成功这一点，并不能推出任何人进行私募股权投资都能获得成功的结论。事实上，同期美国私募股权投资的平均回报要比耶鲁大学捐赠基金差很多。

如图15-7所示，图中对比的是1987—2006年私募股权投资和证券交易二级市场（标准普尔500指数）投资的年回报。我们可以看到，美国创业投资类的私募股权投资的平均回报率为16%，不到耶鲁大学捐赠基金从创业投资中获得的投资回报的一半。美国收购私募股权的平均投资回报率为每年12%，也仅是耶鲁大学捐赠基金从收购私募股权基金中获得的投资回报的一半左右。

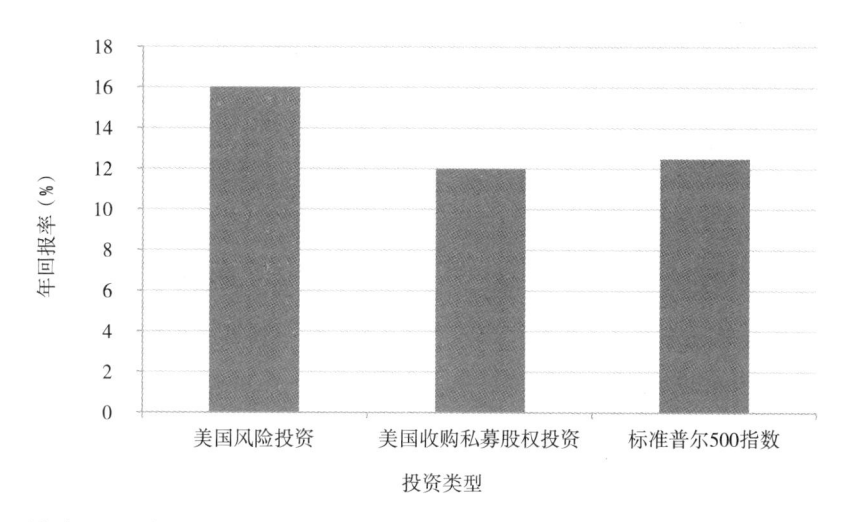

数据来源：彭博社

图15-7 不同资产的年回报率（1987—2006年）

事实上，美国收购私募股权投资回报比同期标准普尔500指数的回报都不如。在证券交易一级市场上承担了更多的风险（流动性风险，小规模风险等）的收购私募股权投资者，并没有获得任何超额回报。

有些读者可能会说，但是美国风险投资的回报比标准普尔500指数更好。从图15-7中可以看出，风险投资的回报确实比同期标准普尔500指数更好。但需要指出的是，风险投资的被投公司都是比较小的公司。投资小公司能够获得比投资大公司更好的回报，这一点已经被很多学术研究证明，其中一个主要原因是投资小公司的风险更高（市场有效）。因此将风险投资回报和标准普尔指数回报做对比不太合适。如果将风险投资的回报和标准普尔小股票指数做对比，就会发现其回报不及标准普尔小股票指数。

另外值得一提的是，私募股权投资一般都会运用高杠杆，因此上面提到的私募股权投资的回报都是加了杠杆以后的。我们知道，加了杠杆以后的投资，其风险要远高于没有加杠杆的投资（比如图15-7中的标准普尔500指数就没有加杠杆）。如果把这些私募股权投资的杠杆去掉，那么计算出来的"除杠杆"投资回报率就会低很多。

要认识私募股权的投资回报，就需要比较行业平均回报或者中位数回报，而不是只盯着那几个最成功的案例。以平均回报来看，在私募股权中，仅风险投资的投资回报比标准普尔500指数好，而收购私募股权投资的回报不比证券交易二级市场更好。如果把私募股权投资中的杠杆去掉，那么其风险调整后的投资回报会更差。

私募股权是一种资产类型

将私募股权归入资产类型是一种非常聪明的市场营销术。很多金融机构在对其管理的资金进行配置时，都会以哈里·马科维茨（Harry Markowitz）提出的"现代资产组合理论"（Modern Portfolio Theory）为基础进行多元分散。私募股权作为另类资产中的一种，自然也应该在投资者的资产配置中占有一席之地。

上面的说法看上去言之凿凿，但是它忽略了一个很重要的问题，即私募股权能不能算作一种资产类型。从证据主义的角度来看，这种看法值得推敲。

在私募股权行业中，一个非常重要的特点就是好的基金和差的基金回报差别非常大。

如图15-8所示，对比了美国债券基金、股票型基金和私募股权基金在过去30

年中最好和最差的基金之间的回报差别[1]。我们可以看到，在私募股权基金中，最好的基金和最差的基金之间的回报差别是最大的，远比股票型基金和债券基金大得多。

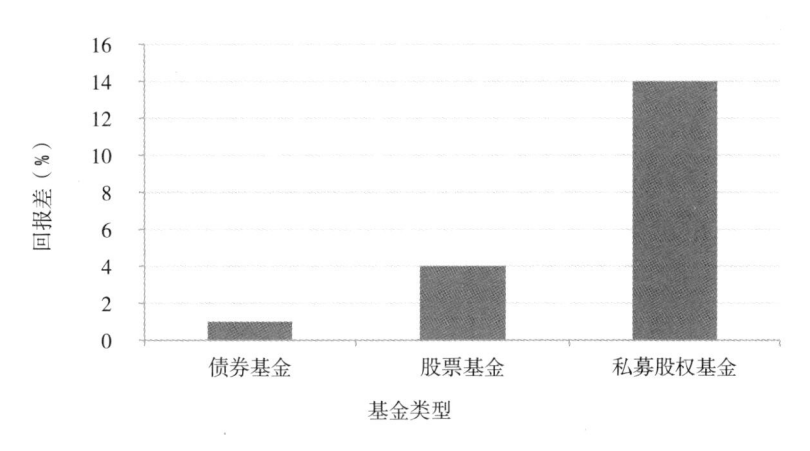

图15-8　美国不同基金中最好和最差的基金之间的回报差

大卫·斯文森曾多次提到，虽然"耶鲁模式"成功的重要组成部分是其对私募股权基金的投资，但是这种成功模式很难被个人投资者模仿，因此他建议个人投资者不要投资私募股权基金。

"耶鲁模式"很难模仿的原因在于：首先，市场上最好的那些私募股权基金恰恰也是最难买到的。大卫·斯文森认为，很多美国顶级的私募股权基金，其投资来源仅限于一个非常小的投资圈。即使连耶鲁大学捐赠基金这样的大金主，也很难保证分到一杯羹，更何况广大普通投资者。现实情况是：好的基金投不到，剩下的会接受投资的基金都是次优的（这就叫逆向选择），因此投资者的回报不如他们期望中的那么好就很容易理解了。

---

[1] KAPLAN N S, STROMBERG P. Leveraged buyouts and private equity [J/OL]. Journal of economic perspectives, 2009, 23 (1): 121-146 [2020-04-05]. https://pubs.aeaweb.org/doi/pdfplus/10.1257/jep.23.1.121.

其次，大卫·斯文森也谈到，当耶鲁大学捐赠基金投资某一只私募股权基金时，由于他们的名气和投资额，经常可以以"优惠价"投资该基金。但是这种优惠对于投资额比较小的普通投资者来说是不可能得到的。由于投资成本不同，因此普通投资者想要复制"耶鲁模式"几乎不可能。关于对投资成本更为详细的分析，请参考拙作《投资常识》。

最后，私募股权基金行业鱼龙混杂，好的基金和差的基金回报相差甚远，因此投资者如果不会选择基金经理，那么他从投资私募股权基金中获得好的回报的概率是很小的。很多投资者在选择私募股权基金经理时看的就是基金经理的名气，比如在电视和媒体上经常看到某些专家的名字，于是就跟着他们的名气投资其管理的基金。如果通过这种投资方法可以获得超额回报，那才是有违常识的。在这里我没有贬低这些专家的意思，只是想提醒投资者，应该尽量以证据主义为基础检验基金经理，做出理性的选择。

私募股权基金规模越大越好

对私募股权基金不太熟悉的投资者，在投资基金时会顺着基金公司的名气投资。比如行业中名气响的大公司，像红杉资本、贝恩资本、KKR集团、黑石集团等都是很多投资者追捧的对象。而这些名气比较大的公司，也会连续发行多只基金，比如贝恩资本发行的私募股权基金就有第8期、第9期等。只要有投资者愿意投资，那么基金公司就可以不停地发行下去。

问题是，规模越大的基金，其给予投资者的回报往往越差。

如表15-7所示，研究[1]显示，当私募股权基金的规模增大时，其内部收益率

---

[1] LERNER J, SCHOAR A, WONGSUNWAI W. Smart institutions, foolish choices: the limited partner performance puzzle [J/OL]. The journal of finance, 2007, 62 (2): 731-764 [2020-05-05]. https://onlinelibrary.wiley.com/doi/abs/10.1111/j.1540-6261.2007.01222.x.

会一路下降。其中最主要的原因是,私募股权基金的回报在很大程度上取决于基金经理的个人能力。问题在于,每个人每天只有24小时,一个再天才的基金经理如果要管理多只基金,每只基金都要筛选成百上千的投资标的,那么他在每只基金上能够花的时间肯定会变少。顺着私募股权基金规模进行投资的投资者,最后很有可能会失望而归。

表15-7 基金规模与内部收益率负相关

基金规模增长率(%)	内部收益率变化率(%)
20	-0.5
40	-1.0
60	-1.5
80	-2.0
100	-2.5
120	-3.0
140	-3.5
160	-4.0
180	-4.5
200	-5.0

任何人都能投资私募股权

本章开头我曾提到,私募股权投资风险更高,需要的专业知识更多,因此不太适合普通的个人投资者。但是在中国,很多个人投资者对私募股权投资有着非常大的热情。

其中有很多原因:首先,几个"独角兽"公司的成功案例让很多人见钱眼开，耐不住诱惑，从而跳入私募股权投资的"汪洋大海"中；其次，很多第三方理财机构因为高额佣金的刺激，在推销私募股权基金会时不遗余力。

那么大家是不是都能从私募股权投资中获得高回报呢？

如图15-9所示，图中的回报数据基于美国1991—2001年发行的1398只私募股权基金。作者对比了不同机构从私募股权基金投资中获得的年回报率。我们可以看到，在私募股权基金的投资中，真正获得高回报的只有像大学基金会这样的大型专业投资者；其他类型的机构，比如养老基金和保险公司，其回报都要比大学基金会差很多；而通过银行和理财顾问投资私募股权基金的投资者更是亏了不少。[1]

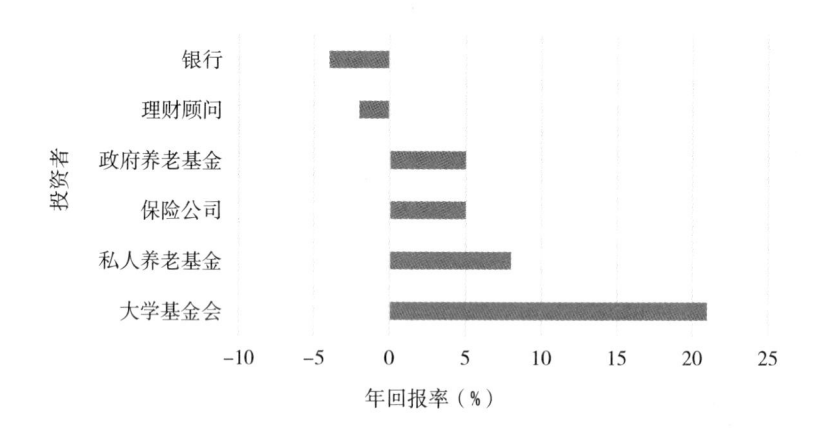

图15-9 不同投资者的私募股权基金投资年回报率（1991—2001年）

这也从另一个方面证明了大卫·斯文森的正确性："耶鲁模式"的成功有着非常大的特殊性，普通投资者几乎不可能成功模仿。

在和中国投资者沟通的过程中，我发现很多人对私募股权投资有很大的兴趣

---

[1] LERNER J, SCHOAR A, WONGSUNWAI W. Smart institutions, foolish choices: the limited partner performance puzzle [J/OL]. The journal of finance, 2007, 62 (2): 731-764 [2020-05-05]. https://onlinelibrary.wiley.com/doi/abs/10.1111/j.1540-6261.2007.01222.x.

和热情。但问题在于，他们中的很多人对私募股权投资的基本概念及投资风险都只是一知半解。

在这里我再次提醒大家，如果将私募股权作为一种资产类型，归入投资者的资产配置，那么选择哪只私募股权基金进行投资就至关重要。要想从私募股权投资中获得好的回报，投资者需要做到有能力从成千上万的私募股权基金经理中选出真正好的基金经理，并且以一个合理的价格投资该基金。

希望本节的内容能够让更多的人了解私募股权投资的风险，纠正自己的误解，帮助自己更加理性地选择适合的投资策略。

为什么理财机构喜欢推销私募股权

中国的很多第三方理财机构，在向其客户推荐各种理财产品时，都将私募股权作为非常重要的一环。

这些理财机构为什么要花大力气推销私募股权？在这里我会帮助读者进行分析。

私募股权的投资周期长

大部分私募股权都有一个锁定期，短则5年，长则7~8年，甚至更长。和流动性比较好的证券交易二级市场相比，私募股权投资者一旦把钱投入项目中，就基本丧失了对这笔钱的控制权。即使家里发生再大的变故，也很难把投出去的钱在项目到期之前提前赎回。

如此缺乏流动性的投资策略，意味着基金经理将钱留在基金中的时间更长，因此基金经理能够从投资者身上收取的费用也更多。

从基金经理的角度来说，像私募股权这样"卖一单，吃7年"的买卖，花大力气推广完全可以理解。但是这样的资产是否适合投资者,投资者能否承担如此大的投资风险,那就是另一个问题了。

私募股权收费更贵

平均来讲,和证券交易二级市场上的股票、债券、房地产等资产相比,私募股权投资的收费要贵得多。

图15-10显示的是加利福尼亚州公共雇员养老金在过去20年中对不同类别资产的投资费用和回报对比。2016年,加利福尼亚州公共雇员养老金的资产规模为2900亿美元左右,是世界上最大的养老基金之一。该基金的投资范围涵盖私募股权、证券交易二级市场股票、固定收益、房地产等多个资产类别,因此其分析报告很值得我们研究。

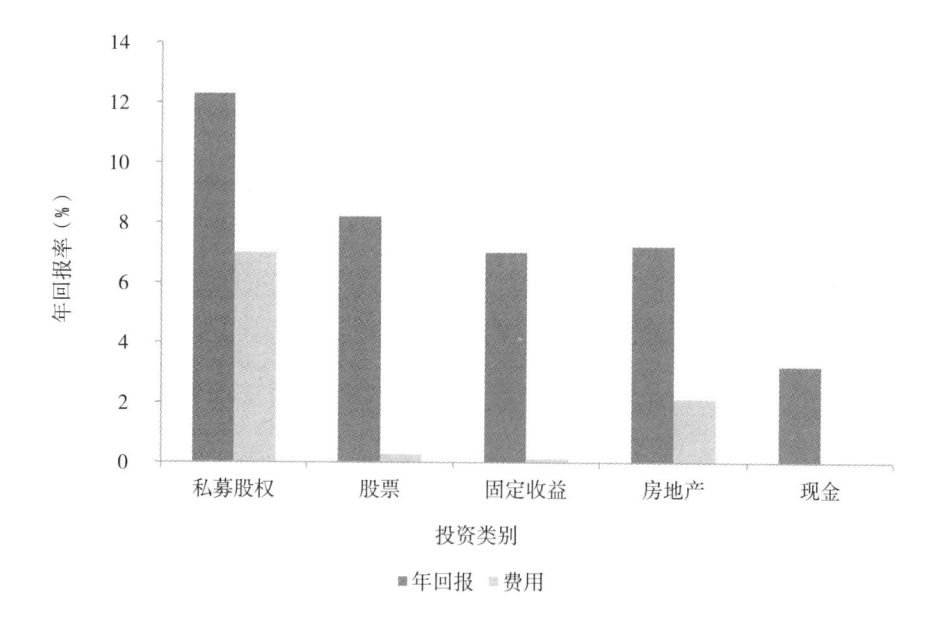

数据来源:《华尔街日报》、加利福尼亚州公共雇员养老金

图15-10 加利福尼亚州公共雇员养老金不同投资类别的费用与回报(1995—2015年)

图15-10中的深色柱子是该资产类别带来的年回报,而浅色柱子则是该资产类别付出的投资费用。我们可以看到,私募股权投资在过去20年中为该基金带来每年约12.3%的投资回报率,但是其投资费用也是最高的,约为每年7%。相比较而言,证券交易二级市场的股票同期的投资回报率为每年8.2%,但是其投资成本仅为每年0.04%。也就是说,私募股权的投资费用是股票的175倍!

有些读者可能会说,私募股权虽然费用高昂,可是它的投资回报也高呀!如果我们仅看加利福尼亚州公共雇员养老金过去20年的历史,私募股权确实带来了比股票更高的回报。但是如果你觉得自己也能像加利福尼亚州公共雇员养老金一样从私募股权中获得高回报,那就大错特错了。原因在于:养老基金的投资规模要比个人或者中小型投资者大得多,因此他们在投资者排名中永远位居最前列。养老基金能够投到很多普通投资者无法投入的私募股权项目,获得的费用率也往往是最优惠的。因此,如果大家都去投资私募股权,中小型投资者就需要付出比养老基金高得多的费用,却不一定买得到最好的私募股权基金,最终回报跟基金比自然不可同日而语。

大卫·斯文森曾反复强调,中小型投资者不要盲目跟风,盲目学习所谓的"耶鲁模式"投资私募股权。

大卫·斯文森说过,除非投资者可以找到那些极端出色的职业基金经理,否则他们应该把自己100%的资金都放到被动型指数基金中。这里说的投资者包括几乎所有的个人投资者和绝大部分机构投资者。

事实上,即使像加利福尼亚州公共雇员养老金这样超大规模的养老基金,也正在不断降低其私募股权投资比例。如图15-11所示,从2012年以来,加利福尼亚州公共雇员养老金在私募股权中的配置比例逐年下降,从原来的14.5%下降到目前的9%,其中一个很重要的原因就是私募股权投资费用太过昂贵。

聪明的投资者应该静下心来想一想:为什么世界上超大规模的养老基金选择不断减持私募股权投资,而我国的第三方理财机构却不遗余力地大力推销这样的资产类别？是这些大型投资机构中投资经理的智商不及理财机构的推销人员，还是有其他原因？

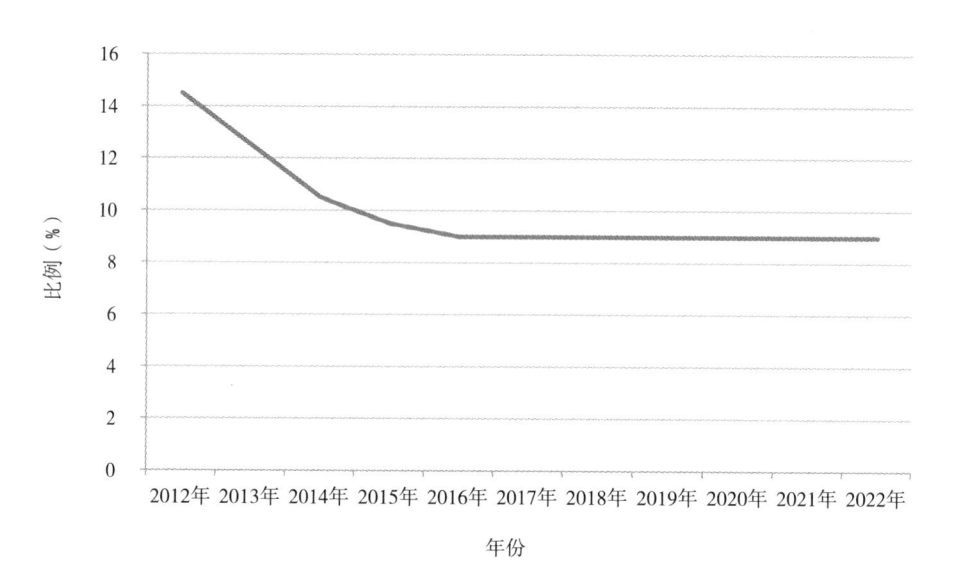

数据来源：加利福尼亚州公共雇员养老金

图15-11　加利福尼亚州公共雇员养老金私募股权投资比例

私募股权的投资业绩不透明

如果是证券交易二级市场上的资产类别，投资者可以更方便地从公开的信息媒体（比如彭博社、晨星公司、路透社等）获得这些资产的价格、相关新闻等信息，因此投资者也就更能分辨自己购买的资产的好坏。

但是私募股权投资的都是证券交易一级市场里的未上市公司，其特点就是没有公开信息，同时监管机构对私募股权基金的信息披露要求也比公募基金低很多。相对于证券交易二级市场来说，私募股权的估值频率更低，基金经理对其投资标的的估值也有更大的影响空间。由于这些原因，私募股权投资者需要做的尽职调查工作，要比证券交易二级市场上的投资者做的信息收集工作复杂和困难很多，这也导致了投资者和中介之间的信息更加不对称。

举例来说，如果我们购买的基金投资的是美国股票，那么很容易就能查到美国标准普尔500指数或者纳斯达克指数的涨跌情况，将该基金的业绩和这些指数对比之后，很容易就能获知其表现究竟好不好。如果我们购买的是公募基金，则可以去晨星公司或者万得信息查询其历史业绩以及和基准的对比情况，这样就能大概了解该基金经理的水平。

但是如果我们投资的是私募股权基金，要想获知基金经理的真实水平就困难得多。比如我们经常会在各大媒体上读到一些私募股权基金"大佬"，以人生导师的身份向年轻人提供的各种建议，因此很多读者可能会觉得他们管理的基金一定很牛。但是关于这些"大佬"真实的投资业绩是多少？扣除他们所收取的费用后，投资者的业绩回报是多少？恐怕没有几个人知道。因为他们管理的都是私募股权基金，不像公募基金那样需要披露各种信息。最后投资者得到的都是基金经理自己披露的选择性信息。在信息如此不对称的情况下，投资者了解基金经理的途径非常有限，因此，投资者首先在信息上就处于劣势。当然，并不是说投资这些基金经理管理的基金一定赚不到钱，只是投资者应该明白自己所处的位置和投资所隐藏的风险。

上文分析了第三方理财机构大力推销私募股权背后的逻辑。有些读者可能会问："这些理财机构提供的服务包括他们发起的一些母基金，那么母基金对于投资者来说到底对投资者有没有价值？"在我看来，他们给予投资者的价值主要集中在以下2个方面：

第一，母基金经理一般不会盲目投资那些毫无投资业绩记录和完全不靠谱的私募股权基金。截至2022年年底，中国有30000多只私募股权基金，近5000多只创业投资基金。这些基金鱼龙混杂，好坏参半。一只正规靠谱的母基金会根据一些基本条件和信息，筛掉其中绝大多数不合格的私募股权基金。也就是说，母基金经理可以帮助投资者剔除一些风险明显很高，或者看上去就不太靠谱的私募股权基金。这对于那些对私募股权投资一窍不通的"小白"投资者来说，有一定的"导航"价值。

第二，母基金经理有一定的信息优势。通过在行业里多年的积累，一般比较大型的母基金的基金经理对各私募股权基金的了解程度要比门外汉深得多。他们可能知道某个基金经理管了几只基金，其中哪只基金好，哪只基金不好，哪只基金投到了一些稀缺项目等信息。这些都是在公开市场上难以获取的信息，因此在帮助投资者降低风险、提高回报上有一定的价值。

私募股权投资的特点就是基金经理和投资者所掌握的信息极端不对称。在这种信息极端不对称的情况下，通过母基金投资私募股权基金确实可以帮助投资者筛选掉一些明显不靠谱的基金。

但是，这个世界上没有免费的午餐，投资者想要靠母基金经理筛选靠谱的基金，投资者也需要付出一定的费用。最后，在扣除了这些费用之后，投资者是否还能获得一开始期望的投资回报，那就是另一回事了。

聪明的投资者需要综合考虑收到的信息，独立思考，尽量过滤掉基金销售人员对自己的影响，做出冷静和理性的判断。

第16章 大卫和歌利亚的战争

上文提到，对于绝大多数散户投资者来说，最常用的理财方法之一就是购买基金。这是因为大多数散户投资者既没有时间，也没有专业知识做深度的投资分析，因此更现实的方法是把资金交给基金经理代为管理，寄望于基金经理为自己带来更好的投资回报。

问题在于，市场上可供选择的基金五花八门。要想从中挑出一只真正好的基金，其难度不亚于挑中一只回报更好的股票。现实世界里经常发生的情况是，投资者以为挑选基金是很容易的事，但事实上他们很可能连门道都没有摸到。

相对于散户投资者来说，大型基金公司拥有信息、知识和财力的绝对优势。散户投资者和大型基金公司之间的博弈，有点类似于大卫（David）和巨人歌利亚（Goliath）之间差距悬殊的对抗。作为弱小的一方，散户投资者唯有搞明白自己的劣势，扬长避短，发挥才智，才有可能获得最终的胜利。

施罗德和努密斯之战

2017年3月，英国的金融行业发生了一场大战，交战双方为著名的跨国基金公司施罗德和英国本地券商努密斯。在这场大战中，有很多地方值得我们研究学习。下面我们就来仔细分析一下这场"战争"的前因后果和经验教训。

对于那些对金融投资不太熟悉的读者，我先简单介绍一下这两家公司的背景。

施罗德的历史可以追溯到200多年前。1804年，海因里希·施罗德和其兄弟在英国伦敦共同创建了施罗德公司。一开始公司的主营业务是大宗商品贸易，后来随着公司业务不断扩张，施罗德成长为一家规模巨大的跨国基金管理公司。

截至2022年年底，施罗德在全球管理的资产总规模超过6000亿英镑。施罗德在全球27个国家有41家分公司，集团总员工人数达到4100人，是一个不折不扣的基金业"巨人"。

相对于施罗德，努密斯的名气要小得多，很多人可能根本都没听说过这家公司。

根据其公司官网的介绍，努密斯的前身是一家叫作海母斯利的证券经纪公司。该公司在1989年和另外一家叫作拉斐尔·佐恩的公司合并，组成了名叫RZH Ltd的新公司。2000年，公司更名为努密斯，也就是我们现在知道的名字。该公司的主要业务是为公司和机构投资者提供证券经纪服务，这份工作俗称"券商"。

在努密斯提供服务的对象中，包括一些大型公募基金、对冲基金和私人理财机构。事实上，施罗德恰恰是努密斯的客户之一。

按道理来说，施罗德是努密斯的客户，双方是甲方和乙方的关系。客户就是"上帝"，怎么会结下梁子呢？这就要从施罗德发布的2016年年度报告说起了。

2017年3月2日，施罗德公开发布新闻稿，向世人宣布该公司在过去一年（2016年）中的经营业绩。在新闻稿中，施罗德自豪地宣布，在该公司管理的基金中，有74%的基金在过去3年中超过市场基准，有85%的基金在过去6年中超过市场基准，战胜了市场。

大家知道，主动型基金要想战胜市场，取得超额回报，是一件非常困难的事情。施罗德恰恰是一家典型的主动型基金公司。如果在该公司管理的基金中有85%都跑赢指数，战胜了市场，这应该是一份非常出色的成绩单。这也是为什么施罗德要发布新闻向大家公布该结果。

新闻稿公开发布后，施罗德本以为可以乘胜追击，向更多的客户宣传它的出色业绩。但施罗德没料到，它的噩梦才刚刚开始。这个时候，另一个主角努密斯出场了。

2017年3月4日，也就是在施罗德公开发布新闻稿2天后，英国券商努密斯发表分析报告，指出施罗德的新闻稿存在重大信息披露不实，造成对投资者的误导。

努密斯的分析员大卫·麦肯（David McCann）在分析报告中指出，在施罗德公布的长达44页的新闻稿中，第5页下面的小字中提到，施罗德在宣传其管理的基金业绩时，仅包括过去3年中74%的基金样本和过去5年中63%的基金样本。

也就是说，施罗德宣称的在过去5年中有85%的基金战胜了市场基准，只是针对其表现比较好的63%的基金。这就好比一个投资者买了10只股票，最后只挑出其中表现最好的6只，完全罔顾另外4只股票的业绩，然后到处向人吹嘘自己是巴菲特这样的"股神"。

努密斯在报告中也提到，施罗德在一次和基金分析员的面对面会议中主动承认，其公布的一些基金业绩没有扣除基金经理收取的费用，因此并不是投资者拿到手的真实回报。如果把施罗德的基金经理收取的费用扣除，那么这些基金的业绩并没有宣传的那么好，甚至可能比市场基准还差。

这就好比我们去饭店吃饭，菜单上写着10元钱一盆菜，我们觉得很便宜就点了几份。但最后付账时，账单上竟然写着几百元甚至上千元。我们和饭店经理理论，他却说："你没看到菜单下面那几行小字吗？菜单上的价格不包括暖气费、服务费、烹饪费和座位费！"

努密斯在其分析报告中总结道：对于这种不诚实地宣传自己投资业绩的行为，我们表示谴责。

事情发展到这里，似乎已经很清楚了。施罗德应该快点改正这个"不恰当"的投资业绩，给予投资者更为准确的信息。

但是让很多人包括努密斯意外的是，正是上面这句话中的"不诚实"这个词，给他们带来了大麻烦。

2017年3月8日，努密斯报告的作者大卫·麦肯发表公开声明，宣布撤回自己在之前的分析报告中对施罗德"不诚实"的指控，同时向公众道歉。大卫·麦肯写道："指责施罗德不诚实是不对的，我们完全收回这些意见。"

短短的几天之内，事件的发展产生了180度大转变，幕后究竟发生了什么？我们先来看看施罗德方面的反应。在努密斯发布其第一份分析报告后，施罗德的首席执行官彼得·哈里森（Peter Harrison）立刻发布了一份措辞严厉的回复。

哈里森指出，施罗德采用的计算基金业绩的方法，和整个行业中其他基金公司采用的方法并没有明显区别，因此并没有不妥。很多基金公司在计算其管理的基金业绩时，也没有扣除基金经理收取的费用，或者只选择其管理的一部分基金，而不是所有基金进行披露。这是大家都认同的行规。

这就像一个在禁烟区吸烟的烟民，被执法人员抓到罚款时他说："又不是我一个人在这里吸烟，你看看周围那些哥们儿，人人都叼着一根烟，你干吗非要抓我？"

哈里森指出，施罗德有很多基金的历史业绩不到5年，因此他们在计算基金历史业绩时没有包括这些基金。这就导致施罗德在公布其旗下的基金业绩时，可能因为幸存者偏差而夸大业绩回报。

造成幸存者偏差的原因在于，那些能够存活5年以上的基金都是幸存者。如果基金表现不佳，或者融到的资金量太小，那么基金很可能会被关闭，或者合并到其他基金中。因此，如果只计算存活年限超过5年的基金业绩，那么就等于同时把那些被关闭或者合并的基金的业绩排除在统计之外。这就是典型的幸存者偏差，会造成基金公司的业绩被夸大。

给努密斯带来最大麻烦的是，在他们发布的报告中用了"不诚实"一词。因为"不诚实"只是努密斯分析员自己的意见，因此在法律上就有诽谤的可能性。凭借施罗德的财力和影响力，抓住努密斯报告中一两个不恰当的用词，把这家小公司告倒闭，并不是不可能。

努密斯发表公开道歉的另一个原因，显然和它的商业模式有关。就如上文提到的，施罗德是努密斯的客户，是其"衣食父母"。这也是为什么鲜有券商敢发布针对大型基金公司的负面报告。惹怒了"金主"，断了"口粮"，这可不是闹着玩的。

在商业社会这种现象比比皆是。比如美国三大评级公司标准普尔、穆迪和惠誉评级（Fitch Rating），号称自己是独立的第三方评级机构，但是在评级时收取的费用却来自被评级对象（比如某个要发行债券的公司，或者某种金融打包产品的发行方等）。这种机制安排和这些机构自称的"独立第三方"背道而驰。在2008年爆发的金融危机中，很多高风险的次贷金融产品被这些评级机构贴上"AAA"的金字招牌，让天真的投资者以为投资这些产品绝对安全，于是大举购入，结果是这些投资者在金融危机中遭到了巨额损失。

施罗德和努密斯的案例非常值得我们研究分析。无论从哪个方面看，像努密斯这样的"小矮子"是很难和施罗德这样的"巨人"对抗的。

首先，努密斯充其量只是一家中小型券商，其经济实力远不及施罗德。因此，如果两家公司对簿公堂，那么努密斯能够花在请律师上的预算，可能连施罗德的零头都不够。

其次，从商业关系上说，施罗德是努密斯的客户，也就是其"衣食父母"。努密斯的分析员大卫·麦肯就好像那个说破皇帝没有穿衣的小男孩，一不小心将真话说出口后，却发现犯了大错，因此管理层在最短的时间内做出反应，纠正错误。

这也体现了金融行业中大公司占有的信息优势。由于他们的资金实力非常雄厚，再加上他们是一些其他机构的客户，很多业内的公司和雇员不敢针对这些大公司的不当行为发出独立客观的声音。在这种互相掩盖的行业风气之下，行业外的投资者就成了最终受害者。他们没有途径获得客观的第三方意见，只能收到那些带有商业销售目的的宣传材料。在这种情况下，知识和信息量有限的投资者就好比误入丛林的小男孩，一直到自己成为猛兽的盘中餐，都还被蒙在鼓里。

一个聪明的投资者应该首先意识到自己处于弱者的地位。因此，我在这里呼吁：请大家保持自我学习的习惯，多读多看。以金融知识和信息武装自己，拒绝当无良金融机构忽悠的对象。

道高一尺，魔高一丈

在之前的章节中，我提到普通投资者往往会顺着基金排名榜进行投资。各种金融媒体经常基于过去一周、一月、一季度或者一年的业绩给基金排名，那些排名靠前的基金往往会受到投资者的追捧，在短时间内获得大量申购。但事实上，大量研究显示，基金过去的历史业绩和其未来业绩之间没有必然联系。在很多情况下，受到均值回归的影响，过去表现好的基金在接下来的时间里反而会表现更差。因此，那些追捧高排名基金的投资者，其投资回报并不好。

稍微有些经验的投资者都知道超额回报的含义，懂得在基金的绝对回报之外，还需要观察基金相对于市场基准的相对回报。这是因为基金的回报会受到多种因素影响，包括市场环境。在牛市环境里，大部分股票和基金都在上涨，因此即使投资者自己关注的基金在上涨，也并不一定能反映基金经理的投资技能有多强。假设一只基金去年的投资回报率为15%，那么该基金的表现到底算好还是不好？答案取决于其比较基准的回报。如果同期的比较基准投资回报率为12%，那么该基金的表现就算不错，战胜了比较基准。但如果同期的比较基准投资回报率为20%，那么该基金就令人失望，因为它比比较基准还落后5%。

但如果仅仅基于这个概念就想选出优秀的基金，显然是太过低估了选择基金的难度。举例来说，很多投资者可能会犯的一个错误，就是没有区分基金的费前和费后回报。到最后，投资者能够拿到手的回报，需要先扣除各种基金公司和基金经理的费用。因此对于投资者来说，基金的费前回报没有意义，真正应该关心的是费后净回报。

有学者统计了2008—2020年间，注册在卢森堡和爱尔兰的6000多只欧盟可转让证券集合投资计划（UCITS）基金的历史回报，其中包括5533只股票型基金和1072只债券型基金。作者发现，股票型基金的平均回报率在费前每年会超过基准指数约0.42%。但是在扣除基金的费用之后，每年的回报率反而落后基准指数0.6%。债券型基金的情况更糟糕，其费前回报率每年落后于基准指数0.1%，而费后回报率则每年落后于基准指数0.68%。[1]在这里我们可以看到一个普遍的规律，那就是无论是股票型基金还是债券型基金，基金经理收取的费用对于投资者回报都产生了巨大影响。本来战胜市场就是一件很不容易的事，一些优秀的基金经理可能会以微弱的优势战胜市场基准，但是扣除他们收取的费用之后，就会发现其费后回报落后于市场基准。

从理性人角度来说，这样的发现丝毫不令人惊讶。如果基金经理真的有战胜市场的能力，那么他们首先想到的应该是最大化变现这种能力，增加自己的收入，而不是将这种能力带来的超额回报拱手送给素不相识的投资者。越是聪明优秀的基金经理，越不可能向投资者无偿让利。

以上研究告诉我们，投资者们在判断基金经理能否创造超额回报时，不要被

---

[1] BAILUSSEN G, BECKERS S, HAZENBERG J J, VAN DER SCHEER W. Fund selection: sense and sensibility [J/OL]. Financial analysis journal, 2022, 78 (3): 30-48 [2022-05-08]. https://www.tandfonline.com/doi/abs/10.1080/0015198X.2022.2066452?journalCode=ufaj20.

基金公司误导只看费前回报，而是要记住扣除基金所有的相关费用，然后再比较费后净回报。但在有些情况下，即使是比较费后净回报，基金公司也有能力像变魔术一样，让自己的基金看上去比实际情况好很多。背后的秘密主要来自比较基准的选择。

上文提到，判断一个基金是否有超额回报，主要看基金回报和比较基准回报之间的对比。到最后基金到底表现如何，好还是不好，很大程度上取决于基金公司选择什么样的基准进行比较。但问题在于，法律并没有规定基金经理应该选择什么指数作为比较基准，法律也没有明文禁止基金公司在中途更换某一个基金的比较基准。而恰恰在基准的选择上，有很多腾挪的空间。

举例来说，一只投资美国股市的股票型基金可以选择大市值股指（标准500指数）、大中市值股指（罗素3000指数）或者中小市值股指（罗素2500指数）进行对比，也可以选择不同风格的指数（比如价值型指数、成长型指数或者分红指数）进行比较。在不同的历史阶段，基金和各种指数的回报各不相同，理论上可以产生数以百计的配对组合。如果基金公司能够在不同阶段挑选不同的基准，那么就能让基金业绩在各个时段看上去都表现出色，从而提高投资者的购买欲望。

针对这个问题，有学者专门翻阅了2006—2018年间近3000个美国公募基金，一共约27000份基金说明书。从这些基金说明书里，作者专门统计了基金每一年使用的比较基准，以及是否有更换比较基准的记录。作者发现，有高达2/3的基金为了让自己的业绩看上去更好，会在中途更换比较基准。差不多有一半的基金为了让自己的业绩看上去不错，甚至选择了和投资风格完全无关的比较基准。根据作者的计算，在过去10年里，由于这种更换基准的操作，美国公募基金每年的平均相对回报比不更换比较基准好4.8%。注意，这4.8%的回报完全是空穴来风，并不是投资者真的多获得了4.8%的回报，而是这些基金选择了表现更差的比较基准，因此基金业绩看上去相对更好而已。[1]

从经济角度来看，基金公司有强大的动力频繁更换比较基准，以提高自家基金对于投资者的吸引力。统计显示，那些更改比较基准的基金在过去5年中，比那些没有更改比较基准的基金平均多吸引了7000万美元的新申购资金。事实上，多吸引到资金的基金，其回报并没有发生任何变化。但只是因为改了比较基准，就成功地增加了自己的销售额。

对于普通投资者而言，基金是非常重要的理财工具之一。投资基金有很多好处，可以帮助我们省却选股、选债的烦恼，把专业的投资工作交给专业的基金经理去做。但同时，我们也应该提高自己的知识储备，学会分辨基金质量，牢记投资费用的重要性，让自己成为更聪明的投资者。

火眼金睛甄别"忽悠"产品

在这个小节，我会和大家分享如何更好地做尽职调查，提高自己识别金融产品是否有"忽悠"成分的能力。

私募股权基金

截至2022年年底，中国有差不多5万多只私募股权基金和创业基金。这些基金鱼龙混杂，质量参差不齐。投资者需要做的第一件事情，就是去中国证券投资基金业协会的官方网站查询自己感兴趣的私募股权基金是否有备案。如果在该网站上查不到私募股权基金的备案记录，那么投资者就应该提高警惕，提防欺诈的

---

[1] MULLALLY K, ROSSI A. Moving the goalposts? mutual fund benchmark changes and performance manipulation [J/OL]. Behavioral & experimental finance ejournal, 2022, [2022-08-08]. https://papers.ssrn.com/sol3/papers.cfm?abstract_id=4145883.

可能性。

同时，投资者也可以查询管理该基金的基金公司的情况，比如该基金公司共备案了几只基金，总共管理的资金量为多少，有多少工作人员，主要管理人员的职业背景和工作经验如何。一般来说，比较正规的基金公司，其管理人员的职业经历都比较透明，在网络上很容易查到。如果查不到以上这些信息，或者连基金公司网站都没有，那么这又是一个值得警惕的疑点。

投资者接下来需要注意的是，这些私募股权基金公司是否有"挂羊头卖狗肉"的嫌疑。

有不少私募股权基金公司或者第三方理财机构，在推销自己的理财产品时，往往会挂一个时下比较热门的项目名称（比如希音、Coinbase、几年前的乐视网、SpaceX等）。

但问题是，这种打着热点旗号的理财产品，其最终投资标的可能和宣传的项目没有一点关系，或者项目只有一部分资金投入到了投资者以为的投资标的中。特别是一些私募股权融资项目，其法律结构十分复杂，在基金之上还有各种特殊目的实体（special purpose vehicle）和母基金，连从业人员都会觉得眼花缭乱，更别说普通投资者了。

因此，投资者需要仔细研究基金公司发出的宣传材料，了解该投资实体以及其具体投资标的。被"挂羊头卖狗肉"的伎俩欺骗的投资者，看上去犯的错误极其幼稚，但是在中国却有很多私募股权投资者上过这样的当，因此值得我在这里提醒大家。

其次，投资者应该明白该理财产品的费用明细。不同层面的申购费、管理费、业绩分成等费用各为多少。在扣除费用之后，投资者还能够到手多少净回报。在拙作《投资常识》中，对投资费用这个问题也有比较详细的分析，感兴趣的读者可以翻阅。

最后，投资者应该清楚自己和私募股权基金经理之间有无利益冲突。有利益冲突的情况包括：基金经理自己在项目中没有任何投资，项目即使亏了，基金经理也没有损失。或者基金经理在业绩分成中只能分到很少一部分（比如1%~2%或者更少），那么该项目最终成功与否和基金经理本身的收入关系不大。投资者应该倾向于自己的利益和基金经理的利益捆绑得比较紧的投资项目，这样才更可能达到双赢的结果。

公募基金

相对于私募股权基金，公募基金的管理要严格许多，信息披露也要透明得多。在一些和公募基金相关的信息网站上，可以很容易查到一些最基本的信息，包括基金规模、基金历史净值、基金管理公司规模、基金经理简历等。

在公募基金中，普通投资者比较容易上的当有以下几种：

首先是流行基金。流行基金是指那些投资概念非常流行，蹭投资热点发行的基金。比如1997年和1998年的互联网概念，2000年以后的"金砖四国"概念，2008年以后的大宗商品概念，2014年和2015年的"新丝路""新常态"概念等。

基金公司有非常强的动机发行这些流行概念基金，因为很多投资者喜欢追捧这些投资概念，感觉它们是下一个风口，生怕自己错过了这个千载难逢的发财机会。所以当基金公司以这些概念作为噱头发行新基金时，往往可以募得不少资金量。比如在一篇学术研究[1]中，作者从CRSP基金数据库中仔细检验了过去21年的历史数据（1993—2014年），发现了一个非常明显的规律，即越是流行的基金，能够圈到的钱越多。

但是，越是热门的概念，其涉及的公司股票估值也越高。因此，如果该公司

---

[1] GREEBE T J, STARK J. What's trending? the performance and motivations for mutual fund startups [J/OL]. Mutual funds, hedge funds, & investment industry ejournal, 2016 [2022-08-07]. https://papers.ssrn.com/sol3/papers.cfm?abstract_id=2826677.

的最终盈利让人失望时，其下跌程度也会很大。投资者需要明白这个道理，谨防自己成为基金公司忽悠的对象。

公募基金投资者比较容易犯的第2个错误是追涨杀跌。很多投资者在选购基金时，一般会对基金过去3年或者5年的业绩进行排序，然后挑选2个名气比较响亮、业绩比较好的基金购买。关于这个错误，前文已经做出了详细的分析，希望投资者不要坠入这样的投资陷阱。

总体而言，投资者在考虑购买理财产品前，应该先用知识和信息武装自己，做好最基本的尽职调查工作，并且货比三家，在和家人或者好友充分讨论以后，再做出比较谨慎的决定。

结束语

绝大多数普通个人投资者都容易犯3种错误：大意、轻信和贪婪。

大意，是指对自己的炒股能力极度自信。感觉自己看过两本书，或者以前炒股时赚过一些钱，就是"巴菲特第二"了。无知者无畏，说的就是这样的投资者。

轻信，指的是一些投资者从朋友那里得来一些小道消息，并把这样的消息奉若至宝，不多加思考就大举买入。看到一些券商分析报告推荐"强烈建议买入"，不多动动脑筋就直接在交易软件里下单。中国股市从来都不缺容易轻信的投资者。

贪婪，指的是投资者喜欢追涨杀跌。赚了5%，还想再赚10%。看到股票市场涨了，就想跟进去买一点儿。股票市场涨得越多，就扔进股市的钱就越多。

一个聪明理性的投资者需要意识到上面3个最可能犯的错误，努力提高自己的决策质量。

面对理财产品，投资可以通过思考下面5个问题，判断该理财产品是否适合自己投资：

第一，利益绑定。卖方的利益和自己的利益之间有绑定，还是有潜在冲突？如何想办法降低潜在的利益冲突？

第二，大道至简。该理财产品有没有过度复杂的可能性？自己是否理解该理财产品带来投资收益的根本逻辑？该产品收取的费用是否透明，是否有竞争力？

第三，真实技能。该理财产品能为自己带来市场平均回报，还是超过市场平均水平的超额回报？如果是后者，那么管理该理财产品的基金经理是否有令人信服的投资能力？其历史业绩是来自投资能力还是运气？

第四，信息对称。自己是否理解该理财产品的所有关键信息？销售人员是否把理财产品的投资逻辑、产品风险和收费明细都讲清楚了？

第五，理性投资。在评判该理财产品并考虑购买时，自己有没有受到一些常见的行为习惯的影响？是否陷入了诸如过度自信、小样本偏见这样的陷阱里？

一个理性的投资者应该时刻牢记上面5个重要问题，只有在这些问题全都得到令人满意的回答后，再考虑出手投资。

最后，恭喜您看完了这本"投资丛林生存法则教程"。很多和您一样的投资者由于知识有限或者智慧不足，很容易成为"投资丛林"中各种"狩猎者"的盘中餐。希望本书中的内容可以帮助您成为一个更加强壮和智慧的投资者，顺利越过"投资丛林"！如果有任何问题，欢迎大家通过微信（微信号：woodsford）联系我。本人和团队会及时回复，尽量满足读者朋友的需求。

伍治坚
2023年2月